甲野善紀×方条遼雨

身体《からだ》は考える

創造性を育む
松聲館スタイル

PHP

身体《からだ》は考《かんが》える

目次《もくじ》

第一部　身体《しんたい》という思想《しそう》　方条遼雨

はじめに　12
落《お》ち込《こ》みと反省《はんせい》　13
抱《だ》き合《あ》わせ　15
分《わ》からない世界《せかい》　16
枠組《わくぐ》み　17
一〇〇%　18
栄養《えいよう》　20
食《た》べ物《もの》　21
舌触《したざわ》り　23
本書《ほんしょ》について　24
脱力《だつりょく》とは　26
画素数《がそすう》　27
ヒナと親鳥《おやどり》　29
名残《なご》り　30
固定装置《こていそうち》　31
混沌《こんとん》　32
音楽《おんがく》とドラマ　33
無秩序《むちつじょ》　35
混沌《こんとん》の転用《てんよう》　37
難《むずか》しい　38
できる　40
身体感覚《しんたいかんかく》　42
開拓者《かいたくしゃ》　43
わかる　45
論理型社会《ろんりがたしゃかい》　46
野性《やせい》　48

なんとなく　51
違和感《いわかん》　52
短気《たんき》　54
プロデューサー　56
待《ま》てる　57
成功者《せいこうしゃ》　58
感覚肌《かんかくはだ》　60
芸術家《げいじゅつか》　62
狂気《きょうき》　64
天才《てんさい》　65
猛獣使《もうじゅうつか》い　67
放《はな》し飼《が》いのライオン　68
地図《ちず》　69
世界《せかい》　72
自分《じぶん》でやる　73
存在価値《そんざいかち》　75
美《うつく》しさ　78
挑戦《ちょうせん》　79
自分《じぶん》で選《えら》ぶ　80
外部委託《がいぶいたく》　81
家畜化《かちくか》　83
黒幕《くろまく》　85
三短思考《さんたんしこう》　87
目先《めさき》　88
獣性《じゅうせい》　90
感情《かんじょう》　92
手《て》っ取《と》り早《ばや》い　94
可能性《かのうせい》　96
嫌悪《けんお》の扉《とびら》　99
多様性《たようせい》　101

綱引《つなひ》き 102
誤動作《ごどうさ》 103
自信《じしん》 104
リンゴ 105
装置《そうち》 107
固定点《こていてん》 108
最初《さいしょ》のドミノ 111
聖域《せいいき》 112
本物《ほんもの》 114
点検《てんけん》 115
常識《じょうしき》 116
革命者《かくめいしゃ》 119
相対値《そうたいち》 121
適応《てきおう》 123
比較思考《ひかくしこう》 125
場《ば》の理論《りろん》 127
潮目《しおめ》 129
個《こ》と場《ば》 130
掌握領域《しょうあくりょういき》 132
利己《りこ》と利他《りた》 134
右翼《うよく》と左翼《さよく》 137
兵法《へいほう》とドライブ 138
目的《もくてき》と手段《しゅだん》 140
議論《ぎろん》 141
脱却《だっきゃく》の鍵《かぎ》 143
ラベル思考《しこう》 144
死角《しかく》 145
専門馬鹿《せんもんばか》 147
原点《げんてん》 148
本音《ほんね》と建前《たてまえ》 150

愛想《あいそ》 151
エネルギー 153
正気《しょうき》 155
大物《おおもの》 156
本体《ほんたい》 157
意思《いし》 159
主導権《しゅどうけん》 160
本音《ほんね》 162
正直《しょうじき》 164
統合《とうごう》 166
解放《かいほう》 168
全権委任《ぜんけんいにん》 169
解除《かいじょ》 170
自由意志《じゆういし》 171
方条《ほうじょう》の神体感《しんたいかん》 172
神《かみ》とは 178

第二部 対談 身体的運命論《しんたいてきうんめいろん》

甲野善紀 × 方条遼雨

意識《いしき》と肉体《にくたい》 182
影観法《えいかんほう》について 183
気配《けはい》 185
司令《しれい》 187
身体《からだ》に任《まか》せる 190
直感《ちょっかん》 191
心《こころ》の慣性《かんせい》 192
スーパーコンピューター 194

ご褒美《ほうび》　197
トラブル　199
均《なら》す　203
百丈野狐《ひゃくじょうやこ》と光量子説《こうりょうしせつ》　205
浮《う》き　211
転《ころ》がす　214
戦闘機《せんとうき》　217
目《め》と耳《みみ》　218
作業用《さぎょうよう》テーブルと鏡《かがみ》　220
スイッチ　224
事前《じぜん》に済《す》ませる　227
触媒《しょくばい》　229
セオリー　233
囲《かこ》い込《こ》み　235
好循環《こうじゅんかん》　239
確信《かくしん》　241
船《ふね》の運《うん》　249
辻褄《つじつま》と分担《ぶんたん》　251
段取《だんど》り　254
Something great《サムシンググレイト》　257
身近《みぢか》　260
何《なに》か　263
心《こころ》と身体《しんたい》　266
塊《かたまり》　268
樹木《じゅもく》　270
大《おお》きな幹《みき》　271
依《よ》り代《しろ》　273
長所即欠点《ちょうしょそくけってん》　276
入《はい》る　280
感知力《かんちりょく》　283

情報《じょうほう》 284
クリエイティブ 287
運命《うんめい》のポテンシャル 289
理解《りかい》の補助線《ほじょせん》 293
役割《やくわり》 294
意味《いみ》 297

あとがき 甲野善紀《こうのよしのり》 300
あとがき 方条遼雨《ほうじょうりょうう》 304
解説《かいせつ》「身体《からだ》の気《き》づきが経営《けいえい》の鍵《かぎ》」 本間正人《ほんままさと》 306
解説《かいせつ》「超脱力《ちょうだつりょく》の原理《げんり》」 西條剛央《さいじょうたけお》 309

解説《かいせつ》「ハア体験《たいけん》」 澤田智洋《さわだともひろ》 314

装丁　華本達哉〈aozora.tv〉

第一部

身体《しんたい》という思想《しそう》

方条遼雨

はじめに

本書《ほんしょ》は二〇二〇年《ねん》に甲野善紀先生《こうのよしのりせんせい》との『上達論《じょうたつろん》』（ＰＨＰエディターズ・グループ）を刊行《かんこう》して以来《いらい》、二冊目《にさつめ》の共著《きょうちょ》となります。

『上達論《じょうたつろん》』では、武術《ぶじゅつ》に留《とど》まらず、学問《がくもん》・芸術《げいじゅつ》・スポーツ・子育《こそだ》てなど、あらゆる分野《ぶんや》に有効《ゆうこう》な「上達《じょうたつ》の原理《げんり》」を、甲野先生《こうのせんせい》の取《と》り組《く》みを考察《こうさつ》しつつご紹介《しょうかい》しました。

刊行《かんこう》してみると思《おも》わぬ好評《こうひょう》をいただき、甲野先生《こうのせんせい》も「書籍《しょせき》でこんな反応《はんのう》を見《み》た事《こと》がない」と言《い》うくらい、様々《さまざま》な分野《ぶんや》の方《かた》からの反響《はんきょう》が寄《よ》せられました。

その一方《いっぽう》で、「刺《さ》さった」「突《つ》きつけられた」「ダメージを受《う》けた」というご意見《いけん》もいただきました。

『上達論《じょうたつろん》』には、「自分《じぶん》」という存在《そんざい》をいかに認識考察《にんしきこうさつ》し、向上《こうじょう》するかという事《こと》が書《か》かれていますから、自分《じぶん》の見《み》たくない「本当《ほんとう》の自分《じぶん》」とも向《む》き合《あ》うような切《き》っ掛《か》けともなったのでしょう。

そこを真摯《しんし》に受《う》け止《と》めるあまり、辛《つら》くなってしまった方《かた》もいるようなのです。

本書《ほんしょ》にも、そのような思想《しそう》は通底《つうてい》しています。

でも、怖《こわ》がらなくて大丈夫《だいじょうぶ》です。

ここで、あらゆる上達《じょうたつ》につながる思考法《しこうほう》をご紹介《しょうかい》しておきます。

落《お》ち込《こ》みと反省《はんせい》

たとえば人《ひと》は何《なに》かを反省《はんせい》する時《とき》、ほとんどの場合《ばあい》「落《お》ち込《こ》む」という感情《かんじょう》を介在《かいざい》させます。

なので、何《なに》か問題《もんだい》や欠点《けってん》が現《あらわ》れた時《とき》は、心《こころ》に傷《きず》を負《お》いながらもその感情《かんじょう》と向《む》かい合《あ》います。

一方《いっぽう》、反省《はんせい》に伴《ともな》う心《こころ》のダメージを恐《おそ》れるあまり、「現実逃避的《げんじつとうひてき》な自己肯定《じここうてい》」に走《はし》ってしまう人《ひと》もいます。

大抵《たいてい》は、このどちらかになってしまうのです。

世《よ》には「ポジティブシンキング」という考《かんが》え方《かた》があります。

たとえば「自分《じぶん》はすごい」「自分《じぶん》はできる」「夢《ゆめ》はかなう」などと連呼《れんこ》し、自《みずか》らを鼓舞《こぶ》する類《たぐい》のものです。

確《たし》かにこれらは一見人《いっけんひと》を元気《げんき》にし、前向《まえむ》きな姿勢《しせい》に映《うつ》るかも知《し》れません。

しかしこの思考回路《しこうかいろ》には、決定的《けっていてき》な弱点《じゃくてん》があります。

それは、「正確《せいかく》な自己《じこ》への検証《けんしょう》が欠落《けつらく》している」点《てん》です。

本来《ほんらい》この世界《せかい》には、「ポジティブ」も「ネガティブ」もありません。

ただ「事実《じじつ》」があるだけなのです。

自分《じぶん》に都合《つごう》の良《よ》いことも、悪《わる》いことも、等《ひと》しく存在《そんざい》しています。

なので、意図的《いとてき》に視野《しや》を狭《せば》めプラス面《めん》だけに目《め》を向《む》けようとしても、事実《じじつ》は残酷《ざんこく》なほど着実《ちゃくじつ》に進行《しんこう》します。

例《たと》えるならば、「原発安全神話《げんぱつあんぜんしんわ》」のようなものです。

「原発《げんぱつ》は安全《あんぜん》」とどんなに思《おも》い込《こ》もうとしても、装置《そうち》というものは壊《こわ》れるものですし、過大《かだい》な負《ふ》荷《か》が掛《か》かれば破損《はそん》します。

破損《はそん》すれば、放射能《ほうしゃのう》は漏《も》れ出《で》るのです。

あれだけ危険《きけん》な物質《ぶっしつ》を取《と》り扱《あつか》っておきながら、歴史上何度《れきしじょうなんど》も事故《じこ》が起《お》きてしまっている事実《じじつ》にそれは現《あらわ》れています。

現実逃避的《げんじつとうひてき》なポジティブシンキングというものは、個人《こじん》の中《なか》にこの構造《こうぞう》を抱《かか》え込《こ》む事《こと》になります。

言《い》わば精神的《せいしんてき》なドーピングのようなもので、一定期間《いっていきかん》うまく行《い》くほどに、利息《りそく》付《つ》きで必《かなら》ずつけを払《はら》う日《ひ》が来《く》るのです。

では、むやみに反省《はんせい》すれば良《よ》いかというと、落《お》ち込《こ》んだ時《とき》ほど人《ひと》の心《こころ》はその重《おも》みに耐《た》えきれず、しばらく立《た》ち止《ど》まってしまいます。

精神力《せいしんりょく》が強《つよ》い人《ひと》はその中《なか》でも前進《ぜんしん》する事《こと》ができますが、歩《あゆ》みは確実《かくじつ》に遅《おそ》くなります。

では、どうすれば良《よ》いか。

抱《だ》き合《あ》わせ

「落《お》ち込《こ》まずに反省《はんせい》する」


これが私《わたし》の考《かんが》える、あらゆる上達進展《じょうたつしんてん》を向上《こうじょう》させる思考回路《しこうかいろ》です。

ほとんどの場合《ばあい》「抱《だ》き合《あ》わせ販売《はんばい》」となってしまっている、「反省《はんせい》」と「落《お》ち込《こ》み」を分断《ぶんだん》する。

軽《かろ》やかに、しかし残酷《ざんこく》なほど正確《せいかく》に自分《じぶん》の欠点《けってん》・問題点《もんだいてん》を観察《かんさつ》し、どんどん修正《しゅうせい》し前進《ぜんしん》する。

これができてくると、あらゆる取《と》り組《く》みの成長速度《せいちょうそくど》が高《たか》まります。

「そんな事《こと》を言《い》っても、落《お》ち込《こ》んでしまうじゃないか」と思《おも》う人《ひと》もいるでしょう。

だから、「練習《れんしゅう》する」のです。

まずは、手《て》を着《つ》けやすい軽度《けいど》の問題点《もんだいてん》やトラブルから、「落《お》ち込《こ》まずに反省《はんせい》する」練習《れんしゅう》をやってみましょう。

少《すこ》しづつでもやっているうちに、私《わたし》の経験上《けいけんじょう》「落《お》ち込《こ》んでも意味《いみ》がないんだな」と身体《しんたい》レベルで納得《なっとく》し、むしろこちらの方《ほう》が「当《あ》たり前《まえ》」になる日《ひ》が来《き》ます。

分《わ》からない世界《せかい》

もう一《ひと》つ、物事《ものごと》の理解《りかい》や上達《じょうたつ》に役立《やくだ》つ思考法《しこうほう》をご紹介《しょうかい》しておきましょう。

それは、「**分《わ》からない世界《せかい》に触《ふ》れる**」ということです。

たとえば、人《ひと》は本書《ほんしょ》をふくめた書籍《しょせき》を読《よ》んだり、何《なに》かを学《まな》んだり、どこかに出《で》かけたりするのは、ほとんどの場合《ばあい》「**自己《じこ》を拡張《かくちょう》する**」事《こと》を目的《もくてき》としています。

知識《ちしき》を増《ふ》やしたり見識《けんしき》を広《ひろ》めたり新《あたら》しい刺激《しげき》や技術《ぎじゅつ》を獲得《かくとく》したり、簡単《かんたん》に言《い》えば、自己《じこ》を更《こう》新《しん》・バージョンアップしようとしているのです。

言《い》い換《か》えれば、**自己《じこ》の枠組《わくぐ》みを拡《ひろ》げようとしている**。

自己《じこ》の枠組《わくぐ》みを拡《ひろ》げるという事《こと》は、「現在《げんざい》の枠組《わくぐ》みの外側《そとがわ》」に踏《ふ》み出《だ》し、新《あら》たな領域《りょういき》に拡張工《かくちょうこう》事《じ》をしようとしているという事《こと》になります。

ところが、人間《にんげん》にはもう一方《いっぽう》の性質《せいしつ》があります。

「**理解《りかい》できないものを恐《おそ》れる**」という本能《ほんのう》です。


理解《りかい》できないものは取《と》り扱《あつか》いが分《わ》かりません。

どう接《せっ》して良《よ》いか、どう向《む》き合《あ》って良《よ》いかが分《わ》からず、拒絶《きょぜつ》してしまうのです。

これは、生命《せいめい》の根源的《こんげんてき》なシステムに根《ね》ざした防衛反応《ぼうえいはんのう》とも言《い》えます。

このような時《とき》、人《ひと》は多《おお》くの場合《ばあい》、二種類《にしゅるい》の対応《たいおう》で済《す》ませようとします。

「**無《な》かったことにする**」か「**枠組《わくぐ》みに押《お》し込《こ》む**」かのどちらかです。

枠組《わくぐ》み

前者《ぜんしゃ》は言葉《ことば》の通《とお》り、理解《りかい》できない部分《ぶぶん》はまるで存在《そんざい》しないかのようにして、自分《じぶん》の取《と》り扱《あつか》える範囲《はんい》の中《なか》だけで、思考《しこう》を進《すす》めていく方法《ほうほう》です。

後者《こうしゃ》は自分《じぶん》がもともと持《も》っている知識《ちしき》や概念《がいねん》に当《あ》てはめ、「解釈《かいしゃく》」する事《こと》によって落《お》とし所《どころ》を見《み》つけ、納得《なっとく》する方法《ほうほう》です。

これらは一見《いっけん》、「安定《あんてい》」した思考《しこう》が確保《かくほ》できているように感《かん》じます。揺《ゆ》らぐ事《こと》のない領域《りょういき》に、心《こころ》を留《と》めやすくなるからです。共通《きょうつう》するのは、「平穏《へいおん》」を求《もと》めた思考《しこう》の働《はたら》きだという事《こと》です。

しかし、ここに大《おお》きな落《お》とし穴《あな》があります。

どちらも、「自分《じぶん》の枠組《わくぐ》みの外側《そとがわ》にあるもの」を切《き》り捨《す》ててしまっているのです。

先《さき》ほど、「自己《じこ》の拡張《かくちょう》とは自己《じこ》の外側《そとがわ》に踏《ふ》み出《だ》す事《こと》」と書《か》きました。

そして「理解《りかい》できないこと」は、いつでも「自分《じぶん》の理解《りかい》できる枠組《わくぐ》みの外側《そとがわ》」にあります。

つまり**「理解《りかい》できないこと」とは、本来《ほんらい》「自分《じぶん》の枠組《わくぐ》み」を拡《ひろ》げるための、最高《さいこう》の材料《ざいりょう》**なのです。

一〇〇%

言《い》い換《か》えれば「理解《りかい》できないこと」とは、枠組《わくぐ》みの外側《そとがわ》から枠組《わくぐ》みの内側《うちがわ》にいる自分《じぶん》を引《ひ》き上《あ》げてくれる・引《ひ》っ張《ぱ》り出《だ》してくれる存在《そんざい》です。

料理《りょうり》で言《い》ったら一番美味《いちばんおい》しく、栄養価《えいようか》の高《たか》い部分《ぶぶん》であると言《い》えます。

それを「無《な》かったことにする」とは、みすみす「切《き》り落《お》とす」ようなものです。

あるいは「解釈《かいしゃく》する」というのは、せっかく枠組《わくぐ》みの外側《そとがわ》にあったものを、自分《じぶん》の内側《うちがわ》に引《ひ》き込《こ》んで劣化《れっか》させるようなものです。

『上達論《じょうたつろん》』にも書《か》きましたが、解釈《かいしゃく》し「理解《りかい》した気《き》になる」事《こと》で、情報《じょうほう》の原型《げんけい》を歪《ゆが》め、こちらも一番美味《いちばんおい》しい「未知《みち》」の領域《りょういき》を切《き》り捨《す》ててしまっているのです。

では、どうしたらいいか。

最《もっと》もシンプルかつ効果的《こうかてき》な「未知《みち》」への向《む》き合《あ》い方《かた》は、「**理解《りかい》できないまま、とにかく触《ふ》れておく**」ことです。

そしてその時《とき》のこつは、「一〇〇％理解《りかい》しようとしない」事《こと》です。

これは、あらゆる学習法《がくしゅうほう》にも共通《きょうつう》する事《こと》ですが、理解《りかい》し切《き》った後《あと》で次《つぎ》に進《すす》もうとすると、いつまで経《た》っても前《まえ》へ進《すす》む事《こと》はできません。

なぜなら人《ひと》は本質的《ほんしつてき》に、**一〇〇％理解《りかい》する事《こと》などありえない**からです。

律儀《りちぎ》な人《ひと》、真面目《まじめ》な人《ひと》ほどここでつまずいてしまいます。

栄養《えいよう》

まとめると、学習《がくしゅう》のこつ・上達《じょうたつ》のこつは、
・ほどほどの理解《りかい》で、取《と》りあえずどんどん前《まえ》に進《すす》んでしまう
・「理解《りかい》できない領域《りょういき》」にも、「理解《りかい》できないまま」触《ふ》れておく
ということです。


「理解《りかい》できないこと」を「理解《りかい》できないまま」吸収《きゅうしゅう》すれば、情報《じょうほう》は「理解《りかい》できない領域《りょういき》」で栄養《えいよう》となってくれます。

「枠組《わくぐ》みの外側《そとがわ》」で、自分《じぶん》の一部《いちぶ》となってくれるのです。

それが、新《あら》たな「自分《じぶん》」の範囲《はんい》となります。

つまり、「**拡張《かくちょう》**」です。


そして、「理解《りかい》できないもの」ほど自分《じぶん》の「外側《そとがわ》」にあります。

という事《こと》は、「自己《じこ》の拡張《かくちょう》」という意味《いみ》においては「**理解《りかい》できないものほど有効《ゆうこう》**」という事《こと》になります。

たとえば音楽《おんがく》や芸術《げいじゅつ》で「こうだからこういう理由《りゆう》で素晴《すば》らしい」と解説《かいせつ》できてしまう物《もの》は、大《たい》した栄養《えいよう》になりません。

それよりも、「理由《りゆう》は説明《せつめい》できないが衝撃《しょうげき》を受《う》けた」だとか、「言葉《ことば》では説明《せつめい》できない感情《かんじょう》が湧《わ》き上《あ》がってくる」ようなものの方《ほう》が、その人《ひと》の拡張《かくちょう》になります。

「理解《りかい》」よりも先《さき》に、「感性《かんせい》」「感覚《かんかく》」が吸収《きゅうしゅう》し始《はじ》めているからです。

そして先《さき》ほどの理屈《りくつ》で言《い》えば、「理解《りかい》できない物《もの》ほど良《よ》い」。

自分《じぶん》の枠組《わくぐ》みの、より遠《とお》い所《ところ》で栄養《えいよう》になってくれるからです。

なので旅行《りょこう》に行《い》く時《とき》も、そこで得《え》られる喜《よろこ》びや感動《かんどう》がどこか予想《よそう》できたり、以前《いぜん》の体験《たいけん》と似《に》ているものよりも、自分《じぶん》が感動《かんどう》しているのだか、喜《よろこ》んでいるのかすら分《わ》からない気持《きも》ちになるような場所《ばしょ》の方《ほう》が、「拡張工事《かくちょうこうじ》」が始《はじ》まっているのかも知《し》れません。

食《た》べ物《もの》

体験《たいけん》とは、本質的《ほんしつてき》に「食《た》べ物《もの》」です。

「こういう理由《りゆう》で為《ため》になる」だとか「勉強《べんきょう》になる」と自覚《じかく》できる学《まな》びは、輪郭《りんかく》がはっきりしていて粒立《つぶだ》っています。

そうした物《もの》を飲《の》み込《こ》んでも、大《たい》して形《かたち》を変《か》えずに排出《はいしゅつ》されます。

「自分《じぶん》のもの」にならないまま、「劣化《れっか》コピー」を生《う》み出《だ》しやすくなるのです。

しかし「理解《りかい》し切《き》れないもの」「説明《せつめい》できないもの」は、輪郭《りんかく》がぼやけていて境界《きょうかい》が曖昧《あいまい》です。**情報《じょうほう》の「界面《かいめん》」が「活性《かっせい》」している状態《じょうたい》**とも言《い》えます。

こうした素材《そざい》は他《ほか》とも融合《ゆうごう》しやすく、認識外《にんしきがい》の領域《りょういき》にも深《ふか》く溶《と》け込《こ》みます。

本当《ほんとう》に有効《ゆうこう》な情報《じょうほう》とは、有効性《ゆうこうせい》や原型《げんけい》も分《わ》からぬまま自分《じぶん》の内部《ないぶ》で融合《ゆうごう》・変質《へんしつ》が起《お》こり、無自《むじ》覚《かく》にアウトプットされるような存在《そんざい》です。

それはスープのように複雑《ふくざつ》に溶《と》け合《あ》いながら、「新《あたら》しい味《あじ》」を生《う》み出《だ》します。

結果《けっか》、「オリジナリティー」となり、時《とき》に世《よ》の中《なか》をはっとさせるような価値観《かちかん》を提供《ていきょう》する事《こと》もあります。

つまり**この回路《かいろ》こそが、「発想力《はっそうりょく》」や「創造性《そうぞうせい》」と呼《よ》ばれるものの源《みなもと》なのです。**

舌触《したざわ》り

この吸収法《きゅうしゅうほう》に最《もっと》も適《てき》しているのが「非言語化情報《ひげんごかじょうほう》」です。

もともと「言語《げんご》」で切《き》り取《と》られていないので、輪郭《りんかく》が粒立《つぶだ》っていません。

『上達論《じょうたつろん》』で「とにかく理解《りかい》できない技《わざ》を受《う》けるのが大切《たいせつ》」と強調《きょうちょう》していたのも、こうした理《り》由《ゆう》からです。

先《さき》の例《れい》で挙《あ》げた「音楽《おんがく》」や「旅《たび》」も良《よ》いでしょう。

文字情報《もじじょうほう》・言語化《げんごか》されたメディアも、「言葉《ことば》」そのものや論理的部分《ろんりてきぶぶん》よりも、そこから自分《じぶん》の中《なか》に生《しょう》じる「気分《きぶん》」や全体《ぜんたい》に流《なが》れている「手触《てざわ》り」、「舌触《したざわ》り」などを大切《たいせつ》にしてみて下《くだ》さい。

こうした学習法《がくしゅうほう》を当《あ》たり前《まえ》のようにしている存在《そんざい》がいます。

それが「幼児《ようじ》」と「天才《てんさい》」です。

幼児《ようじ》はそもそも言語《げんご》と論理性《ろんりせい》が獲得以前《かくとくいぜん》か未発達《みはったつ》なので、自然《しぜん》と「感覚《かんかく》」で吸収《きゅうしゅう》する事《こと》となります。

「天才《てんさい》」は幼児期《ようじき》を過《す》ぎても、その性質《せいしつ》を色濃《いろこ》く保持《ほじ》している存在《そんざい》です。

なので「感覚《かんかく》」で物事《ものごと》を捉《とら》え、「言語外情報《げんごがいじょうほう》」に上手《じょうず》にアクセスします。

そして本来《ほんらい》は、天才《てんさい》でなくともこの学習法《がくしゅうほう》は誰《だれ》でもできるはずなのです。
なぜなら、**誰《だれ》もが「幼児《ようじ》」だったから**です。
本当《ほんとう》は、昔《むかし》できていた事《こと》をまたやればいいだけなのです。
「それが難《むずか》しい」と思《おも》う人《ひと》がいるかも知《し》れません。
なので、「練習《れんしゅう》」してみて下《くだ》さい。
方法《ほうほう》はすでに書《か》いてあります。
・**「理解《りかい》できない衝撃《しょうげき》」を大切《たいせつ》にする**こと
・**非言語化情報《ひげんごかじょうほう》を大切《たいせつ》にする**こと
・**未知《みち》を恐《おそ》れない**こと
・**「理解《りかい》し切《き》ろう」としない**こと
本書《ほんしょ》も、そんな風《ふう》に読《よ》んでみて下《くだ》さい。

本書《ほんしょ》について

本書《ほんしょ》でも『上達論《じょうたつろん》』でご好評《こうひょう》いただいた「総《そう》ルビ形式《けいしき》」を採用《さいよう》しています。

活字《かつじ》が苦手《にがて》な大人《おとな》や中高生《ちゅうこうせい》にも届《とど》いたらいいなという思《おも》いからでしたが、蓋《ふた》を開《あ》けてみると小学生《しょうがくせい》まで読《よ》んで下《くだ》さったとのご報告《ほうこく》をいただきました。

活字《かつじ》に慣《な》れている人《ひと》には煩《わずら》わしく感《かん》じるかも知《し》れませんが、「大《だい》は小《しょう》を兼《か》ねる」という事《こと》で、今回《こんかい》も苦手《にがて》な方《かた》に寄《よ》り添《そ》いたいと思《おも》います。

本書《ほんしょ》では、人間《にんげん》の「身体性《しんたいせい》」というものが、いかに思考《しこう》や組織《そしき》というものに密接《みっせつ》に関《かか》わっているかを紐解《ひもと》いていきます。

できるだけ噛《か》み砕《くだ》いてはみましたが、それでも分《わ》かりづらく感《かん》じる部分《ぶぶん》があるかも知《し》れません。

しかしそういう時《とき》こそ、「理解《りかい》し切《き》らない」つもりで読《よ》んでみて下《くだ》さい。

何《なに》かがきっと、「認識外《にんしきがい》」の部分《ぶぶん》に蓄積《ちくせき》されるはずです。

そうして読《よ》み進《すす》めるうちに、一個人《いちこじん》の「身体感《しんたいかん》」というものが、いかに思考《しこう》と密接《みっせつ》であるかが、解《と》き明《あ》かされていくはずです。

また、本書《ほんしょ》も前著《ぜんちょ》に引《ひ》き続《つづ》き、甲野善紀先生《こうのよしのりせんせい》が方条《ほうじょう》に内容《ないよう》を一任《いちにん》して下《くだ》さっています。

ゆえに甲野先生《こうのせんせい》とは異《こと》なる、方条独自《ほうじょうどくじ》の思想《しそう》も数多《かずおお》く含《ふく》まれております。

当然《とうぜん》、語《かた》られる内容《ないよう》の中《なか》には皆《みな》さまのご見解《けんかい》と異《こと》なる部分《ぶぶん》もあるはずです。

そんな時《とき》は、脳内《のうない》で全文《ぜんぶん》に「これは方条独自《ほうじょうどくじ》の見解《けんかい》です」という注釈《ちゅうしゃく》を加《くわ》えてみて下《くだ》さい。

また、皆《みな》さまがそうして抱《いだ》く「意見《いけん》の違《ちが》い」も大切《たいせつ》にして下《くだ》さい。

この「意見《いけん》の違《ちが》いを大切《たいせつ》にし、自分《じぶん》の力《ちから》で注釈《ちゅうしゃく》を加《くわ》える」事《こと》ができる知性《ちせい》こそ、一人《ひとり》ひとりの能力《のうりょく》を育《はぐく》む上《うえ》でいかに大切《たいせつ》であるかも、本文《ほんぶん》を読《よ》み進《すす》めていく上《うえ》で明《あき》らかになってゆく事《こと》でしょう。

脱力《だつりょく》とは

私《わたし》（方条《ほうじょう》）は、甲野先生《こうのせんせい》から連《つら》なる系統《けいとう》の中《なか》でも、特《とく》に「脱力《だつりょく》」というものを大切《たいせつ》にしています。

脱力《だつりょく》とは、「無駄《むだ》な力《ちから》を抜《ぬ》く」ことです。

では、無駄《むだ》な力《ちから》を抜《ぬ》くとはどういう事《こと》でしょうか。

私《わたし》は次《つぎ》のように定義《ていぎ》しています。

「その行為《こうい》に必要《ひつよう》な筋肉《きんにく》以外《いがい》を徹底的《てっていてき》に解除《かいじょ》すること」

言《い》い替《か》えれば、脱力《だつりょく》とは**役割分担《やくわりぶんたん》**なのです。
何《なん》の役割分担《やくわりぶんたん》なのか？
「**使《つか》う筋肉《きんにく》**」と「**使《つか》わない筋肉《きんにく》**」のです。
という事《こと》は、「力《ちから》が抜《ぬ》けない人《ひと》」とはどういう人《ひと》なのか？
「**使《つか》わないでいい筋肉《きんにく》を使《つか》ってしまっている人《ひと》**」です。
ならば「使《つか》わないでいい筋肉《きんにく》を使《つか》ってしまっている人《ひと》」とは誰《だれ》か？
この世《よ》の人類全員《じんるいぜんいん》
です。

画素数《がそすう》

「全人類《ぜんじんるい》が力《りき》んでいる」
私《わたし》がそう思《おも》う理由《りゆう》は、「**使《つか》わないでいい筋肉《きんにく》は果《は》てしなく見《み》つかる**」からです。

これは、電子機器《でんしきき》のカメラやモニター、スキャナーの進歩《しんぽ》とよく似《に》ています。

たとえばデジタルカメラなら、一万画素《いちまんがそ》のものが一〇万画素《まんがそ》、一〇〇万画素《まんがそ》、一億画素《いちおくがそ》、一〇億画素《おくがそ》と、理論上果《りろんじょうは》てしなくピクセル数《すう》を増《ふ》やしていく事《こと》ができます。

同《おな》じように、**身体《しんたい》の解像度《かいぞうど》も果《は》てしなく増《ふ》やすことができます。**

たとえば、五《ご》センチ四方《しほう》のマス目《め》で自分《じぶん》の体《からだ》をサーチしていた人《ひと》が、経験《けいけん》と共《とも》に一《いっ》センチ、一《いち》ミリ、一《いち》ミクロンの単位《たんい》で観察《かんさつ》できるようになっていく。

すると、五《ご》センチ単位《たんい》の頃《ころ》には見《み》つからなかった「一《いっ》センチ」の力《りき》みを、体《からだ》の内部《ないぶ》に見《み》つけられる様《よう》になります。

当然《とうぜん》、一《いち》ミリのころに見《み》つけられなかった一《いち》ミクロンの力《りき》みを見《み》つけられるようにもなります。

この構造《こうぞう》は、永久《えいきゅう》に続《つづ》くのです。

つまり、身体《しんたい》の感覚《かんかく》が上《あ》がり、**力《ちから》を抜《ぬ》くのが上手《うま》くなるほどに、自分《じぶん》の僅《わず》かな力《りき》みにも気付《きづ》ける能力《のうりょく》が上《あ》がります。**

だとするならば、脱力《だつりょく》の達人《たつじん》ならば達人《たつじん》であるほど「自分《じぶん》の力《ちから》が抜《ぬ》けきった」と思《おも》う瞬間《しゅんかん》などありません。

もしそのような人《ひと》がいたら、「思《おも》い上《あ》がり」なのだと、私《わたし》は思《おも》います。

「脱力《だつりょく》の世界《せかい》は無限《むげん》」だからです。

ヒナと親鳥《おやどり》

実際《じっさい》私《わたし》自身《じしん》も、「力《りき》みの大物《おおもの》」が定期的《ていきてき》に体《からだ》の中《なか》で見《み》つかったりします。その度《たび》に、「さすがにこれだけ抜《ぬ》いても良《よ》いのだろうか？」という「疑問《ぎもん》」と、まるで崩《くず》れかけの断崖《だんがい》の上《うえ》に立《た》たされているかのような、心《こころ》もとなさを体《からだ》に感《かん》じます。

それまで体《からだ》を支《ささ》えてくれていた筋力《きんりょく》を解除《かいじょ》するというのは、それくらい違和感《いわかん》の生《しょう》じる事《こと》なのです。

それは、親鳥《おやどり》の庇護《ひご》の元《もと》に育《そだ》っていたヒナが初《はじ》めて飛《と》び立《た》つような、本能的《ほんのうてき》な恐怖《きょうふ》にも通《つう》ずるのではないかと思《おも》います。

しかしその恐怖《きょうふ》を乗《の》り越《こ》えた時《とき》、ヒナだった鳥《とり》が手《て》に入《い》れるのは「大空《おおぞら》」という、果《は》てしなく自由《じゆう》な空間《くうかん》です。

私自身《わたしじしん》も、「大物《おおもの》の脱力《だつりょく》」が体《からだ》に馴染《なじ》んで来《き》た時《とき》にいつも感《かん》じるのは、「こんなにも体《からだ》が動《うご》くのか」と、まるで衣《ころも》を脱《ぬ》ぎ捨《す》て、別《べつ》の肉体《にくたい》を手《て》にしたような「自由《じゆう》」です。

「力《りき》み」というのはどの段階《だんかい》、レベルにおいても、ある時期《じき》までは自分《じぶん》を護《まも》ってくれている「支《ささ》え」ですが、それは同時《どうじ》に**「束縛《そくばく》」という名《な》の「依存《いぞん》」**なのです。

名《な》残《ご》り

「動《うご》き」というものの本質《ほんしつ》は、「重心《じゅうしん》の移動《いどう》」です。

そして、移動《いどう》させるためには、「直立《ちょくりつ》」や「静止状態《せいしじょうたい》」という「安定《あんてい》」を崩《くず》さねばなりません。

つまり、**「運動《うんどう》するためには不安定《ふあんてい》を作《つく》らねばならない」**のです。

そして、「直立《ちょくりつ》」や「静止《せいし》」を保《たも》たせているのは、**それを支《ささ》える「筋力《きんりょく》」が働《はたら》いているから**です。

つまり、「静止《せいし》」→「運動《うんどう》」へと移行《いこう》するためには、**「静止状態《せいしじょうたい》を支《ささ》えている筋力《きんりょく》を解除《かいじょ》せねばならない」**のです。

しかし多《おお》くの場合《ばあい》（厳密《げんみつ》に言《い》えばほぼ一〇〇％）、この筋力《きんりょく》を解除《かいじょ》し切《き》れないまま、言《い》い替《か》えると「**支《ささ》え」の筋肉《きんにく》の名残《なご》りを残《のこ》したまま、運動《うんどう》してしまっている**のです。

つまり、**ブレーキを踏《ふ》みながらアクセルを踏《ふ》んでいる**状態《じょうたい》です。

これは、私《わたし》が見《み》る限《かぎ》り「一流《いちりゅう》」と言《い》われるプロスポーツ選手《せんしゅ》でも例外《れいがい》はありません。

固定装置《こていそうち》

実《じつ》はここまでの説明《せつめい》は、一《ひと》つの事実《じじつ》を指《さ》し示《しめ》しています。

「静止状態《せいしじょうたい》」を支《ささ》えている筋肉量《きんにくりょう》が少《すく》ないほど、スムーズに「運動《うんどう》」へと移行《いこう》できるという事《こと》です。

そして、「静止状態《せいしじょうたい》を支《ささ》えている筋肉《きんにく》」というのは、ほとんどの人《ひと》が考《かんが》えているよりも、はるかに少《すく》なくても成立《せいりつ》します。

言《い》い替《か》えると、「**余分《よぶん》な筋力《きんりょく》を使《つか》って静止状態《せいしじょうたい》を保《たも》っている**」のです。

これが「力《りき》み」です。

つまり、力《ちから》が抜《ぬ》けてくれば抜《ぬ》けてくるほど、「運動《うんどう》エネルギー」を開放《かいほう》しやすい「**待機状態《たいきじょうたい》**」となります。

それは、体《からだ》の中《なか》に無数《むすう》に存在《そんざい》する「固定装置《こていそうち》」が小《ちい》さくシンプルになり、瞬時《しゅんじ》に「解除《かいじょ》しやすい状態《じょうたい》」になるという事《こと》です。

更《さら》に、動《うご》きの最中《さいちゅう》にもまだ残《のこ》っている固定装置《こていそうち》を上手《じょうず》に取《と》り外《はず》せるほどに、出力《しゅつりょく》や自由度《じゆうど》は上《あ》がり続《つづ》けます。

にもかかわらず、人《ひと》は長年《ながねん》この装置《そうち》に支《ささ》えてもらいながら依存《いぞん》しているわけですから、取《と》り外《はず》しの際《さい》には大《おお》きな抵抗感《ていこうかん》や恐怖《きょうふ》が伴《ともな》います。

逆《ぎゃく》に言《い》えば、**大《おお》きな「抵抗感《ていこうかん》」や「恐怖《きょうふ》」が伴《ともな》うものであるほど、その人《ひと》を飛躍《ひやく》させる存在《そんざい》であるかも知《し》れない**という事《こと》です。

混沌《こんとん》

人《ひと》が本質的《ほんしつてき》に「脱力《だつりょく》」や「自由《じゆう》」を恐《おそ》れるもう一《ひと》つの理由《りゆう》は、固定装置《こていそうち》が外《はず》れて来《く》るほどに、それまでの「束縛《そくばく》」が無《な》くなり、体《からだ》は無秩序《むちつじょ》に「**暴《あば》れやすい**」状態《じょうたい》となるからです。

最小限《さいしょうげん》の力《ちから》で姿勢《しせい》や状態《じょうたい》を保《たも》っている訳《わけ》ですから、僅《わず》かな刺激《しげき》で体《からだ》が「バラバラッ」と崩《くず》れるリスクも高《たか》まります。

実《じつ》は、この**「崩《くず》れるリスク」こそが「エネルギー」**なのです。

「崩《くず》れる」肉体《にくたい》をそのままにしておけば、地面《じめん》に打《う》ち付《つ》けたりして大怪我《おおけが》を負《お》ってしまいます。

しかし、そのエネルギーに上手《うま》く「方向《ほうこう》づけ」ができた時《とき》、「崩壊《ほうかい》のエネルギー」は味方《みかた》へと変《か》わってくれます。

エネルギーの大元《おおもと》は「重力《じゅうりょく》」です。

技術的《ぎじゅってき》に語《かた》れば、自分《じぶん》の姿勢《しせい》を崩壊《ほうかい》させ落下《らっか》しようとする「重力《じゅうりょく》」に方向《ほうこう》づけをし、自分《じぶん》が必要《ひつよう》とする力《ちから》へと瞬時《しゅんじ》に転換《てんかん》させるのが、私《わたし》の考《かんが》える「脱力術《だつりょくじゅつ》」なのです。

それは、無秩序《むちつじょ》で規則性《きそくせい》なく巨大《きょだい》な「混沌《こんとん》（カオス）の力《ちから》」を味方《みかた》につける行為《こうい》であるとも言《い》えます。

音楽《おんがく》とドラマ

こうした働《はたら》きを知《し》ると、人《ひと》の運動《うんどう》や営《いとな》みというのは**「安定《あんてい》」と「不安定《ふあんてい》」の循環《じゅんかん》**である事《こと》がよく分《わ》かってきます。

そしてそれは、「音楽《おんがく》」にもとてもよく似《に》ています。

たとえば小学校《しょうがっこう》などで、起立《きりつ》→気《き》をつけ→礼《れい》を促《うなが》す三和音《さんわおん》があります。

これを、コード進行《しんこう》で表記《ひょうき》すると、

C（ドミソ）→G7（ソシレファ）→C（ドミソ）

となります。

これは、C（ドミソ）という音楽的《おんがくてき》に最《もっと》も安定《あんてい》した和音《わおん》から、G7（ソシレファ）という僅《わず》かな不協和《ふきょうわ》を入《い》れて「揺《ゆ》らぎ」を作《つく》っています。

そこから、再《ふたた》びCという「安定《あんてい》」に着地《ちゃくち》している。

つまり、安定《あんてい》からG7へと意図的《いとてき》に「不安定《ふあんてい》」を入《い》れて、そこから「安定《あんてい》」へと着地《ちゃくち》しているのです。

これは、音楽《おんがく》の最《もっと》も「単純形《たんじゅんけい》」と言《い》っていい構造《こうぞう》をしており、ほとんどのポップスやクラシックもそれを更《さら》に複雑化《ふくざつか》し、ドラマチックに展開《てんかい》させています。

小説《しょうせつ》やドラマ、漫画《まんが》などの作劇《さくげき》についてもそうです。

平穏《へいおん》に暮《く》らしていた主人公《しゅじんこう》（調和《ちょうわ》）に何《なに》か災難《さいなん》が降《ふ》りかかる（不調和《ふちょうわ》）。

幾多《いくた》の困難《こんなん》を乗《の》り越《こ》え、再《ふたた》び平和《へいわ》を取《と》り戻《もど》す（調和《ちょうわ》）。恋愛物《れんあいもの》からコメディー、アクションに至《いた》るまで、多《おお》くはこの構造《こうぞう》の展開形《てんかいけい》となっています。基本的《きほんてき》には、主人公《しゅじんこう》がただただ平和《へいわ》に暮《く》らしているだけでは、なかなかストーリーにはなりません（そういう物《もの》もありますが）。

作者《さくしゃ》は意図的《いとてき》に登場人物《とうじょうじんぶつ》の「安定《あんてい》」を崩《くず》して、再《ふたた》び安定《あんてい》へと「着地《ちゃくち》」させているのです。

無秩序《むちつじょ》

私《わたし》は子供向《こどもむ》けの教室《きょうしつ》をやっている時《とき》に、「脱力《だつりょく》」の感覚《かんかく》によく似《に》ているなと感《かん》じます。子供《こども》というのは自由《じゆう》であるがゆえに、「無秩序《むちつじょ》」な存在《そんざい》だからです。

放《ほう》っておけば、すぐに好《す》き勝手《かって》な事《こと》を始《はじ》めたがります。

この時《とき》、大抵《たいてい》の大人《おとな》は大声《おおごえ》で叱《しか》ったり、罰則《ばっそく》で言《い》う事《こと》を聞《き》かせようとします。ひどいものでは体罰《たいばつ》という手段《しゅだん》もあります。地域《ちいき》や文化《ぶんか》によっては、まだまだ存在《そんざい》するでしょう。

つまり、大《だい》なり小《しょう》なり「**大人《おとな》の権力《けんりょく》**」を行使《こうし》してコントロールしようとするのです。

私《わたし》は、これをやりたくありません。

「大人《おとな》の権力《けんりょく》を行使《こうし》した量《りょう》」が、そのまま「自分《じぶん》の未熟《みじゅく》さ」だと思《おも》っているからです。

「大人《おとな》の権力《けんりょく》」を行使《こうし》すれば、コントロールは簡単《かんたん》です。

しかしそれをやる程《ほど》に子供《こども》は萎縮《いしゅく》し固《かた》くなり、画一化《かくいつか》され可能性《かのうせい》は削《そ》ぎ落《お》とされてしまいます。

暴《あば》れ馬《うま》を、手綱《たづな》で抑《おさ》え付《つ》けるようなコントロールをしたくないのです。

子供《こども》の「無秩序《むちつじょ》」を保《たも》ちつつ、こちらの持《も》っている物《もの》を何《なん》とか伝《つた》えようとした時《とき》、子供《こども》たちの遠慮《えんりょ》ない反応《はんのう》が表《あらわ》れますから、自分《じぶん》の「実力《じつりょく》」や「人間性《にんげんせい》」を残酷《ざんこく》なほど突《つ》きつけられます。

「大人《おとな》の権力《けんりょく》」を使《つか》えば、それらを見《み》ずにごまかす事《こと》ができます。

ゆえに、**「大人《おとな》の権力《けんりょく》を行使《こうし》した量《りょう》」**＝**「自分《じぶん》の未熟《みじゅく》さ」**だと思《おも》うのです。

大人《おとな》は「言《い》うことを聞《き》かない」子供《こども》を叱《しか》り採点《さいてん》しますが、本質的《ほんしつてき》には**「叱《しか》らなければ言《い》うことを聞《き》かせられない」大人《おとな》の方《ほう》が、常《つね》に子供《こども》たちに採点《さいてん》されている**のです。

混沌《こんとん》の転用《てんよう》

人《ひと》と人《ひと》をつなぐ「場《ば》」にせよ、「身体《しんたい》」にせよ、「無秩序《むちつじょ》」「混沌《こんとん》」のエネルギーをいかに損失《そんしつ》なく転用《てんよう》できるか。

そうした概念《がいねん》を通《つう》じ、私《わたし》の中《なか》で様々《さまざま》な現象《げんしょう》がつながってきました。

力《ちから》を抜《ぬ》けば抜《ぬ》くほど体《からだ》は崩壊《ほうかい》に向《む》かい、無秩序《むちつじょ》に暴《あば》れたがる。

そのエネルギーを、いかに有効《ゆうこう》に転用《てんよう》するか。

自主性《じしゅせい》を担保《たんぽ》するほど、子供《こども》たちは無秩序《むちつじょ》に暴《あば》れたがる。

そのエネルギーをいかに有効《ゆうこう》な成長《せいちょう》の助《たす》けとするか。

そして当然《とうぜん》、そういったエネルギーを開放《かいほう》するほどに、こちらの「運用能力《うんようのうりょく》」が必要《ひつよう》になってくるという事《こと》です。

それが足《た》りない分《ぶん》だけ、身体《しんたい》においては「力《りき》み」、場《ば》においては「大人《おとな》の権力《けんりょく》」が必要《ひつよう》になってきます。

逆《ぎゃく》に言《い》えば、

「いかに力《ちから》を抜《ぬ》いた状態《じょうたい》で体《からだ》を動《うご》かせるか」

「いかに大人《おとな》の権力《けんりょく》を行使《こうし》せず子供《こども》を成長《せいちょう》させる事《こと》ができるか」

こういった課題《かだい》で体《からだ》を動《うご》かし、教《おし》え子《ご》と接《せっ》するように心掛《こころが》けるだけで、自《みずか》らの成長《せいちょう》にもつながるという事《こと》です。

難《むずか》しい

こうした考《かんが》えに触《ふ》れた時《とき》、「出来《でき》るようになりたい」と思《おも》って下《くだ》さった方《かた》からでさえも、よく耳《みみ》にするのは「難《むずか》しい」という言葉《ことば》です。

そして多《おお》くの場合《ばあい》、その中《なか》には「できない」という気持《きも》ちが込《こ》められています。

つまり、「できたら良《よ》いと思《おも》うが、自分《じぶん》には無理《むり》だと思《おも》う」といった、どこか他人事《ひとごと》の位置《いち》に自分《じぶん》を置《お》いてしまうのです。

そういう人《ひと》たちにいつも投《な》げかけているのは、

「やってみましたか？」

という問《と》いです。


本当《ほんとう》は、「やる」だけならば誰《だれ》でもできます。

たとえば「いかに力《ちから》を抜《ぬ》いた状態《じょうたい》で体《からだ》を動《うご》かせるか」という課題《かだい》でしたら、自分《じぶん》なりに「これが最小限《さいしょうげん》」という力加減《ちからかげん》でバッグなりスプーンなりを持《も》ってみれば良《よ》いのです。

「いかに大人《おとな》の権力《けんりょく》を行使《こうし》せず子供《こども》を成長《せいちょう》させる事《こと》ができるか」という課題《かだい》ならば、いつもより大《おお》きな声《こえ》を出《だ》さなくても耳《みみ》を傾《かたむ》けてもらえるように、言葉《ことば》や行動《こうどう》を変《か》えてみる。


問題《もんだい》はいつでも、**「できるかどうか」**ではなく**「やるかやらないか」**です。

それがたとえ、全《まった》くうまく行《い》かなくても、〇点《れいてん》だとしても、「やった」という事実《じじつ》と経験《けいけん》は積《つ》み重《かさ》なります。

そしてそれは事態《じたい》を確実《かくじつ》に前《まえ》に進《すす》め、次《つぎ》の「一点《いってん》」につながります。

その一点《いってん》は、一〇〇回《かい》やれば一〇〇点《てん》になるのです。


それを阻《はば》んでいるのは、「一〇〇点《てん》を目指《めざ》さねばならない」という思《おも》い込《こ》みです。

これは、学校教育由来《がっこうきょういくゆらい》の「**呪《のろ》い**」です。

何事《なにごと》をするにしても、果《は》てしなくハードルを下《さ》げてみて下《くだ》さい。

時計《とけい》の針《はり》は、動《うご》かぬ者《もの》には一秒《いちびょう》も動《うご》かず、「動《うご》いた者《もの》」にだけ動《うご》き出《だ》すのです。

できる

こうして実際《じっさい》に「やってみる」と、自分《じぶん》でも意外《いがい》な事《こと》が起《お》こり始《はじ》めることがあります。

たとえば、「思《おも》ったよりもできる」といった現象《げんしょう》です。

それを、やり始《はじ》めたらすぐに感《かん》じる場合《ばあい》もあるでしょうし、数年続《すうねんつづ》けて振《ふ》り返《かえ》ってみたら、いつの間《ま》にか「結構《けっこう》できるようになっているぞ」となるかも知《し》れません。

そんなことを初《はじ》めから期待《きたい》していると、新《あら》たなる「呪《のろ》い」になりかねませんから気軽《きがる》に取《と》り組《く》んでいただきたいですが、私《わたし》の実感《じっかん》からしても、**身体《からだ》に先導《せんどう》してもらうと、自分《じぶん》の想像《そうぞう》を遥《はる》かに超《こ》えてくる**のです。

教室《きょうしつ》の生徒《せいと》さんを見《み》ていても、「できない、できない」と弱音《よわね》を吐《は》いていた人《ひと》が、一年経《いちねんた》ったら別人《べつじん》の様《よう》になっている、という例《れい》も沢山見《たくさんみ》ています。

そうして「体《からだ》に先導《せんどう》」してもらうと、面白《おもしろ》い事《こと》も起《お》きてきます。

私《わたし》は新《あたら》しい術理《じゅつり》を発見《はっけん》する時《とき》など、「技《わざ》ができた後《あと》の感触《かんしょく》」が先行《せんこう》して体《からだ》に訪《おとず》れることがよくあります。

そして、その「感触《かんしょく》」に従《したが》って実行《じっこう》してみると、想像《そうぞう》した通《とお》りに相手《あいて》が崩《くず》れている。

その時点《じてん》では「何故《なぜ》できるようになったのか」「どういう仕組《しく》みでできるのか」は自分《じぶん》でもよく分《わ》かりません。

しかし二年後《にねんご》くらいに、下手《へた》すると十年経《じゅうねんた》ってからようやく「ああこういう事《こと》か」と論理的《ろんりてき》に理解《りかい》できる場合《ばあい》があります。

甲野先生《こうのせんせい》も、そういう事《こと》がよくあるそうです。

これらの事《こと》が指《さ》し示《しめ》しているのは、

「**できるが先《さき》**」

だという事《こと》です。


やりもしない内《うち》から、「できるかどうか」をあれこれ思《おも》い悩《なや》んでいる場合《ばあい》ではないのです。

身体感覚《しんたいかんかく》

これは、「論理《ろんり》よりも感覚《かんかく》の方《ほう》がはるかに優《すぐ》れている」事《こと》を表《あらわ》しています。

『上達論《じょうたつろん》』では、「論理《ろんり》は後追《あとお》い」だと説明《せつめい》しました。

感覚《かんかく》は本来《ほんらい》「論理《ろんり》」よりも「十年以上先《じゅうねんいじょうさき》を行《い》くもの」なのです。

磨《みが》けば磨《みが》くほど、「先《さき》」へと行《い》きます。

本来《ほんらい》、論理《ろんり》は直感《ちょっかん》や感覚《かんかく》を裏付《うらづ》け・説明《せつめい》するためのものであり、「創造的飛躍《そうぞうてきひやく》」には適《てき》していません。

しかし、人《ひと》が「論理《ろんり》」を獲得《かくとく》してからの歴史《れきし》は非常《ひじょう》に長《なが》く、その蓄積《ちくせき》も膨大《ぼうだい》なので、現在《げんざい》では「創造性《そうぞうせい》」さえもシミュレーションができるようになりました。

しかも、データは「実績《じっせき》」と「裏付《うらづ》け」の集合体《しゅうごうたい》なので、直感《ちょっかん》に比《くら》べて説明《せつめい》が容易《ようい》な分《ぶん》だけ「説得力《せっとくりょく》」があります。

ゆえに論理《ろんり》や知識《ちしき》が、あまりにも「幅《はば》を利《き》かせている」現状《げんじょう》となってしまっているのです。

しかし、本質《ほんしつ》を辿《たど》れば論理《ろんり》や知識《ちしき》の多《おお》くは、もともと「直感《ちょっかん》」「感覚《かんかく》」が切《き》り拓《ひら》いて来《き》たのを分解《ぶんかい》・蓄積《ちくせき》しているだけのものです。

言《い》い換《か》えれば、「切《き》り拓《ひら》いて来《き》た人《ひと》」からの恩恵《おんけい》を享受《きょうじゅ》しているに過《す》ぎないのです。

現代社会《げんだいしゃかい》は論理《ろんり》とデータの積《つ》み重《かさ》ねの上《うえ》に発展《はってん》してきましたが、「現状《げんじょう》を逸脱《いつだつ》した飛躍《ひやく》」とはなかなかなりづらく、それゆえに世情《せじょう》としてよく耳《みみ》にする閉塞感《へいそくかん》・手詰《てづ》まり感《かん》の蔓延《まんえん》は「論理《ろんり》とデータ」を重視《じゅうし》しすぎる事《こと》から来《き》ていると私《わたし》は考《かんが》えています。

人類《じんるい》を本質的《ほんしつてき》に発展《はってん》させてきた「感覚《かんかく》」が、あまりにも蔑《ないがし》ろにされてしまっているからです。

なので、状況《じょうきょう》を改善《かいぜん》するためには「感覚《かんかく》の再獲得《さいかくとく》」が重要《じゅうよう》な鍵《かぎ》となってくると思《おも》っています。

そこに不可欠《ふかけつ》になってくるのが「身体感覚《しんたいかんかく》」です。

なぜなら、**体《からだ》が先行《せんこう》して考《かんが》え、切《き》り拓《ひら》いてくれる**からです。

開拓者《かいたくしゃ》

「切《き》り拓《ひら》く」という事《こと》は「なぞる」「勉強《べんきょう》する」ことと全《まった》く意味合《いみあ》いが違《ちが》います。

先人《せんじん》が荒野《こうや》や密林《みつりん》を切《き》り拓《ひら》くのと、すでにある道《みち》を後《あと》からついて行《い》くのでは、そのエネルギーも難易度《なんいど》も一〇倍以上《ばいいじょう》変《か》わるからです。

時《とき》に先駆者《せんくしゃ》は切《き》り拓《ひら》いた所《ところ》で力尽《ちからつ》き、倒《たお》れてしまいますが、後追《あとお》いの人《ひと》がその屍《しかばね》を越《こ》えて進《すす》むのは容易《ようい》なはずです。

一《ひと》つの分野《ぶんや》において、先人《せんじん》よりも後追《あとお》い世代《せだい》の方《ほう》が洗練《せんれん》され上質《じょうしつ》に見《み》える事《こと》も多《おお》いですが、本当《ほんとう》は本質的能力《ほんしつてきのうりょく》である「創造性《そうぞうせい》」は、**開拓者《かいたくしゃ》の方《ほう》が高《たか》い**のです。

そういった意味《いみ》で、甲野先生《こうのせんせい》が「基本《きほん》を自分《じぶん》で作《つく》る」「それぞれが流祖《りゅうそ》になる」という「松聲館《しょうせいかん》スタイル」の稽古法《けいこほう》を、一《いち》から工夫《くふう》し作《つく》り上《あ》げた意義《いぎ》はとても高《たか》いと私《わたし》は思《おも》っています。

この方式《ほうしき》はまだまだ一般的《いっぱんてき》でないとはいえ、水面下《すいめんか》でその影響《えいきょう》は大《おお》きな拡《ひろ》がりを見《み》せています。

私自身《わたしじしん》もそうですが、甲野先生《こうのせんせい》のもとで学《まな》んだ人達《ひとたち》が指導者《しどうしゃ》となり人《ひと》に教《おし》えたり、スポーツや様々《さまざま》な分野《ぶんや》でトップになったりと、ユニークな実績《じっせき》を数多《かずおお》く上《あ》げています。

近《ちか》くにいると「当《あ》たり前《まえ》」に感《かん》じがちですが、我々《われわれ》は甲野先生《こうのせんせい》が切《き》り拓《ひら》いた道《みち》の上《うえ》を走《はし》っているという事《こと》は、忘《わす》れたくないと思《おも》っています。

「松聲館《しょうせいかん》スタイル」は多種多様《たしゅたよう》な人々《ひとびと》を輩出《はいしゅつ》しているので、もっと正確《せいかく》に言《い》えば「切《き》り拓《ひら》いた道《みち》」というよりも、我々《われわれ》を飛《と》び立《た》たせてくれる「切《き》り拓《ひら》いた滑走路《かっそうろ》」と言《い》った方《ほう》が正確《せいかく》かもしれません。

わかる

こうした「切《き》り拓《ひら》く」「できるが先《さき》」といった行為《こうい》や回路《かいろ》は、たとえば何《なん》らかの才能《さいのう》ある限《かぎ》られた人達《ひとたち》だけのものかと言《い》うと、そんな事《こと》はありません。

本来《ほんらい》は、誰《だれ》にでもできる事《こと》なのです。

では、多《おお》くの人《ひと》にそれが出来《でき》ないのはなぜか。

まず理由《りゆう》の一《ひと》つは、先《さき》ほど述《の》べた「一〇〇点思考《てんしこう》の呪《のろ》い」です。

もう一《ひと》つの理由《りゆう》は、「**論理《ろんり》の呪縛《じゅばく》**」です。

ここまで体《からだ》や感覚《かんかく》に先導《せんどう》してもらう有効性《ゆうこうせい》について説明《せつめい》してきましたが、その逆《ぎゃく》が「論理《ろんり》が先行《せんこう》」となります。

するとどうなるか。

「論理的《ろんりてき》に理解《りかい》しないと前《まえ》に進《すす》めない思考回路《しこうかいろ》」に支配《しはい》されます。

体《からだ》や感覚《かんかく》は前《まえ》に進《すす》もうとしている。あるいは、すでに進《すす》んでいる。

しかし、**「わからない」を理由《りゆう》に前《まえ》に進《すす》む事《こと》を拒否《きょひ》**してしまう。

ほとんどの現代人《げんだいじん》が、この思考《しこう》に陥《おちい》っているのです。

実際《じっさい》、私《わたし》の教室《きょうしつ》で「分《わ》からない」と言《い》って、稽古《けいこ》の手《て》を止《と》めている生徒《せいと》さんがいます。

しかし、私《わたし》は「とにかくやりましょう」と言《い》っています。

やれば、「体《からだ》が体験《たいけん》できる」仕掛《しか》けをこちらはいくつも用意《ようい》しています。

そして、やってみると「分《わ》からないまま体《からだ》が先行《せんこう》して体験《たいけん》」します。

「できる」という体験《たいけん》も「食《た》べ物《もの》」なのです。

理屈《りくつ》抜《ぬ》きで「できる」をどんどん食《た》べてしまう事《こと》が大切《たいせつ》です。

「わかる」は周回遅《しゅうかいおく》れでやってきます。

論理型社会《ろんりがたしゃかい》

英語《えいご》だって、カタコトでも滅茶苦茶《めちゃくちゃ》でも、どんどん喋《しゃべ》ってしまった方《ほう》がいい。

絵《え》だって歌《うた》だって、どんどん表現《ひょうげん》してしまえばいい。

そうすればその人《ひと》の個性《こせい》が花開《はなひら》き、一番上達《いちばんじょうたつ》します。

それを阻《はば》むのが「一〇〇点思考《てんしこう》の呪《のろ》い」と「論理《ろんり》の呪縛《じゅばく》」です。

論理《ろんり》の呪縛《じゅばく》とはなかなかに厄介《やっかい》で、全方位《ぜんほうい》に影響《えいきょう》を及《およ》ぼしています。

なぜなら、現代《げんだい》は「**論理型社会《ろんりがたしゃかい》**」だからです。

論理型社会《ろんりがたしゃかい》の最大《さいだい》の問題点《もんだいてん》は、「論理的《ろんりてき》に説明《せつめい》できないもの」を「無《な》いこと」「取《と》るに足《た》らないこと」にしてしまう事《こと》です。

元々《もともと》、この世《よ》には「論理的《ろんりてき》に説明《せつめい》できない事《こと》」しかありませんでした。

人《ひと》は長《なが》い時間《じかん》をかけて、存在《そんざい》していなかった「論理《ろんり》」という概念《がいねん》を作《つく》ったのです。

その後《ご》、「論理的《ろんりてき》に説明《せつめい》できること」の領域《りょういき》を広《ひろ》げに広《ひろ》げてきた結果《けっか》、「全《すべ》ては論理的《ろんりてき》に説明《せつめい》できる」という**勘違《かんちが》い**が始《はじ》まりました。

それは旧約聖書《きゅうやくせいしょ》に出《で》てくる「バベルの塔《とう》」のような、大《おお》いなる「思《おも》い上《あ》がり」だと言《い》えます。

むしろ、この世《よ》は「論理的《ろんりてき》に説明《せつめい》がつかない事《こと》」「分《わ》からない事《こと》」が大半《たいはん》を占《し》めており、「論《ろん》理《り》」の極《きわ》みとも言《い》える「科学《かがく》」の分野《ぶんや》でも、量子力学《りょうしりきがく》などで最先端《さいせんたん》を行《い》く人達《ひとたち》は、それをよくよく感《かん》じているはずだと思《おも》います。

甲野先生《こうのせんせい》がよく仰《おっしゃ》っていますが、「人体《じんたい》」は複雑《ふくざつ》な要素《ようそ》の集合体《しゅうごうたい》であり、ある領域以上《りょういきいじょう》の人《ひと》の動《うご》きを論理的《ろんりてき》に説明《せつめい》するなど、とうてい出来《でき》るものではありません。

論理的《ろんりてき》に説明《せつめい》できる事《こと》は、「論理的《ろんりてき》に説明《せつめい》できる程度《ていど》のこと」だからです。

野性《やせい》

「論理《ろんり》」という呪縛《じゅばく》から自《みずか》らを解放《かいほう》する事《こと》。

これは、**「人間《にんげん》」という「理性《りせい》」ある生物《せいぶつ》でありながら、眠《ねむ》っている「野性《やせい》」の能力《のうりょく》を引《ひ》き出《だ》すという事《こと》を意味《いみ》します。

それを私《わたし》は**「獣性《じゅうせい》の克服《こくふく》と野性《やせい》の解放《かいほう》」**と呼《よ》んでいます。

奪《うば》い合《あ》い、殺《ころ》し合《あ》い、怒《いか》り、争《あらそ》うばかりの歴史《れきし》を繰《く》り返《かえ》しているのでは、人間《にんげん》として文明化《ぶんめいか》した意味《いみ》がありません。

一方《いっぽう》で、文明《ぶんめい》の進歩《しんぽ》と共《とも》に「生物《せいぶつ》」としての根源的能力《こんげんてきのうりょく》を忘《わす》れてしまっては、種《しゅ》は衰退《すいたい》の一途《いっと》を辿《たど》ります。

野性《やせい》は本来《ほんらい》、「文明《ぶんめい》」そのものを進《すす》めてきた活力《かつりょく》でもあるはずなのに、文明《ぶんめい》の進歩《しんぽ》により影《かげ》を潜《ひそ》め始《はじ》めてしまいました。

そして今《いま》では、文明《ぶんめい》の進歩《しんぽ》による野性《やせい》の退化《たいか》が、かえって文明《ぶんめい》を衰退《すいたい》させる原因《げんいん》ともなっているように私《わたし》には見《み》えます。

一方《いっぽう》で、表面的《ひょうめんてき》なテクノロジーや理論《りろん》の蓄積《ちくせき》だけは際限《さいげん》なく進《すす》んで行《い》きつつも、我々《われわれ》は主義《しゅぎ》、主張《しゅちょう》、宗教《しゅうきょう》、国家《こっか》、人種《じんしゅ》の違《ちが》いへの憎悪《ぞうお》一《ひと》つコントロールできていません。「優秀《ゆうしゅう》」と言《い》われ大《おお》きな富《とみ》を得《え》た人《ひと》の多《おお》くは、それを死守《ししゅ》し更《さら》に増《ふ》やす事《こと》にやっきになってしまい、奴隷《どれい》のような環境《かんきょう》の中《なか》で働《はたら》き、差別《さべつ》されている人々《ひとびと》の気持《きも》ちには想像力《そうぞうりょく》すら働《はたら》いていない場《ば》合《あい》がまだまだ多《おお》く見《み》られます。

先程《さきほど》の**「獣性《じゅうせい》の克服《こくふく》と野性《やせい》の解放《かいほう》」という観点《かんてん》で考《かんが》えれば、むしろ「正反対《せいはんたい》」の現状《げんじょう》にある**とも言《い》えます。

コントロールできない私利私欲《しりしよく》や、「感情《かんじょう》」に振《ふ》り回《まわ》されたまま、生物《せいぶつ》としての根源的能力《こんげんてきのうりょく》が衰退《すいたい》を続《つづ》けている。

そんな中《なか》、発展《はってん》したテクノロジーばかりを次々《つぎつぎ》と手渡《てわた》されてゆく。

一言《ひとこと》でいえば、私《わたし》たち人類《じんるい》は**「マシンガンを持《も》った猿《さる》」**のような存在《そんざい》になってしまっているのです。

「テクノロジー」が発達《はったつ》したならば、それに見合《みあ》う「ハードウェア」、すなわち我々《われわれ》の「根源的《こんげんてき》能力《のうりょく》」を育《はぐく》まねばバランスが取《と》れません。

その「不釣《ふつ》り合《あ》い」は、我々《われわれ》を滅《ほろ》ぼしかねない所《ところ》まで巨大化《きょだいか》しているのかも知《し》れません。

身体《しんたい》と脳《のう》の関係《かんけい》は、「我々自身《われわれじしん》」と「テクノロジー」の関係《かんけい》にそのまま当《あ》てはまります。

「脳《のう》」の奴隷《どれい》となってしまっては「生命体《せいめいたい》」として衰《おとろ》える一方《いっぽう》ですし、「テクノロジー」の奴隷《どれい》となってしまっては「人間性《にんげんせい》」を退化《たいか》させてしまうのです。

論理《ろんり》やテクノロジーに「使《つか》われる」のではなく、それらを「使《つか》いこなす」事《こと》が出来《でき》るようにならなくてはなりません。

なんとなく

一見《いっけん》スケールの大《おお》きそうな「文明《ぶんめい》」や「テクノロジー」の話《はなし》も、結局《けっきょく》は「個《こ》」に行《い》き着《つ》きます。なぜなら、組織《そしき》も、国家《こっか》も、文明《ぶんめい》も「個《こ》」の集合体《しゅうごうたい》だからです。

たとえば私《わたし》は、過去《かこ》から現在《げんざい》に至《いた》るまで、なぜ日本《にほん》をふくめた世界中《せかいじゅう》の人々《ひとびと》が、「戦争《せんそう》」というコストパフォーマンスの悪《わる》い手段《しゅだん》を選択《せんたく》し続《つづ》けて来《き》たのか、いまいち理由《りゆう》が分《わ》かりませんでした。

「戦争《せんそう》」とは、**人類《じんるい》が自《みずか》らの意志《いし》で防《ふせ》ぐ事《こと》ができる唯一《ゆいいつ》の厄災《やくさい》**だからです。

もっと詳《くわ》しく言《い》うと、戦争《せんそう》へと突《つ》き進《すす》む最中《さなか》にある「個々《ここ》」、「一人《ひとり》ひとりの気持《きも》ち」にまで、想像《そうぞう》が行《い》き届《とど》かなかったのです。

しかし最近《さいきん》の我々《われわれ》の国《くに》をふくめた世界中《せかいじゅう》の状況《じょうきょう》を見《み》るに、当時《とうじ》の人《ひと》たちの気持《きも》ちが少《すこ》し分《わ》かった気《き》がします。

一人《ひと》ひとりの「何《なん》となく」が、国《くに》を戦争《せんそう》に向《む》かわせるのです。

ヒトラーやムッソリーニのような独裁者《どくさいしゃ》、分《わ》かりやすい「悪《あく》」が人心《じんしん》を惑《まど》わし、戦争《せんそう》に導《みちび》いたと考《かんが》えれば物事《ものごと》は単純《たんじゅん》だし、「あいつだけが悪《わる》かった」と責任《せきにん》を押《お》し付《つ》ければ、全《すべ》て解決《かいけつ》した気《き》になれます。

実際《じっさい》、そんな風《ふう》に思《おも》っている人《ひと》も多《おお》いでしょう。

しかし、本質《ほんしつ》はそこにはありません。

ヒトラーは民主的《みんしゅてき》な手続《てつづ》きから、選挙《せんきょ》によって選《えら》ばれたのです。

独裁者《どくさいしゃ》を生《う》み出《だ》すのは民衆《みんしゅう》の「レベル」であり、独裁者《どくさいしゃ》を独裁者《どくさいしゃ》たらしめたのは、民衆一人《みんしゅうひとり》ひとりの「なんとなく」であったのでしょう。

巨大《きょだい》な、「なんとなく」の集合体《しゅうごうたい》ほど質《たち》の悪《わる》いものはありません。

明確《めいかく》な「悪《あく》」や「問題《もんだい》」が突出《とっしゅつ》していないので、その変化《へんか》も察知《さっち》しにくいからです。

違和感《いわかん》

人《ひと》は、あまりに早《はや》い「変化《へんか》」には対応《たいおう》ができませんが、あまりに「遅《おそ》い」変化《へんか》にも気《き》づけません。

ナイフを振《ふ》り回《まわ》しながら走《はし》り寄《よ》って来《く》る殺人鬼《さつじんき》より、ポケットにナイフを忍《しの》ばせながら、笑顔《えがお》で歩《あゆ》み寄《よ》ってくる殺人犯《さつじんはん》の方《ほう》が、「危《あぶ》ない」のです。

そうした中《なか》、「何《なに》かおかしいぞ」と感《かん》じる事《こと》のできる人間《にんげん》がどれだけ存在《そんざい》するか。感《かん》じる事《こと》のできる人材《じんざい》がどれだけいるか。

その「比率《ひりつ》」が国家《こっか》や集団《しゅうだん》の「レベル」であり、国家《こっか》の趨勢《すうせい》を大《おお》きく左右《さゆう》する鍵《かぎ》となります。

「違和感《いわかん》」を感《かん》じる事《こと》ができない人々《ひとびと》が一定割合《いっていわりあい》を超《こ》えた時《とき》、大多数《だいたすう》の「なんとなく」はいつしか「熱狂《ねっきょう》」となり、熱狂《ねっきょう》は「狂気《きょうき》」へと変貌《へんぼう》します。

大多数《だいたすう》の「なんとなく」には、どんな天才《てんさい》も、英雄《えいゆう》も敵《かな》いません。

狂気《きょうき》となったうねりは加速《かそく》がついているので、後戻《あともど》りはできないのです。

いつの間《ま》にか加担者《かたんしゃ》となっていた自分自身《じぶんじしん》が「おかしい」と思《おも》う頃《ころ》にはすでに崩壊《ほうかい》が確定《かくてい》していて、気《き》づいた頃《ころ》には将棋《しょうぎ》で言《い》えば「一〇〇手《て》」ぐらい遅《おく》れています。

逆《ぎゃく》に言《い》えば、**本来《ほんらい》なら一〇〇段階《だんかい》ぐらい前《まえ》に「違和感《いわかん》」を察知《さっち》し、早々《そうそう》に「手《て》」を打《う》っておかねばならなかった**のです。

そうした「違和感《いわかん》」をいち早《はや》く察知《さっち》するのが「身体感覚《しんたいかんかく》」であり、「想像力《そうぞうりょく》」です。

想像力《そうぞうりょく》は、将棋《しょうぎ》の「一〇〇手《て》」先《さき》を読《よ》む能力《のうりょく》です。

前著《ぜんちょ》『上達論《じょうたつろん》』では、「脳《のう》の跳躍力《ちょうやくりょく》」とも表現《ひょうげん》しました。

脳《のう》の跳躍力《ちょうやくりょく》とは、「一見掛《いっけんか》け離《はな》れた二者《にしゃ》をつなげる力《ちから》」です。

それは、民衆《みんしゅう》の「なんとなく」や個々《ここ》の「身体感覚《しんたいかんかく》」と「国家《こっか》の存亡《そんぼう》」の繋《つな》がりを見《み》つけ、考《かん》える事《こと》もできる力《ちから》です。


国家《こっか》のレベルが下《さ》がって行《い》くほどに民衆《みんしゅう》も指導者《しどうしゃ》も思考《しこう》が「短期的《たんきてき》」になっていきます。

将棋《しょうぎ》で言《い》えば、「一手《いって》」か、「二手《にて》」先《さき》ぐらいまでしか読《よ》めないのです。

「一旦相手《いったんあいて》に取《と》らせる事《こと》により、逆転《ぎゃくてん》する」だとか、「布石《ふせき》を打《う》つ」という発想《はっそう》が欠落《けつらく》している状態《じょうたい》です。

そうなると、「目先《めさき》の利益《りえき》」「短期的結果《たんきてきけっか》」ばかりに着目《ちゃくもく》し、「損《そん》して得取《とくと》れ」だとか「未来《みらい》まで考慮《こうりょ》に入《い》れた広《ひろ》い視野《しや》で見据《みす》える」といった思考《しこう》や戦略《せんりゃく》をどんどん見失《みうしな》ってゆきます。

短気《たんき》

つまり、指導者《しどうしゃ》や人々《ひとびと》の思考《しこう》が「短期的《たんきてき》」になってきたら、戦争《せんそう》や国家崩壊《こっかほうかい》へ向《む》かう「危険信《きけんしん》号《ごう》」だという事《こと》です。

私《わたし》は、この傾向《けいこう》が世界中《せかいじゅう》で全体的《ぜんたいてき》に強《つよ》まっているように感《かん》じます。

「短期的思考《たんきてきしこう》が危険《きけん》」というのは、「個人《こじん》」においても全《まった》く同《おな》じです。

特《とく》に危《あぶ》ないのが「短気《たんき》な人《ひと》」です。

全《すべ》てとは言《い》いませんが、文字《もじ》で見《み》ても分《わ》かる通《とお》り「短気《たんき》」は「短期《たんき》」、「短絡的《たんらくてき》」になりやすいからです。

では、なぜ短絡的思考《たんらくてきしこう》は問題《もんだい》があるのかというと、大《おお》きな理由《りゆう》は、**脳内《のうない》にプロデューサーがいないから**です。

「脳《のう》のプロデューサー」とは何《なに》か。

一言《ひとこと》で言《い》うと「**待《ま》てる**」という事《こと》です。

気《き》が短《みじか》い人《ひと》とは、その定義《ていぎ》の通《とお》り「待《ま》てない」人《ひと》です。

「瞬間的嫌悪《しゅんかんてきけんお》」を感《かん》じた時《とき》もなかなか待《ま》つ事《こと》ができません。

たとえば、若《わか》いころ些細《ささい》な切《き》っ掛《か》けでカッとなり、決定的《けっていてき》な一言《ひとこと》を発《はっ》して喧嘩《けんか》になったり、関《かん》係性《けいせい》が終《お》わってしまった経験《けいけん》はありませんでしょうか。

後《あと》から冷静《れいせい》になった時《とき》、「あんな事《こと》を言《い》わなければよかった」と後悔《こうかい》した事《こと》は、大《だい》なり小《しょう》なり誰《だれ》でも一度《いちど》はあるでしょう。

衝動的《しょうどうてき》な大失敗《だいしっぱい》や犯罪《はんざい》もこの思考回路《しこうかいろ》の延長線上《えんちょうせんじょう》にあります。

つまり、**「興奮時《こうふんじ》の判断《はんだん》」と、「後《のち》の判断《はんだん》」に遊離《ゆうり》が出《で》てしまう**という事《こと》です。

この、**「リアルタイム」に冷静《れいせい》かつ広《ひろ》い視野《しや》で判断《はんだん》を下《くだ》せる**のが「プロデューサー」です。

プロデューサー

少《すく》なくとも、後《あと》から後悔《こうかい》するくらいならば、当然《とうぜん》その行為《こうい》はやらない方《ほう》が良《よ》いはずです。

先《さき》ほど「獣性《じゅうせい》」というものに触《ふ》れましたが、人類《じんるい》の人類《じんるい》たる進化《しんか》の歴史《れきし》とは、「獣性克服《じゅうせいこくふく》」の歴史《れきし》です。

そして、**「獣性《じゅうせい》」の核心《かくしん》は「瞬間的嫌悪《しゅんかんてきけんお》」に表《あらわ》れます**。

獣性《じゅうせい》が色濃《いろこ》い人《ひと》ほど発作的《ほっさてき》に生《しょう》じた「怒《いか》り」や「殺意《さつい》」に支配《しはい》され、行動《こうどう》してしまいます。

歴史上《れきしじょう》、「気《き》に食《く》わない奴《やつ》」を次々《つぎつぎ》と殺《ころ》していた権力者《けんりょくしゃ》は、数《かぞ》えれば切《き》りがないほど存在《そんざい》しました。
権力者《けんりょくしゃ》による「殺人《さつじん》」を理不尽《りふじん》な「暴力《ぼうりょく》」「罰則《ばっそく》」に置《お》き換《か》えれば、我々《われわれ》の時代《じだい》にもそんな人《ひと》は当《あ》たり前《まえ》のように溢《あふ》れています。

つまりこうした人《ひと》たちは、大《だい》なり小《しょう》なりその人《ひと》の持《も》つ「権力《けんりょく》」と「人間《にんげん》としての進歩《しんぽ》」が釣《つ》り合《あ》っていないのです。

それが、「マシンガンを持《も》った猿《さる》」です。

逆《ぎゃく》に、マシンガンを手《て》にしている時《とき》、目《め》の前《まえ》に許《ゆる》しがたいほど腹立《はらだ》たしい奴《やつ》がいる。

それでも「撃《う》つのをやめよう」と思《おも》える、つまり「待《ま》てる」のが人間《にんげん》を人間《にんげん》たらしめている「知性《ちせい》」であり、「脳内《のうない》のプロデューサー」なのです。

待《ま》てる

「待《ま》つ」という行為《こうい》には「その場《ば》」を超《こ》えた時間《じかん》・空間《くうかん》までも把握《はあく》した高度《こうど》な状況認識能力《じょうきょうにんしきのうりょく》が必要《ひつよう》になります。

その場《ば》の**衝動《しょうどう》に支配《しはい》されず最適《さいてき》を選《えら》び取《と》る、「精神《せいしん》の制御能力《せいぎょのうりょく》」**です。

冬眠《とうみん》に入《はい》れなかった熊《くま》など苛立《いらだ》った動物《どうぶつ》が、目《め》の前《まえ》に現《あらわ》れた人《ひと》を「無関係《むかんけい》だから」と襲《おそ》うのを「待《ま》つ」事《こと》はできません。

我々人類《われわれじんるい》の精神性《せいしんせい》も未《いま》だその延長線上《えんちょうせんじょう》にあり、這《は》いずるようにして少《すこ》しずつ「待《ま》てる」存在《そんざい》に進歩《しんぽ》してきたのです。

なので、我々《われわれ》の文化《ぶんか》ではいつしか、「待《ま》てない人《ひと》」を「下品《げひん》」と呼《よ》ぶようになりました。

例《たと》えば、列《れつ》で順番待《じゅんばんま》ちをしている人《ひと》を押《お》しのけ自分《じぶん》だけ先《さき》んじようとする人《ひと》。

相手《あいて》の気持《きも》ちを確認《かくにん》する前《まえ》に、ずけずけと立《た》ち入《い》ってくる人《ひと》。

品性《ひんせい》は「速度《そくど》」に現《あらわ》れるのです。

成功者《せいこうしゃ》

逆《ぎゃく》に言《い》えば、**どんな成功者《せいこうしゃ》でも達人《たつじん》でも、政治家《せいじか》でもカリスマでも、「待《ま》てない」人間《にんげん》は「未《み》熟者《じゅくもの》」**だという事《こと》です。

一般的《いっぱんてき》に「成功者《せいこうしゃ》」は人格者《じんかくしゃ》でもあると混同《こんどう》されがちですが、全《まった》くそんな事《こと》はありません。

どちらかといえば、**「成功《せいこう》した未熟者《みじゅくもの》」**の方《ほう》が、まだまだ多《おお》いのが現状《げんじょう》です。

ブラック企業《きぎょう》の社長《しゃちょう》が社員《しゃいん》を怒鳴《どな》り散《ち》らしたり、感情《かんじょう》に駆《か》られた政治家《せいじか》が幼稚《ようち》な発言《はつげん》をする場《ば》面《めん》は当《あ》たり前《まえ》のように見《み》られます。

そういう人達《ひとたち》は、本当《ほんとう》に「人《ひと》の上《うえ》に立《た》つ器《うつわ》」と言《い》えるでしょうか。

しかし、なぜそのような人達《ひとたち》が実際《じっさい》には「人《ひと》の上《うえ》に立《た》つ」事《こと》ができているのか。

「短期的思考《たんきてきしこう》」とは「短絡的《たんらくてき》」ではありますが、それゆえに「短期《たんき》」で結果《けっか》を出《だ》しやすい性質《せいしつ》もあるからです。

人間《にんげん》の性質《せいしつ》として、「短期《たんき》」という枠組《わくぐ》みにおける「優秀《ゆうしゅう》」な人《ひと》は数多《かずおお》くいます。

そして、現代社会《げんだいしゃかい》ではこの手《て》の「優秀《ゆうしゅう》さ」が求《もと》められ、称賛《しょうさん》される傾向《けいこう》にあります。

こうした人《ひと》たちは「瞬間的《しゅんかんてき》」に大《おお》きなエネルギーを発揮《はっき》できるので、分《わ》かりやすく目《め》に見《み》える成果《せいか》を上《あ》げるのには向《む》いていています。

しかし極端《きょくたん》な「短期型《たんきがた》」の場合《ばあい》、「これをやってしまったら当面《とうめん》は上手《うま》く行《い》くけれど、広《ひろ》い視《し》点《てん》で見《み》たら大多数《だいたすう》が困《こま》る事《こと》になるのでやめておこう」といった想像力《そうぞうりょく》が働《はたら》きづらい傾向《けいこう》にあります。

「手段《しゅだん》を選《えら》ばない」で行動《こうどう》する精神構造《せいしんこうぞう》に、結《むす》びつきやすくなってしまうのです。

そうなると、想像力《そうぞうりょく》が働《はたら》けば通常《つうじょう》は「心《こころ》が傷《いた》んで取《と》ろうとは思《おも》えない」行動《こうどう》も選択《せんたく》できてくるので、人《ひと》より先《さき》んじて「結果《けっか》」を出《だ》しやすくなります。「序盤戦《じょばんせん》の将棋《しょうぎ》」では滅法強《めっぽうつよ》いタイプです。

カリスマ性《せい》があったり、魅力的《みりょくてき》に見《み》えたりする場合《ばあい》もありますしかし、そういうタイプは身近《みぢか》な人《ひと》を「短気《たんき》」の捌《は》け口《ぐち》にする場合《ばあい》も多《おお》く、家族《かぞく》や部下《ぶか》が裏側《うらがわ》でひどい目《め》に遭《あ》う事《こと》があります。

そういった犠牲《ぎせい》の上《うえ》に成《な》り立《た》っている「成功者《せいこうしゃ》」も実《じつ》は数多《かずおお》く含《ふく》まれているという事《こと》は、認識《にんしき》しておくと良《よ》いかも知《し》れません。

世《よ》の中全体《なかぜんたい》が「短絡的《たんらくてき》」になってくると、「短期的思考《たんきてきしこう》の成功者《せいこうしゃ》」がますますもて囃《はや》されます。「国《くに》」そのものが「待《ま》てない」。つまり**国家《こっか》の「獣性《じゅうせい》」が高《たか》まっている**状態《じょうたい》とも言《い》えます。

感覚肌《かんかくはだ》

先《さき》ほど具体化《ぐたいか》・表面化《ひょうめんか》していない問題《もんだい》に気《き》づくための鍵《かぎ》を「違和感《いわかん》」という言葉《ことば》で説明《せつめい》しました。

違和感《いわかん》の「感《かん》」は「感覚《かんかく》」の感《かん》です。

論理《ろんり》や知識《ちしき》ではなく、感覚《かんかく》がいち早《はや》く察知《さっち》するのです。

なので、世《よ》の狂気《きょうき》の「臭《にお》い」、破滅《はめつ》の「予感《よかん》」を先頭《せんとう》を切《き》って察知《さっち》するのは、いつでも「感覚《かんかく》肌《はだ》」の持《も》ち主《ぬし》たちです。

理屈抜《りくつぬ》きで「何《なに》かおかしい」という、肌触《はだざわ》りと共《とも》に察知《さっち》します。

しかし、「感覚肌《かんかくはだ》」の人《ひと》は「論理化《ろんりか》」が苦手《にがて》な傾向《けいこう》にあり、説得力《せっとくりょく》をもった伝達《でんたつ》がなかなかできません。

一方《いっぽう》、情報《じょうほう》を受《う》け取《と》るのが短期型思考《たんきがたしこう》の人《ひと》たちである場合《ばあい》、想像力《そうぞうりょく》がなかなか働《はたら》かない場合《ばあい》も多《おお》く、そうなると「具体化《ぐたいか》」「論理化《ろんりか》」されていない事象《じしょう》・存在《そんざい》を「見《み》る」ことができません。

つまり、見《み》えていない事《こと》を「無《な》いこと」にしてしまうのです。

また、短期的思考《たんきてきしこう》の人達《ひとたち》の多《おお》くは「短気《たんき》」なため、目先《めさき》の怒《いか》りや憎悪《ぞうお》の感情《かんじょう》に支配《しはい》されやすく、自分達《じぶんたち》には見《み》えない「違和感《いわかん》」を表明《ひょうめい》する存在《そんざい》には嫌悪感《けんおかん》を持《も》って嘲笑《ちょうしょう》し、時《とき》に潰《つぶ》しにかかるような場合《ばあい》さえあります。

同時《どうじ》に、ある種《しゅ》の短期型思考《たんきがたしこう》の人《ひと》たちは頭《あたま》の回転《かいてん》が早《はや》く、弁舌《べんぜつ》が達者《たっしゃ》な場合《ばあい》も多《おお》く見《み》られます。

長期的視野《ちょうきてきしや》で物事《ものごと》を見据《みす》えるのではなく、短期《たんき》スパンで回転《かいてん》させるのが得意《とくい》な脳《のう》を持《も》っているからです。

本来人間《ほんらいにんげん》の知性《ちせい》は「**長期《ちょうき》スパンで物事《ものごと》を見《み》つめながら脳《のう》を高速回転《こうそくかいてん》させる**」事《こと》ができると完成《かんせい》してくるのですが、どうしてもどちらかに偏《かたよ》ってしまうのです。


こうした傾向《けいこう》から、感覚《かんかく》が優《すぐ》れているゆえに論理化《ろんりか》や言語化《げんごか》が苦手《にがて》な人達《ひとたち》に対《たい》し、短期型《たんきがた》の人《ひと》は「説得力《せっとくりょく》」を武器《ぶき》に議論《ぎろん》や論戦《ろんせん》では優位《ゆうい》に立《た》ててしまうケースが多《おお》く見《み》られます。

つまり、**「違和感《いわかん》」を表明《ひょうめい》する人達《ひとたち》を「間違《まちが》っている」事《こと》にできてしまう**のです。

芸術家《げいじゅつか》

論戦《ろんせん》で勝利《しょうり》すれば多数派《たすうは》に立《た》ちやすいので、短期型思考《たんきがたしこう》の人《ひと》は感覚肌《かんかくはだ》の人達《ひとたち》の「違和感《いわかん》」には「馬鹿《ばか》」と断《だん》じ、見下《みくだ》す視点《してん》を持《も》ちやすくもなります。

しかし、**本当《ほんとう》の「馬鹿《ばか》」とは「待《ま》てない」人《ひと》たち**なのです。

序盤戦《じょばんせん》では「短期型《たんきがた》」の方《ほう》が圧倒的《あっとうてき》に強《つよ》いですが、**本質的《ほんしつてき》に「掌握《しょうあく》している領域《りょういき》」は「感覚肌《かんかくはだ》」の方《ほう》が広《ひろ》い**からです。

その構造《こうぞう》に、感覚肌《かんかくはだ》の人《ひと》たち自身《じしん》も気《き》づいていません。

「論理的《ろんりてき》」に構造《こうぞう》が説明出来《せつめいでき》ないからです。

しかし、その違和感《いわかん》を見《み》える形《かたち》にできる人達《ひとたち》がいます。

「芸術家《げいじゅつか》」や**「表現者《ひょうげんしゃ》」**です。

芸術家《げいじゅつか》や表現者《ひょうげんしゃ》は、「感覚《かんかく》」を「形《かたち》」にして人々《ひとびと》に伝《つた》える職業《しょくぎょう》です。

「違和感《いわかん》」を捉《とら》え、形《かたち》にするのも上手《じょうず》です。

多《おお》くの芸術家《げいじゅつか》やエンターテイナーが反戦《はんせん》や反差別《はんさべつ》・自然保護《しぜんほご》の意思《いし》を表明《ひょうめい》しているのと、表《ひょう》現《げん》の源《みなもと》である「想像力《そうぞうりょく》」を発揮《はっき》し、摑《つか》んだ違和感《いわかん》を「形《かたち》」にしている事《こと》は無関係《むかんけい》ではありません。

なので暴力的《ぼうりょくてき》な言動《げんどう》や常識《じょうしき》を逸脱《いつだつ》した表現《ひょうげん》を売《う》りにしている芸人《げいにん》さんやミュージシャンも、本音《ほんね》をよくよく見《み》ると、多《おお》くの人《ひと》が驚《おどろ》くほど「平和的思想《へいわてきしそう》」の持《も》ち主《ぬし》である場合《ばあい》があります。

それは、持《も》ち前《まえ》の想像力《そうぞうりょく》で、「一〇〇手先《てさき》の将棋《しょうぎ》」を打《う》つ事《こと》ができるからです。

また、人間《にんげん》の持《も》つ「狂気《きょうき》」とは何《なに》かをよくよく知《し》っており、その危険性《きけんせい》についても自覚《じかく》しているからです。

なぜなら、人間《にんげん》の**「才能《さいのう》」とは「狂気《きょうき》」**だからです。

狂気《きょうき》

私《わたし》は「才能《さいのう》」と「狂気《きょうき》」を**「全《まった》く同《おな》じもの」**だと思《おも》っています。

「狂気《きょうき》」とは言《い》わば「ガソリン」のようなものであり、そのまま火《ひ》をつければ周囲《しゅうい》を燃《も》やし尽《つ》くす厄災《やくさい》となります。

しかし、たとえば「エンジン」という機巧《きこう》に流《なが》し込《こ》み指向性《しこうせい》をもたせれば人《ひと》に大《おお》きな利益《りえき》をもたらすエネルギー源《げん》ともなります。

つまり、人々《ひとびと》を燃《も》やし尽《つ》くす「狂気《きょうき》」に指向性《しこうせい》を持《も》たせ、有用《ゆうよう》にコントロールできた時《とき》に「才能《さいのう》」と呼《よ》ばれるのです。

「狂人《きょうじん》と天才《てんさい》は紙一重《かみひとえ》」などとも言《い》われますが、そうではありません。

交通整理《こうつうせいり》ができた狂気《きょうき》が天才《てんさい》なのです。

天才《てんさい》

それは、「猛獣《もうじゅう》」と「猛獣使《もうじゅうつか》い」の関係《かんけい》によく似《に》ています。

「狂気《きょうき》」という巨大《きょだい》なる猛獣《もうじゅう》を、優《すぐ》れた「猛獣使《もうじゅうつか》い」が飼《か》いならした時《とき》、人《ひと》は初《はじ》めて「天才《てんさい》」と呼《よ》ばれます。

こうした極端《きょくたん》な例《れい》でなくとも、人《ひと》は皆《みな》この「猛獣《もうじゅう》」と「猛獣使《もうじゅうつか》い」のバランスの中《なか》で生《い》きています。

一見同《いっけんおな》じような「常識人《じょうしきじん》」に見《み》える人《ひと》たち同士《どうし》、「変《か》わり者《もの》」に見《み》える人《ひと》たち同士《どうし》も、その中身《なかみ》を構成《こうせい》する狂気《きょうき》と理性《りせい》のバランスは、それぞれ全《まった》く違《ちが》った比率《ひりつ》で成《な》り立《た》っています。

たとえば変《か》わり者《もの》に見《み》られている人《ひと》でも、狂気《きょうき》の量《りょう》は一般平均《いっぱんへいきん》より低《ひく》い場合《ばあい》があります。

しかし、猛獣使《もうじゅうつか》いがそれより小振《こぶ》りだと、小《ちい》さな猛獣《もうじゅう》も制御《せいぎょ》し切《き》れないので、表面上《ひょうめんじょう》は猛獣《もうじゅう》の顔《かお》が目立《めだ》つ事《こと》となり、変《か》わり者《もの》に見《み》られます。

逆《ぎゃく》に、狂気《きょうき》が一般《いっぱん》の人《ひと》よりもはるかに深《ふか》くても、それを上回《うわまわ》る猛獣使《もうじゅうつか》いが内部《ないぶ》に存在《そんざい》すれば、目《め》に見《み》える形《かたち》で猛獣《もうじゅう》が現《あらわ》れないので、他者《たしゃ》からは常識人《じょうしきじん》と見《み》られます。

獣《けもの》が小《こ》ぶりで猛獣使《もうじゅうつか》いばかりが幅《はば》を利《き》かせている場合《ばあい》は同《おな》じ「常識人《じょうしきじん》」ですが、これといった発想《はっそう》の煌《きら》めきも無《な》いので、面白味《おもしろみ》のない人《ひと》とも見《み》られがちです。

最《もっと》もバランスが良《よ》いのが、「巨大《きょだい》なる狂気《きょうき》」と「巨大《きょだい》なる猛獣使《もうじゅうつか》い」が共存《きょうぞん》している人《ひと》です。**人間《にんげん》の根源《こんげん》たる才能《さいのう》とエネルギーである狂気《きょうき》を豊《ゆた》かに含有《がんゆう》しつつ、使《つか》いこなす能力《のうりょく》があり有効《ゆうこう》活用《かつよう》している**からです。

上手《うま》く制御《せいぎょ》できているので暴走《ぼうそう》する心配《しんぱい》も与《あた》えず安定感《あんていかん》がある。

こういった人《ひと》は滅多《めった》にいませんが、当然魅力的《とうぜんみりょくてき》です。

「天才《てんさい》」はこの猛獣《もうじゅう》がとりわけ大《おお》きく、猛獣使《もうじゅうつか》いの制御《せいぎょ》が追《お》いつかない場合《ばあい》があります。

そのせめぎ合《あ》いが美《うつく》しい作品《さくひん》を生《う》み出《だ》し人々《ひとびと》を感動《かんどう》させますが、「猛獣《もうじゅう》」に喰《く》い殺《ころ》される事《こと》もあります。

天才《てんさい》に早逝《そうせい》が多《おお》いのはそのためです。

猛獣《もうじゅう》が巨大過《きょだいす》ぎるので、狂気《きょうき》も深《ふか》く、酒《さけ》や薬《くすり》、奇行《きこう》や暴力《ぼうりょく》、荒淫《こういん》に走《はし》る事《こと》も当然《とうぜん》あります。

そのエネルギーを、「芸術《げいじゅつ》」や「作品《さくひん》」に転化《てんか》しているからです。

だからといって逸脱《いつだつ》した犯罪行為《はんざいこうい》や非倫理的行動《ひりんりてきこうどう》は許《ゆる》される訳《わけ》ではありませんが、彼《かれ》らの奇行《きこう》や非常識《ひじょうしき》を過度《かど》に叩《たた》く風潮《ふうちょう》には賛同《さんどう》できません。

彼《かれ》らの「狂気《きょうき》」が、歴史《れきし》や文化《ぶんか》を進《すす》めてきた原動力《げんどうりょく》でもあるからです。

天才《てんさい》とは歴史《れきし》や文化《ぶんか》の発展《はってん》のために、猛獣《もうじゅう》へと身《み》を捧《ささ》げた「生《い》け贄《にえ》」とも言《い》える存在《そんざい》です。

なので、「天才《てんさい》をあまりいじめるな」と私《わたし》は思《おも》っています。

猛獣使《もうじゅうつか》い

天才《てんさい》とまでは言《い》わなくとも、多《おお》くの表現者《ひょうげんしゃ》や芸術家《げいじゅつか》は、「狂気《きょうき》」と「猛獣使《もうじゅうつか》い」の間《あいだ》でせめぎ合《あ》っています。

後《のち》に大物《おおもの》になる人間《にんげん》であるほど、巨大《きょだい》なる狂気《きょうき》＝猛獣《もうじゅう》を抱《かか》えて生《う》まれて来《く》る訳《わけ》ですから、人生《じんせい》の前半部《ぜんはんぶ》は猛獣《もうじゅう》に振《ふ》り回《まわ》されながらしがみつくのが精一杯《せいいっぱい》となります。

なので、大成《たいせい》する人間《にんげん》の思春期《ししゅんき》は暗《くら》く辛《つら》い場合《ばあい》も多《おお》く、「猛獣使《もうじゅうつか》い」の成熟《せいじゅく》を待《ま》たねばなりません。

「大器晩成《たいきばんせい》」というやつです。

若《わか》いうちに「クラスの人気者《にんきもの》」になるくらいの器《うつわ》は、早々《そうそう》に猛獣《もうじゅう》と猛獣使《もうじゅうつか》いのバランスが取《と》れ、こぢんまりとまとまっているだけかも知《し》れません。

若《わか》くて世《よ》の中《なか》に対《たい》し違和感《いわかん》を感《かん》じ、周囲《しゅうい》となかなか上手《うま》く行《い》かないと思《おも》う人《ひと》の中《なか》には、巨大《きょだい》な猛獣《もうじゅう》をまだ乗《の》りこなせていない場合《ばあい》があり、猛獣使《もうじゅうつか》いとのバランスが取《と》れてきたころ、大《おお》きな仕事《しごと》ができる可能性《かのうせい》があります。

そんな人《ひと》は腐《くさ》らず、猛獣使《もうじゅうつか》いを丁寧《ていねい》に育《そだ》ててみる事《こと》です。

放《はな》し飼《が》いのライオン

「幼児期《ようじき》」から「少年期《しょうねんき》」というのは、人間《にんげん》のエネルギーの根源《こんげん》たる「猛獣《もうじゅう》」を育《はぐく》んでいる時期《じき》でもあります。

なので、やる事《こと》なすこと叱《しか》ったり抑《おさ》えつけたりしていては、創造性《そうぞうせい》の無《な》い「つまらない大人《おとな》」になるばかりか、抑圧《よくあつ》されたエネルギーが思《おも》わぬ所《ところ》で暴発《ぼうはつ》する、「集団狂気《しゅうだんきょうき》」の予備軍《よびぐん》にもなりかねません。

その反面《はんめん》、集団行動《しゅうだんこうどう》が苦手《にがて》で、数多《かずおお》く問題《もんだい》を起《お》こすような子供《こども》は、ある意味優秀《いみゆうしゅう》な「猛獣《もうじゅう》」を飼《か》っているとも言《い》えるので、上手《うま》く育《そだ》てれば他《ほか》の人《ひと》にはなかなかできない仕事《しごと》をやり遂《と》げる可能《かのう》性《せい》があります。

とはいえ、「猛獣《もうじゅう》」を「猛獣《もうじゅう》」のまま暴《あば》れさせておけば良《よ》いかと言《い》うと、そうではありません。「放《はな》し飼《が》いのライオン」のように、危険《きけん》な大人《おとな》になってしまうからです。

抑《おさ》えつけるばかりではつまらない大人《おとな》になり、暴発《ぼうはつ》してしまう。解放《かいほう》するだけでは暴走《ぼうそう》してしまう。「子供《こども》」を一人育《ひとりそだ》てるというのは、本来非常《ほんらいひじょう》に危《あや》ういバランスの上《うえ》に成《な》り立《た》っている行為《こうい》なのです。

では、どうしたらいいのか。

地図《ちず》

本来《ほんらい》「綱渡《つなわた》りのバランス」が必要《ひつよう》であるはずの子育《こそだ》てを、現代社会《げんだいしゃかい》は抑圧《よくあつ》と管理《かんり》で一《ひと》まとめに処理《しょり》してきました。

その手法《しゅほう》は、大人《おとな》や権力者《けんりょくしゃ》にとっては好都合《こうつごう》に働《はたら》きます。

しかし、人間《にんげん》の本質《ほんしつ》を冒瀆《ぼうとく》するやり方《かた》なので、代償《だいしょう》が様々《さまざま》な「ひずみ」として現《あらわ》れます。

精神科《せいしんか》に通《かよ》う子供《こども》や引《ひ》きこもりの異常《いじょう》な数《かず》も、その一端《いったん》でしょう。

多《おお》くの方《かた》が「親《おや》」という責任《せきにん》ある立場《たちば》の中《なか》で、悩《なや》んだり試行錯誤《しこうさくご》しながら大変《たいへん》な日々《ひび》を過《す》ごされていると思《おも》いますが、これ等《ら》の問題《もんだい》を解決《かいけつ》する鍵《かぎ》は、そう複雑《ふくざつ》な問題《もんだい》ではないと思《おも》っています。


「自由意志《じゆういし》を担保《たんぽ》しながら、自分《じぶん》で気付《きづ》かせる」


私《わたし》は、この一言《ひとこと》に尽《つ》きると思《おも》っています。

幼児期《ようじき》から少年期《しょうねんき》にかけて、子供《こども》たちは自分《じぶん》の中《なか》に「この世界《せかい》の地図《ちず》」を作《つく》っています。この世界《せかい》を眺《なが》め、触《さわ》り、感《かん》じながら、「この世界《せかい》はどうなっているのか」という情報《じょうほう》を次々《つぎつぎ》と取《と》っているのです。

そうして収集《しゅうしゅう》した情報《じょうほう》を元《もと》に、「世界《せかい》はこの様《よう》にできているのだ」と認識《にんしき》し、それに基《もと》づいて人生《じんせい》を旅《たび》していく事《こと》になります。

たとえば、「この世界《せかい》は美《うつく》しい」という地図《ちず》でしたら、「美《うつく》しい世界《せかい》」という前提《ぜんてい》のもとに思考《しこう》し、人《ひと》と接《せっ》し、行動《こうどう》を選択《せんたく》していく事《こと》となります。

「この世界《せかい》は危険《きけん》だ」という地図《ちず》ならば、それに基《もと》づき警戒《けいかい》し、身《み》を守《まも》りながら他者《たしゃ》と接《せっ》していく人生《じんせい》となる事《こと》でしょう。

この時《とき》、最《もっと》も優秀《ゆうしゅう》な地図《ちず》は何《なん》でしょうか。

それは**「世界《せかい》を、世界《せかい》の形《かたち》のまま認識《にんしき》した地図《ちず》」**です。

その人《ひと》の地図《ちず》はその人《ひと》の認識《にんしき》の基本形《きほんけい》であり、「ものさし」のような存在《そんざい》です。

座標《ざひょう》で言《い》えば「ゼロ地点《ちてん》」であり、そこから現象《げんしょう》との距離《きょり》を計測《けいそく》します。

そこが狂《くる》っていたら、この世界《せかい》に対《たい》する認識《にんしき》の全《すべ》てが狂《くる》います。

本来《ほんらい》「ゼロ」であるはずの座標《ざひょう》を「二〇」だと思《おも》っていたら、全《すべ》ての認識《にんしき》は「二〇」づつずれます。

つまり、**すべての処理《しょり》が「二〇」づつ狂《くる》った世界《せかい》を生《い》きねばならなくなる**のです。

なので、幼少期《ようしょうき》にいかに正確《せいかく》な地図《ちず》を作《つく》れるかどうかで、人生《じんせい》の全《すべ》てが大《おお》きく変《か》わります。

世界《せかい》

当然《とうぜん》「基準《きじゅん》」となる地図《ちず》は狂《くる》いが無《な》いほど良《よ》く、**この世界《せかい》の形《かたち》をこの世界《せかい》の形《かたち》のまま認識《にんしき》できるようにするのが大人《おとな》の義務《ぎむ》**となります。

つまり、「この世界《せかい》の形《かたち》」をいかに歪《ゆが》めず、「そのまま」取《と》り込《こ》んでもらえるかが重要《じゅうよう》だという事《こと》です。

では、この世界《せかい》の形《かたち》を歪《ゆが》めるものは何《なに》か。

まず子供《こども》たちに最初《さいしょ》に立《た》ちはだかるのが、「**大人《おとな》の思惑《おもわく》**」です。

生《う》まれたての赤《あか》ちゃんにとって、目《め》の前《まえ》の大人《おとな》＝両親《りょうしん》が世界《せかい》のほぼ全《すべ》てですから、両親《りょうしん》や周《まわ》りの大人《おとな》の「思惑《おもわく》」が混入《こんにゅう》するほど、子供《こども》の地図《ちず》はその「思惑《おもわく》」の色《いろ》に染《そ》まります。

つまり、**「思惑《おもわく》」の量《りょう》だけ座標《ざひょう》の「ゼロ」がずれてゆきます。**

どんなに優秀《ゆうしゅう》な大人《おとな》でも一人《ひとり》のちっぽけな「人間《にんげん》」に過《す》ぎません。

一人《ひとり》の人間《にんげん》の了見《りょうけん》なんていくつ集《あつ》めた所《ところ》で、たかが知《し》れているのです。

なので、教育者《きょういくしゃ》たる大人《おとな》が「これが正《ただ》しい」と思《おも》う価値観《かちかん》をどんなに押《お》し付《つ》けても、その子《こ》の地図《ちず》は偏《かたよ》り、歪《ゆが》んでゆくばかりです。

そんな時《とき》、目《め》の前《まえ》には自分《じぶん》よりもはるかに優秀《ゆうしゅう》な「教育者《きょういくしゃ》」がいます。


「この世界《せかい》そのもの」です。

自分《じぶん》でやる

見回《みまわ》せば、「この世界《せかい》」という最高《さいこう》に優秀《ゆうしゅう》な「教育者《きょういくしゃ》」に我々《われわれ》は囲《かこ》まれている。

にもかかわらず、「大人《おとな》の了見《りょうけん》」で余計《よけい》な事《こと》をしようとしてしまう。

それが、「教育《きょういく》」というものの根本的《こんぽんてき》な問題《もんだい》だと私《わたし》は考《かんが》えます。

「この世界《せかい》の地図《ちず》」を「この世界《せかい》」のまま、この世界《せかい》として、作《つく》ってもらう。

そのために最《もっと》も手《て》っ取《と》り早《ばや》いのが、**「この世界《せかい》」を体験《たいけん》してもらう**事《こと》です。

自分《じぶん》の手《て》で「やる」事《こと》により、この世界《せかい》の面白《おもしろ》さ素晴《すば》らしさを、「失敗《しっぱい》する」事《こと》により、この世界《せかい》の「厳《きび》しさ」を、自《みずか》ら学《まな》ぶことができるのです。

無闇《むやみ》に褒《ほ》め、与《あた》えるだけではこの世界《せかい》そのものが自分自身《じぶんじしん》を「甘《あま》やかしてくれるもの」だと誤解《ごかい》します。

無闇《むやみ》に叱《しか》るだけではこの世界《せかい》を「敵《てき》」とみなします。

大人《おとな》の「常識《じょうしき》」「価値観《かちかん》」に適《かな》う行為《こうい》だけを褒《ほ》め、背《そむ》いた時《とき》に叱《しか》るようにすると、顔色《かおいろ》をうかがい、媚《こ》びへつらう人間《にんげん》に育《そだ》ちます。「叱《しか》られなければいいんだ」と表面《ひょうめん》だけそれらしく振《ふ》る舞《ま》い、裏表《うらおもて》のある人間《にんげん》になります。

これらはどれも、「作《つく》り物《もの》」の価値観《かちかん》であり、**「加工《かこう》された世界《せかい》」**だからです。

つまり、問題《もんだい》はそれほど難解《なんかい》でも複雑怪奇《ふくざつかいき》でもなく、**できるだけ「早《はや》い段階《だんかい》」から、できるだけ「自分自身《じぶんじしん》」でやらせ、考《かんが》えるようにさせれば良《よ》い**だけです。

自分自身《じぶんじしん》で洋服《ようふく》を着替《きが》えさせ、食事《しょくじ》の片《かた》づけをさせ、海《うみ》で泳《およ》がせ、野山《のやま》を走《はし》らせる。

弟《おとうと》、妹《いもうと》が生《う》まれたら積極的《せっきょくてき》に「子育《こそだ》て」に参加《さんか》させ、もう少《すこ》し成長《せいちょう》してきたらガス代《だい》の振《ふ》り込《こ》みや携帯電話《けいたいでんわ》の手続《てつづ》きを頼《たの》んでみる。

「厳《きび》しい躾《しつけ》」は「作為的《さくいてき》」で「加工品《かこうひん》」ですが、自《みずか》ら選《えら》んだ失敗《しっぱい》は、**「この世界《せかい》」そのものに無《む》加工《かこう》で無作為《むさくい》なまま「厳《きび》しい躾《しつけ》」をしてもらえます。**

そうして「自分《じぶん》の力《ちから》」でやり遂《と》げた喜《よろこ》びは、どんな大人《おとな》の褒《ほ》め言葉《ことば》や「ご褒美《ほうび》」よりも、「生《い》きる糧《かて》」となります。

存在価値《そんざいかち》

子育《こそだ》てを複雑《ふくざつ》にしているのは、いつでも「余計《よけい》なこと」をしたくなる大人《おとな》です。

その中《なか》には、自分《じぶん》の存在価値《そんざいかち》を「確認《かくにん》したい」「証明《しょうめい》したい」という欲望《よくぼう》も隠《かく》れています。

過剰《かじょう》に口出《くちだ》しをするスポーツコーチや会社《かいしゃ》の上司《じょうし》なども同《おな》じ心理《しんり》です。


しかし、**「人《ひと》を育《そだ》てる」という事《こと》の本質《ほんしつ》は「自分《じぶん》の存在価値《そんざいかち》を無《な》くしていく行為《こうい》」**です。

人《ひと》を育《そだ》てる事《こと》の最終目標《さいしゅうもくひょう》は育《そだ》てた相手《あいて》を「一人前《いちにんまえ》」にする事《こと》であり、一人前《いちにんまえ》とは**「自分《じぶん》がいなくとも一人《ひとり》でやっていける人間《にんげん》」**です。

つまり、「自分《じぶん》がいなくても良《よ》い」状況《じょうきょう》に持《も》って行《い》く＝「自分《じぶん》の存在価値《そんざいかち》を無《な》くす」事《こと》なのです。


しかし、多《おお》くの大人《おとな》、上司《じょうし》はこれと逆行《ぎゃっこう》する事《こと》をやってしまいます。

自分《じぶん》に「依存《いぞん》させる」方向《ほうこう》に育《そだ》ててしまうのです。

こちらの言《い》う通《とお》りにやらせていれば、確《たし》かに想定内《そうていない》の成果《せいか》は上《あ》がり続《つづ》ける。
しかし、自分《じぶん》がいなくなったら何《なに》もできない。
そんな「でくのぼう」のような存在《そんざい》に作《つく》り上《あ》げようとします。
現代社会《げんだいしゃかい》は、そうした「でくのぼう量産工場《りょうさんこうじょう》」のようになっています。

政府《せいふ》は国民《こくみん》に依存《いぞん》させ、
親《おや》は子《こ》に依存《いぞん》させ、
夫《おっと》（妻《つま》）は妻《つま》（夫《おっと》）に依存《いぞん》させ、
教師《きょうし》は生徒《せいと》に依存《いぞん》させ、
上司《じょうし》は部下《ぶか》に依存《いぞん》させ、
コーチは練習生《れんしゅうせい》に依存《いぞん》させ、
師匠《ししょう》は弟子《でし》に依存《いぞん》させ、
教祖《きょうそ》は信者《しんじゃ》に依存《いぞん》させ、
医者《いしゃ》は、患者《かんじゃ》に依存《いぞん》させる。

なぜなら「依存《いぞん》させる」側《がわ》は、システムにさえ乗《の》せてしまえば、ろくに考《かんが》えずとも「それなりの成果《せいか》」を上《あ》げさせる事《こと》ができるからです。

また、練習生《れんしゅうせい》や患者《かんじゃ》が依存《いぞん》してくれれば自分《じぶん》の元《もと》を離《はな》れずに、繰《く》り返《かえ》しお金《かね》を払《はら》ってくれるので、「商売《しょうばい》」にもなりやすい。

「権力者《けんりょくしゃ》」からしたら依存《いぞん》をさせておけば思《おも》い通《どお》りにコントロールできます。

これらを、一定《いってい》の自覚《じかく》と悪意《あくい》をもって積極的《せっきょくてき》に行《おこ》なっている人《ひと》は、ろくでもないですが、まだましです。

さらに問題《もんだい》なのは、「無自覚《むじかく》」に「善意《ぜんい》を持《も》って」行《おこ》なっている場合《ばあい》です。

相手《あいて》にとって良《よ》くない事《こと》はどこか気付《きづ》いていながらも、自分《じぶん》の中《なか》では「無《な》いこと」にし、「相《あい》手《て》のため」と自分《じぶん》に都合《つごう》よく事実《じじつ》を「書《か》き換《か》え」ながら実行《じっこう》している。

こうしたある種《しゅ》の「自己洗脳《じこせんのう》」は、形《かたち》を変《か》えながら誰《だれ》しも行《おこ》なっている事《こと》です。

特《とく》にたちが悪《わる》いのは、親《おや》や導《みちび》く立場《たちば》の人間《にんげん》が、自分《じぶん》の「存在意義《そんざいいぎ》」を保《たも》つために、我《わ》が子《こ》や教《おし》え子《ご》を「不完全《ふかんぜん》」で居続《いつづ》けるよう、無意識《むいしき》に仕向《しむ》けてしまっているケースです。

美《うつく》しさ

親《おや》バカの父親《ちちおや》が、娘可愛《むすめかわい》さのあまり、「お前《まえ》は何《なに》もしなくていいんだよ」と**束縛的《そくばくてき》な過保護《かほご》**になってしまうのもその一種《いっしゅ》です。

その子が、教《おし》え子《ご》が、自立心《じりつしん》に芽生《めば》え挑戦《ちょうせん》しようという時《とき》に、「危険《きけん》だから」「心配《しんぱい》だから」と留《とど》めようとする心理《しんり》です。

親《おや》の立場《たちば》からすると、「心配《しんぱい》している」という、自己《じこ》を正当化《せいとうか》する上《うえ》で**完璧《かんぺき》な**「**口実《こうじつ》**」を持《も》って我《わ》が子《こ》を引《ひ》き止《と》める事《こと》ができます。

「親心《おやごころ》」「我《わ》が子《こ》への愛情《あいじょう》」という、世《よ》の中《なか》では一点《いってん》の疑《うたが》いもなく「美《うつく》しい」とされているものに自分《じぶん》の思《おも》いを包《つつ》む事《こと》ができるからです。

しかし、この「**美《うつく》しさ**」**こそが、最《もっと》も**「**たちの悪《わる》い**」**存在《そんざい》**でもあります。

自分《じぶん》の隠《かく》された意図《いと》の、格好《かっこう》の「**隠《かく》れ蓑《みの》**」とする事《こと》ができるからです。

それは、相手《あいて》や周囲《しゅうい》に対《たい》してだけではなく、自分自身《じぶんじしん》に対《たい》しても完璧《かんぺき》に「偽装《ぎそう》」する事《こと》ができます。

私《わたし》はカウンセリングの仕事《しごと》などで、この見《み》えない「呪縛《じゅばく》」に苦《くる》しめられている人《ひと》たちを数多《かずおお》く見《み》てきました。

呪縛《じゅばく》は幼児期《ようじき》から始《はじ》まり、中年《ちゅうねん》になっても、老年《ろうねん》になっても、「見《み》えない」限《かぎ》りは死《し》んでも消《き》える事《こと》がありません。

それほど巧妙《こうみょう》に、心《こころ》の中《なか》に組《く》み込《こ》まれた「装置《そうち》」だからです。

〝美《うつく》しい〟「愛情《あいじょう》を与《あた》えている」「愛情《あいじょう》を受《う》けている」という、眩《まぶ》しい構造《こうぞう》の奥深《おくふか》くに隠《かく》れる「闇《やみ》」には、よほど注意深《ちゅういぶか》く目《め》を凝《こ》らさねば独力《どくりょく》で見《み》つける事《こと》は困難《こんなん》なのです。

挑戦《ちょうせん》

もしも、この本《ほん》を手《て》にしている若者《わかもの》がいたら、どんどん「**挑戦**《ちょうせん》」して下《くだ》さい。「失敗《しっぱい》」もして下《くだ》さい。

「自分《じぶん》で」様々《さまざま》な事《こと》を実行《じっこう》して下《くだ》さい。

それを阻《はば》もうとする手《て》が伸《の》びてきたら、それがたとえ親《おや》の手《て》でも、振《ふ》り払《はら》って下《くだ》さい。

あなたの人生《じんせい》は、「失敗《しっぱい》」は、あなたのものです。

それは、あなたの年齢《ねんれい》が「大人《おとな》」であっても同《おな》じ事《こと》です。

ただし、親《おや》や周囲《しゅうい》の大人《おとな》の助言《じょげん》には耳《みみ》を傾《かたむ》けてみて下《くだ》さい。

その中《なか》には、有効《ゆうこう》なものも含《ふく》まれるはずです。

特《とく》に、「親以外《おやいがい》の大人《おとな》」の言葉《ことば》は有効《ゆうこう》です。

なぜならあなたの地図《ちず》はかなり「親色《おやいろ》」に偏《かたよ》っているので、「外部《がいぶ》からの風《かぜ》」を積極的《せっきょくてき》に取《と》り入《い》れる事《こと》により、地図《ちず》は「真《ま》ん中《なか》」へと修整《しゅうせい》されてゆきます。

自分《じぶん》で選《えら》ぶ

周囲《しゅうい》のアドバイスを聞《き》く際《さい》には秘訣《ひけつ》があります。

ただ無闇《むやみ》に「人《ひと》の言《い》う事《こと》に従《したが》う」だけでは、自主性《じしゅせい》は育《そだ》ちません。

一方《いっぽう》、人《ひと》の意見《いけん》を聞《き》くことができない人《ひと》は大成《たいせい》しません。

そこで私《わたし》にとって有効《ゆうこう》だったのが、

「**耳《みみ》に入《い》れて無視《むし》をする**」という方法《ほうほう》です。

たとえば「的《まと》はずれ」と思《おも》うアドバイスや、「ピンと来《こ》ない」ものがあるとします。

それらは、印象《いんしょう》の通《とお》り役《やく》に立《た》たない場合《ばあい》がありますが、そうでない事《こと》もあります。

「自分《じぶん》のレベルを超《こ》えている」あるいは「自分《じぶん》の視野《しや》の外《そと》にある」から受《う》け入《い》れられないという場合《ばあい》があるのです。

この時《とき》、「アドバイスを聞《き》くだけでも聞《き》いていたかどうか」で後々《のちのち》大《おお》きく変《か》わります。

振《ふ》り返《かえ》ってみると、「あの人《ひと》の言《い》う事《こと》は正《ただ》しかった」と思《おも》うことがあるのです。

「時間差《じかんさ》」で効《き》いてくる他者《たしゃ》の意見《いけん》や、経験《けいけん》というものが確実《かくじつ》にあります。

外部委託《がいぶいたく》

「自分《じぶん》の意志《いし》による選択《せんたく》」に伴《ともな》うのは、そこに至《いた》るための考察《こうさつ》、可能性《かのうせい》の予測《よそく》、経過《けいか》の観察《かんさつ》、結果《けっか》の検証《けんしょう》、反省《はんせい》、それらの経験《けいけん》の蓄積《ちくせき》、蓄積《ちくせき》の転用《てんよう》といった要素《ようそ》です。


こうしたサイクルは、「知識《ちしき》」や「セオリー」を無思考《むしこう》・無条件《むじょうけん》に使用《しよう》する事《こと》と違《ちが》って、**「自《じ》分《ぶん》の頭《あたま》で考《かんが》える」**という、本当《ほんとう》の知性《ちせい》を磨《みが》いてくれます。

「ただ誰《だれ》かの選択《せんたく》に従《したが》う」というのは、これらのサイクルの多《おお》くを放棄《ほうき》する事《こと》になります。

「俺《おれ》の言《い》う事《こと》を聞《き》いていれば上手《うま》くいくよ」という指導者《しどうしゃ》と、「無条件《むじょうけん》で従《したが》う人《ひと》」の間《あいだ》には、目《め》先《さき》の結果《けっか》と引《ひ》き換《か》えに、**「従《したが》う人《ひと》の知性《ちせい》を削《そ》いでいく」**という関係性《かんけいせい》があります。

それは、カルト宗教《しゅうきょう》のような、洗脳《せんのう》して従《したが》わせる方法《ほうほう》に通《つう》じます。

たしかに「教祖様《きょうそさま》」の言《い》うことだけに従《したが》っていれば、一定《いってい》の成果《せいか》は得《え》られるし、「恍惚《こうこつ》」の中《なか》に浸《ひた》り続《つづ》ける事《こと》ができます。

どんなカルト宗教《しゅうきょう》でも、信者《しんじゃ》を惹《ひ》きつけているという事《こと》は、「優《すぐ》れた点《てん》」「人《ひと》の救《すく》いとなる思《し》想《そう》」を持《も》っているからです。

しかし、問題《もんだい》はそこではありません。

その「優《すぐ》れた思想《しそう》」に自分《じぶん》の思考《しこう》を**「外部委託《がいぶいたく》」**してしまい、「自分《じぶん》で考《かん》える機会《きかい》」をどんどん削《けず》り取《と》られ、「知性《ちせい》」が空《から》っぽになって行《い》ってしまうのです。

「優《すぐ》れた点《てん》」は優《すぐ》れているほど、「人《ひと》の救《すく》いとなる思想《しそう》」は救《すく》いとなるほど、「外部委託装置《がいぶいたくそうち》」は強固《きょうこ》になってゆくという事《こと》です。

「優《すぐ》れている」事《こと》こそ、「人《ひと》の救《すく》いとなる事《こと》」こそが、「たちが悪《わる》い」のです。

カルト宗教《しゅうきょう》は、**「優《すぐ》れた教義《きょうぎ》」「人《ひと》を感動《かんどう》させる思想《しそう》」で信者《しんじゃ》の思考《しこう》を「外部委託《がいぶいたく》」させ、知性《ちせい》**

が「空《から》っぽ」になったところでコントロールを始《はじ》めます。

こうしてしまえば、何《なに》をさせる事《こと》も簡単《かんたん》です。

カルト集団《しゅうだん》による、外部《がいぶ》からしたら滑稽《こっけい》にしか見《み》えない奇行《きこう》も、妄想的殺人《もうそうてきさつじん》や集団自殺《しゅうだんじさつ》も、元《もと》をたどれば「**知《ち》の外部委託《がいぶいたく》**」から始《はじ》まっています。

そしてその動機《どうき》は「優《すぐ》れている」こと、「救《すく》いになる」こと、「素晴《すば》らしい」こと、「恍惚《こうこつ》」、つまり、

「正《ただ》しいこと」

です。

「**正《ただ》しい事《こと》こそ、一番危《いちばんあぶ》ない**」のです。

家畜化《かちくか》

カルト思考《しこう》にはまる多《おお》くの人《ひと》は、素晴《すば》らしさや美《うつく》しさ、つまり強烈《きょうれつ》な「正《ただ》しさへの感動《かんどう》」を入《にゅう》信《しん》の動機《どうき》とします。

しかし、本当《ほんとう》はこれらが入信《にゅうしん》の判断基準《はんだんきじゅん》とはなり得《え》ません。最《もっと》も着目《ちゃくもく》すべき問題《もんだい》は、**「知《ち》の外部委託装置《がいぶいたくそうち》が存在《そんざい》しているかどうか」**です。

これが存在《そんざい》している限《かぎ》り、**「素晴《すば》らしさ」「美《うつく》しさ」「正《ただ》しさ」は、装置《そうち》に引《ひ》き込《こ》むための、格好《かっこう》の「エサ」として働《はたら》く**こととなります。

歴史上大《れきしじょうおお》きな被害《ひがい》をもたらした集団《しゅうだん》であるほど、その思想《しそう》は「美《うつく》しく」て「正《ただ》しかった」のです。

大切《たいせつ》なのは、その美《うつく》しさ、正《ただ》しさの「裏側《うらがわ》」にまで手《て》が届《とど》く知性《ちせい》です。

ここまでは分《わ》かりやすく極端《きょくたん》な「カルト宗教《しゅうきょう》」を例《れい》に出《だ》して話《はなし》を進《すす》めてきましたが、我々《われわれ》もすでにこの構造《こうぞう》の中《なか》にいます。

それが政府《せいふ》と国民《こくみん》の関係《かんけい》であり、
親《おや》と子《こ》の関係《かんけい》であり、
教師《きょうし》と生徒《せいと》の関係《かんけい》であり、
上司《じょうし》と部下《ぶか》の関係《かんけい》であり、
コーチと練習生《れんしゅうせい》の関係《かんけい》であり、

師匠《ししょう》と弟子《でし》の関係《かんけい》であり、医者《いしゃ》と患者《かんじゃ》の関係《かんけい》です。

どれも「正《ただ》しさ」「美《うつく》しさ」「正義《せいぎ》」「成果《せいか》」をエサに、「知《ち》の外部委託《がいぶいたく》」へと誘導《ゆうどう》します。正《ただ》しさに従《したが》い、美《うつく》しさに感動《かんどう》し、正義《せいぎ》に共感《きょうかん》し、成果《せいか》に目《め》を奪《うば》われている間《あいだ》に、知性《ちせい》は空洞化《くうどうか》し「**依存構造《いぞんこうぞう》**」は深《ふか》まります。

度合《どあ》いや形《かたち》は違《ちが》えど、我々《われわれ》はこの見《み》えない呪縛《じゅばく》に絡《から》め取《と》られているのです。

それは、「**知《ち》の家畜化《かちくか》**」とも言《い》える現象《げんしょう》です。

これまで繰《く》り返《かえ》し述《の》べてきたのは、**「家畜《かちく》」となった知性《ちせい》を「人《ひと》」へと戻《もど》す**思考法《しこうほう》なのです。

黒幕《くろまく》

そして、これ等《ら》の問題《もんだい》を解決《かいけつ》する方法《ほうほう》はいつでもシンプルです。

「**自分《じぶん》の頭《あたま》で考《かんが》えれば良《よ》い**」だけの事《こと》だからです。

シンプルなはずなのに、色々《いろいろ》な思惑《おもわく》や状況《じょうきょう》が糸《いと》くずのように絡《から》まり合《あ》い、回路《かいろ》を複雑《ふくざつ》にしています。

更《さら》に問題《もんだい》なのは、自分自身《じぶんじしん》も自覚《じかく》が無《な》く、「相手《あいて》のため」「この国《くに》のため」と思《おも》いながら「知《ち》の家畜化《かちくか》」構造《こうぞう》に加担《かたん》してしまっている場合《ばあい》があるという事《こと》です。

家畜化《かちくか》が今《いま》まさに進行《しんこう》している当人《とうにん》も、「目上《めうえ》の人《ひと》に従《したが》う素直《すなお》な良《よ》い子《こ》」「集団《しゅうだん》のために尽《つ》くす献身的《けんしんてき》な自分《じぶん》」「教義《きょうぎ》に忠実《ちゅうじつ》で敬虔《けいけん》な信者《しんじゃ》」という自覚《じかく》のもとに、時《とき》に「恍惚《こうこつ》」すら伴《ともな》いながら、自分《じぶん》の知性《ちせい》を空洞化《くうどうか》させてゆきます。

そういった構造《こうぞう》は「システム」として再生産《さいせいさん》しやすく、肥大《ひだい》しながら全貌《ぜんぼう》を把握《はあく》している者《もの》が誰一人《だれひとり》として存在《そんざい》しない集団《しゅうだん》にもなり得《え》ます。

私《わたし》が一番恐《いちばんおそ》ろしいと思《おも》うのは、「黒幕《くろまく》」「悪《あく》の親玉《おやだま》」を倒《たお》すべく勇者《ゆうしゃ》が戦《たたか》いを続《つづ》け、最後《さいご》に辿《たど》り着《つ》いた扉《とびら》を開《あ》けた時《とき》、**「誰《だれ》もいない」世界《せかい》**です。

全《すべ》ての人間《にんげん》が暴走《ぼうそう》した「システム」の一部《いちぶ》として無自覚《むじかく》に機能《きのう》し、明確《めいかく》な黒幕《くろまく》も悪《あく》の親玉《おやだま》もおらず、「解決《かいけつ》の糸口《いとぐち》」が存在《そんざい》しない世界《せかい》。

歴史上《れきしじょう》いくつもの国家《こっか》や集団《しゅうだん》が、規模《きぼ》や形《かたち》は違《ちが》えど、この構造《こうぞう》に陥《おちい》り、滅《ほろ》びてきたのでしょう。

第二次世界大戦末期《だいにじせかいたいせんまっき》の日本《にほん》も、この一種《いっしゅ》だと私《わたし》は思《おも》っています。

三短思考《さんたんしこう》

これまで述《の》べてきた、人《ひと》の知性《ちせい》を損《そこ》なう三大要素《さんだいようそ》が、「知《ち》の家畜化《かちくか》」と「無《な》いことにする思考《しこう》」、短気《たんき》・短期《たんき》・短絡的《たんらくてき》の「**三短思考**《さんたんしこう》」です。

これらの要素《ようそ》は、全《すべ》て密接《みっせつ》に関連《かんれん》しています。

知《ち》が家畜化《かちくか》すると、「飼《か》い主《ぬし》」である思想《しそう》や人物《じんぶつ》から矛盾《むじゅん》する事実《じじつ》は「無《な》いこと」にされてゆくからです。

やがて自分自身《じぶんじしん》に対《たい》しても、都合《つごう》の悪《わる》い現実《げんじつ》は無《な》いことにする回路《かいろ》が生《う》まれ、強固《きょうこ》になってゆきます。

これが「**思考**《しこう》**のカルト化**《か》」です。

また、三短思考《さんたんしこう》になると「短時間《たんじかん》」「短距離《たんきょり》」内《ない》の視野《しや》に狭窄《きょうさく》しますから、「目《め》の前《まえ》」にある不《ふ》快《かい》の発散《はっさん》・解消《かいしょう》を最優先《さいゆうせん》する行動《こうどう》パターンが多《おお》く見《み》られるようになります。

そうなると、自分《じぶん》の行為《こうい》の「見苦《みぐる》しさ」にも目《め》を向《む》ける事《こと》ができません。

自分自身《じぶんじしん》の**「見苦《みぐる》しさ」を無《な》いことにすれば、向《む》き合《あ》う事《こと》による不快《ふかい》を回避《かいひ》できる**からです。

それは、人間《にんげん》の成長《せいちょう》に不可欠《ふかけつ》な「自分《じぶん》の問題《もんだい》・欠点《けってん》を認識《にんしき》する」という行為《こうい》からの**逃亡《とうぼう》**を意味《いみ》します。

論戦《ろんせん》などでも、自分《じぶん》に都合《つごう》の悪《わる》い要素《ようそ》は「無《な》いこと」にしたまま、外殻《がいかく》を固《かた》めるように理論武《りろんぶ》装《そう》する傾向《けいこう》となります。

この思考回路《しこうかいろ》は「**国家観《こっかかん》**」「**世界観《せかいかん》**」にも反映《はんえい》されやすく、歴史《れきし》や自己《じこ》の属《ぞく》する集団《しゅうだん》を考察《こうさつ》する際《さい》、都合《つごう》の悪《わる》い情報《じょうほう》は「無《な》いこと」にし、「都合《つごう》の良《よ》い情報《じょうほう》」だけで思考《しこう》や論《ろん》を構築《こうちく》してゆくという偏《かたよ》りを生《う》みやすくなります。

目先《めさき》

また、「プライドが高《たか》い人《ひと》」も要注意《ようちゅうい》です。

「待《ま》つ」というのは、「プライド」の向《む》こう側《がわ》を見据《みす》える行為《こうい》だからです。

目《め》の前《まえ》の「勝《か》ち」は譲《ゆず》るけれど、広《ひろ》い視野《しや》で見《み》たメリットを取《と》りに行《い》く。

一旦恥《いったんはじ》を受《う》け入《い》れ、次《つぎ》なる成長《せいちょう》につなげる。

こういった思考《しこう》がなかなか出来《でき》ず目先《めさき》のプライドを守《まも》る事《こと》が最優先《さいゆうせん》となり、同《おな》じ原理《げんり》で行動《こうどう》を繰《く》り返《かえ》す度《たび》に、その精神性《せいしんせい》が増強《ぞうきょう》されてゆきます。


増長《ぞうちょう》した「プライド」は三短思考《さんたんしこう》と相性《あいしょう》が非常《ひじょう》に良《よ》く、行動原理《こうどうげんり》が「目先《めさき》のプライドを守《まも》る事《こと》」「馬鹿《ばか》にされないこと」「舐《な》められないこと」が主軸《しゅじく》となります。

ゆえに「目先《めさき》のプライド」が傷《きず》つく事実《じじつ》を恐《おそ》れ、動揺《どうよう》し、激《はげ》しい怒《いか》りと共《とも》に潰《つぶ》しにかかるのです。


こうした構造《こうぞう》は、様々《さまざま》な場面《ばめん》で幅広《はばひろ》く見《み》られます。

たとえば会話《かいわ》の中《なか》で、自分《じぶん》のプライドを守《まも》るために自《みずか》らの優位性《ゆういせい》を無駄《むだ》に主張《しゅちょう》し、相対的《そうたいてき》に周《まわ》りの存在《そんざい》を下《した》に見《み》ようとする心理《しんり》もその一種《いっしゅ》です。

この時《とき》「暴力《ぼうりょく》」をはじめ、「権力《けんりょく》」「財力《ざいりょく》」「立場《たちば》」「ステイタス」などは格好《かっこう》のツールです。

他者《たしゃ》を威嚇《いかく》し、自分《じぶん》を大《おお》きく偽装《ぎそう》しプライドを守《まも》る道具《どうぐ》となるからです。

これらも野生動物《やせいどうぶつ》が唸《うな》り声《ごえ》で威嚇《いかく》したり、鬣《たてがみ》や模様《もよう》で大《おお》きく見《み》せようとする本能《ほんのう》、「獣性《じゅうせい》」の名残《なごり》と言《い》えるでしょう。

そうした性質《せいしつ》を離《はな》れ、**本当《ほんとう》の意味《いみ》での「人間《にんげん》」**となる為《ため》にはどうしたら良《よ》いでしょうか。

獣性《じゅうせい》

どんなに心優《こころやさ》しい人間《にんげん》にも、聖者《せいじゃ》にも、「獣性《じゅうせい》」は存在《そんざい》します。

先《さき》ほどは私《わたし》の武術《ぶじゅつ》の大《おお》きな課題《かだい》の一《ひと》つを、「獣性《じゅうせい》の克服《こくふく》と野性《やせい》の解放《かいほう》」だと書《か》きました。

では、「野性《やせい》」と「獣性《じゅうせい》」を分《わ》かつものは何《なん》でしょうか。

そもそも、「獣性《じゅうせい》」の正体《しょうたい》とは？

多《おお》くの人《ひと》は、目《め》の前《まえ》にゴキブリが現《あらわ》れた時《とき》に理屈抜《りくつぬ》きの「嫌悪感《けんおかん》」を覚《おぼ》えます。

ゴキブリが大丈夫《だいじょうぶ》な人《ひと》でも、ムカデや毒蛇《どくへび》など何《なん》でも良《よ》いですが、「瞬間的嫌悪《しゅんかんてきけんお》」を覚《おぼ》える対象《たいしょう》は、何《なに》か一《ひと》つはあるはずです。

そして、これ等《ら》は往々《おうおう》にして濃淡《のうたん》はあれど**「殺意《さつい》」を伴《ともな》います。**

「差別心《さべつしん》」とは、これと全《まった》く等質《とうしつ》のものです。

人《ひと》が異民族《いみんぞく》、異人種《いじんしゅ》、異国《いこく》、異思想《いしそう》、異宗教《いしゅうきょう》、異形《いぎょう》の者《もの》などに触《ふ》れた時《とき》に、瞬間的《しゅんかんてき》に生《しょう》じる嫌悪《けんお》。

たとえば、他国《たこく》との友好関係《ゆうこうかんけい》や平和《へいわ》を心《こころ》から願《ねが》っている人《ひと》でも、隣国《りんごく》が理不尽《りふじん》な主張《しゅちょう》をぶつけてきたら「このやろう」と思《おも》います。

その「このやろう」の中《なか》には、単《たん》なる理不尽《りふじん》な主張《しゅちょう》に対《たい》する憤《いきどお》りだけでなく、多《おお》くの場合《ばあい》**「民《みん》族憎悪《ぞくぞうお》」**が気《き》づかぬうちに、上乗《うわの》せされています。

この「嫌悪感《けんおかん》」は、人間《にんげん》の奥深《おくふか》くに刻《きざ》まれた「本能《ほんのう》」です。

それは、どんな心優《こころやさ》しい人《ひと》や非差別主義者《ひさべつしゅぎしゃ》の中《なか》にも存在《そんざい》します。

ゴキブリや毒蛇《どくへび》を見《み》て、嫌悪感《けんおかん》を全《まった》く覚《おぼ》えない人《ひと》がいないのと同《おな》じ事《こと》だからです。

つまり我々《われわれ》は、**「差別心《さべつしん》がある生《い》き物《もの》である」という前提《ぜんてい》に立《た》たなければならない**のです。

「瞬間的嫌悪《しゅんかんてきけんお》」は「生理的反応《せいりてきはんのう》」に近《ちか》いものであり、熱湯《ねっとう》に触《ふ》れたら「熱《あつ》い」、好物《こうぶつ》を食《た》べたら「美味《おい》しい」と感《かん》じるくらい、人々《ひとびと》は疑問《ぎもん》を感《かん》じていません。

「差別意識《さべついしき》」というのは、それくらい自然《しぜん》に生活《せいかつ》の中《なか》に溶《と》け込《こ》んでいるものなのです。

人《ひと》が異《こと》なる人種《じんしゅ》に抱《いだ》く差別意識《さべついしき》も、ゴキブリに抱《いだ》く嫌悪《けんお》と全《まった》く同《おな》じものです。

ゴキブリだから、容赦《ようしゃ》なく潰《つぶ》してもいい。

異《こと》なる人種《じんしゅ》だから、奴隷《どれい》として道具《どうぐ》にしていい。

逆《さか》らったら、潰《つぶ》して殺《ころ》してもいい。

歴史《れきし》の中《なか》で高貴《こうき》な生《う》まれの心優《こころやさ》しいお嬢様《じょうさま》が、心《こころ》が優《やさ》しいまま奴隷《どれい》を使《つか》っていたのも、**「疑問《ぎもん》を抱《いだ》かない心理構造《しんりこうぞう》」**に由来《ゆらい》しています。


こうした問題《もんだい》を正確《せいかく》に認識《にんしき》するためには、「反射《はんしゃ》」のように湧《わ》き上《あ》がる心理《しんり》や、生理現象《せいりげんしょう》のように「当《あ》たり前《まえ》」の感情《かんじょう》と向《む》き合《あ》わねばなりません。

感情《かんじょう》

前提《ぜんてい》として必要《ひつよう》なのは、**「感情《かんじょう》」「感覚《かんかく》」というものは「誤動作《ごどうさ》」を起《お》こす**という認識《にんしき》です。

「優《すぐ》れた感覚《かんかく》」を有《ゆう》する人々《ひとびと》でさえも簡単《かんたん》にそれは起《お》こります。


多《おお》くの人《ひと》は、自分《じぶん》の「感覚《かんかく》」「感情《かんじょう》」に疑問《ぎもん》を持《も》ちません。

ほぼ「**絶対的基準**《ぜったいてききじゅん》」と言《い》っていいほどそれを前提《ぜんてい》に思考《しこう》を構築《こうちく》しています。

これはどういう事《こと》かというと、**まず最初《さいしょ》にその人《ひと》の精神状態《せいしんじょうたい》や感情《かんじょう》があり、そのフィルターを通《とお》して世《よ》の中《なか》や事象《じしょう》を眺《なが》めている**のです。

例《たと》えば恋愛《れんあい》で上手《うま》くいっていたり飛《と》び上《あ》がるほど良《よ》いことがあった直後《ちょくご》などは、世《よ》の中《なか》がバラ色《いろ》に見《み》え、全《すべ》ての事《こと》に肯定的《こうていてき》となり、ちょっとやそっとのことは何《なん》でも許《ゆる》せてしまうでしょう。逆《ぎゃく》に失恋《しつれん》をしたり、ミスで大損《おおぞん》をした直後《ちょくご》は、大好《だいす》きな娯楽《ごらく》やいつもは美味《おい》しい食事《しょくじ》も楽《たの》しめないものです。

「全《まった》く同《おな》じストーリーの映画《えいが》」や「全《まった》く同《おな》じ食事《しょくじ》」ですらも、**精神状態《せいしんじょうたい》で「別物《べつもの》」に感《かん》じてしまう**のです。

つまり、多《おお》くの場合《ばあい》における認識《にんしき》の順序《じゅんじょ》は、

先《ま》ずその人《ひと》の「感情《かんじょう》」（精神状態《せいしんじょうたい》）があり⬇その感情越《かんじょうご》しに「事象《じしょう》」を眺《なが》め⬇「認識《にんしき》」を確定《かくてい》する

という経路《けいろ》を辿《たど》ります。

しかし、「同《おな》じ映画《えいが》」ならばそのストーリーは、「同《おな》じ食事《しょくじ》」ならばその味《あじ》は、ほぼ一定《いってい》なはず

です。
にもかかわらず、「個人《こじん》」の中《なか》ではその印象《いんしょう》や認識《にんしき》がコロコロと変動《へんどう》している。
もしも、**「観測装置《かんそくそうち》」ならばこんなにも頼《たよ》り無《な》いものはありません。**

しかし、血《ち》の通《かよ》った人間《にんげん》は「観測装置《かんそくそうち》」ではありません。
では、「人間《にんげん》」と「観測装置《かんそくそうち》」を分《わ》けるものは何《なに》か。
なぜ、人間《にんげん》の事象《じしょう》認識《にんしき》には変動《へんどう》が起《お》きるのか。

その答《こた》えが、「感情《かんじょう》」の構造《こうぞう》にあります。
感情《かんじょう》とは、**「事象《じしょう》の増幅装置《ぞうふくそうち》」**だからです。

手《て》っ取《と》り早《ばや》い

感情《かんじょう》には、喜《よろこ》びをより幸福《こうふく》に、悲《かな》しみをより不幸《ふこう》にする機能《きのう》があります。
おそらくその「振《ふ》れ幅《はば》」が、人間《にんげん》を含《ふく》めた多《おお》くの動物《どうぶつ》を突《つ》き動《うご》かしてきた根源的《こんげんてき》エネルギーの一《ひと》つなのでしょう。

しかし、「根源的《こんげんてき》」ゆえに「原始的《げんしてき》」であるとも言《い》えるため、誤動作《ごどうさ》も頻繁《ひんぱん》に起《お》こします。**「振《ふ》れ幅《はば》のエネルギー」**と引《ひ》き換《か》えに起《お》こる**「認識《にんしき》の歪《ゆが》み」**です。

認識《にんしき》を増幅《ぞうふく》して得《え》るエネルギーなのですから、**増幅《ぞうふく》した分《ぶん》だけ歪《ゆが》んでいるのは、当然《とうぜん》の事《こと》**なのです。

ではなぜ、こんなにも不完全《ふかんぜん》なシステムが動物《どうぶつ》たちに搭載《とうさい》されたかというと、おそらく「手《て》っ取《と》り早《ばや》い」からです。

例《たと》えば、巣《す》を刺激《しげき》されて興奮《こうふん》したハチが、近《ちか》くで目《め》についた生物《せいぶつ》を無差別《むさべつ》に攻撃《こうげき》すれば、巣《す》における一定《いってい》の安全性《あんぜんせい》は保証《ほしょう》されます。

それが、たまたま通《とお》りがかった人間《にんげん》で、攻撃《こうげき》する事《こと》が駆除業者《くじょぎょうしゃ》を呼《よ》ぶ切《き》っ掛《か》けになってしまっても、あるいはその人《ひと》がハチの保護《ほご》をふくめた自然《しぜん》の保全員《ほぜんいん》で、本質的《ほんしつてき》に自分《じぶん》たちの味方《みかた》でも、関係《かんけい》ないのです。

こうした事《こと》に思慮《しりょ》を巡《めぐ》らす事《こと》は単純《たんじゅん》な生物《せいぶつ》であるハチには荷《に》が重《おも》く、「巣《す》を刺激《しげき》した者《もの》は攻撃《こうげき》せよ」とした方《ほう》が「大雑把《おおざっぱ》」であるがゆえに「シンプル」かつ「素早《すばや》い」処理《しょり》ができるからです。

この、「**大雑把《おおざっぱ》かつ手《て》っ取《と》り早《ばや》い**」というのが、生物《せいぶつ》における原初《げんしょ》システムの特色《とくしょく》の一《ひと》つです。

たとえば、同種《どうしゅ》や親子間《おやこかん》で弱《よわ》い個体《こたい》を積極的《せっきょくてき》に殺《ころ》す動物《どうぶつ》は数多《かずおお》く見《み》られます。体《からだ》が弱《よわ》かったり障害《しょうがい》を持《も》って生《う》まれた個体《こたい》を積極的《せっきょくてき》に排除《はいじょ》する動物《どうぶつ》もいます。そうした方《ほう》が強《つよ》い遺伝子《いでんし》が種《しゅ》に残《のこ》り、足手《あしで》まといも減《へ》り生存確率《せいぞんかくりつ》が高《たか》まるからです。

そこには、「自分《じぶん》が弱者《じゃくしゃ》に回《まわ》った時《とき》に殺《ころ》されるかも知《し》れない」という思慮《しりょ》や、「殺《ころ》される個体《こたい》の中《なか》に、種《しゅ》の可能性《かのうせい》を広《ひろ》げる能力《のうりょく》を持《も》つ者《もの》がいるかも知《し》れない」といった想像力《そうぞうりょく》は当然介在《とうぜんかいざい》しませ ん。

厳《きび》しい生存競争《せいぞんきょうそう》の中《なか》でそこまで複雑《ふくざつ》な思考《しこう》をしながら生《い》き抜《ぬ》く能力《のうりょく》は無《な》く、処理《しょり》は粗《あら》くとも「手《て》っ取《と》り早《ばや》さ」を選択《せんたく》せざるを得《え》ないからです。

可能性《かのうせい》

人間《にんげん》も例外《れいがい》ではありません。

例《たと》えば、自分《じぶん》たちの集落《しゅうらく》に、未知《みち》の（異質《いしつ》な）集団《しゅうだん》がやってきた時《とき》、とりあえず全員殺《ぜんいんころ》してしまえば安全《あんぜん》は確保《かくほ》されます。

もしも仲良《なかよ》くなれれば、お互《たが》いにとって大《おお》きなメリットや飛躍《ひやく》をもたらすかも知《し》れないのですが、その可能性《かのうせい》が重視《じゅうし》される事《こと》はありません。

同様《どうよう》に、自分達《じぶんたち》の集団《しゅうだん》の中《なか》に、周《まわ》りと著《いちじる》しく異《こと》なる思考《しこう》をする者《もの》や、周《まわ》りと著《いちじる》しく異《こと》なる容姿《ようし》を持《も》つ者《もの》が現《あらわ》れた時《とき》、「手《て》っ取《と》り早《ばや》く」殺《ころ》したり排除《はいじょ》してしまえば、集団《しゅうだん》の安定《あんてい》は保《たも》たれます。

ここまで読《よ》んでお分《わ》かりでしょうか。

この**「本能《ほんのう》」が、「いじめ」の原型《げんけい》**です。

生物《せいぶつ》は、「いじめ」をするようにプログラムされているのです。

人《ひと》は個人《こじん》や集団《しゅうだん》の主観《しゅかん》で「気持《きも》ち悪《わる》い」人間《にんげん》や「嫌悪感《けんおかん》を覚《おぼ》える」対象《たいしょう》を排除《はいじょ》する。

この行為《こうい》は、単《たん》に攻撃《こうげき》する人《ひと》の性格《せいかく》が悪《わる》かったり、心《こころ》が歪《ゆが》んでいるというだけではなく、これまで**種族《しゅぞく》を守《まも》ってきたシステム**の名残《なご》りです。

「気持《きも》ち悪《わる》いものは排除《はいじょ》せよ」

この内《うち》なる命令《めいれい》に従《したが》ってさえいれば、集団《しゅうだん》の生存確率《せいぞんかくりつ》は確実《かくじつ》に高《たか》まります。

人間《にんげん》が「獣《けもの》」だった頃《ころ》は、他《ほか》の生物同様《せいぶつどうよう》、それ以外《いがい》の選択肢《せんたくし》はほぼ無《な》かったのです。

多《おお》くの生物《せいぶつ》には、孔雀《くじゃく》の羽《はね》やライオンの鬣《たてがみ》など、その種独特《しゅどくとく》とも言《い》える「配偶者選択《はいぐうしゃせんたく》」の基準《きじゅん》があります。異性《いせい》に選《えら》ばれやすい・好《す》かれやすい基準《きじゅん》です。

それは研究《けんきゅう》により、根拠《こんきょ》が明確《めいかく》になっている基準《きじゅん》もあれば、現在《げんざい》の研究《けんきゅう》では根拠不明《こんきょふめい》なものも数多《かずおお》くあります。

もしかすると、「競争《きょうそう》させること」そのものが「理由《りゆう》」の場合《ばあい》すらあるのかも知《し》れません。「基準《きじゅん》」があれば「競争《きょうそう》」が起《お》こり、「強《つよ》い種《しゅ》」が残《のこ》る構造《こうぞう》を作《つく》れるからです。

どちらにせよ、人間《にんげん》にも明確《めいかく》な「配偶者選択《はいぐうしゃせんたく》の基準《きじゅん》」がプログラムされました。

その代表的《だいひょうてき》な一《ひと》つが「**容姿《ようし》**」でしょう。

しかしそれは、その時代《じだい》その地域《ちいき》の基準《きじゅん》で「醜《みにく》い」とされているだけで、健康的《けんこうてき》に、能力的《のうりょくてき》にも何《なん》の問題《もんだい》も無《な》いかもしれない。

それどころか、容姿《ようし》や雰囲気《ふんいき》が異質《いしつ》に見《み》えるだけで、誰《だれ》よりも心優《こころやさ》しいかも知《し》れない。優《すぐ》れた芸術的感性《げいじゅつてきかんせい》があるかも知《し》れない。とんでもない運動能力《うんどうのうりょく》があるかも知《し》れない。

「人《ひと》」としての進化《しんか》の歴史《れきし》は、その「**可能性《かのうせい》**」に**触《ふ》れ続《つづ》けてきた歴史《れきし》**であるとも言《い》えます。

そして「可能性《かのうせい》」を拡張《かくちょう》する力《ちから》は、「**挑戦《ちょうせん》**」と「**想像力《そうぞうりょく》**」です。

「想像力《そうぞうりょく》」とは「**かも知《し》れない**」**に思《おも》いを巡《めぐ》らせ**、「**獣性《じゅうせい》**」**に引《ひ》っ張《ぱ》られず思《おも》い留《とど》まる力《ちから》**。

「思《おも》い留《とど》まる」とは「待《ま》てる」、つまり「**脳内《のうない》のプロデューサー**」です。

言《い》い換《か》えれば、人間《にんげん》の進化《しんか》における「挑戦《ちょうせん》」とは、**「気持《きも》ち悪《わる》い」「嫌悪《けんお》」の扉《とびら》に触《ふ》れてみようと伸《の》ばす「手《て》」**であり、**扉《とびら》の向《む》こうに進《すす》んでみようとする「一歩《いっぽ》」**でもあるのです。

嫌悪《けんお》の扉《とびら》

食《た》べる事《こと》においても、ウツボやタコなど不気味《ぶきみ》な容姿《ようし》のものや、ブルーチーズや納豆《なっとう》など腐敗《ふはい》と紙一重《かみひとえ》の臭《にお》いや見《み》た目《め》の発酵食品《はっこうしょくひん》の類《たぐい》は、現在当《げんざいあ》たり前《まえ》のようにお店《みせ》に並《なら》んでいます。

これらも、誰《だれ》かが「食《た》べてみる」事《こと》によって切《き》り拓《ひら》くまでは、嫌悪《けんお》と共《とも》に遠《とお》ざけられてきたはずです。

音楽《おんがく》では美《うつく》しい調和中心《ちょうわちゅうしん》で構成《こうせい》されていたバッハの時代《じだい》から、段々《だんだん》と「不協和《ふきょうわ》」が取《と》り入《い》れられ、聞《き》く人《ひと》が聞《き》いたらノイズの塊《かたまり》にしか聞《き》こえないロックの中《なか》にさえ、「美《び》」を見《み》つける事《こと》ができるようになりました。

絵画《かいが》も身体表現《しんたいひょうげん》も物語《ものがたり》も、「嫌悪《けんお》」「グロテスク」の中《なか》に隠《かく》れていた「美《び》」を発見《はっけん》しながら進《しん》化《か》してきた歴史《れきし》なのです。

差別《さべつ》の対象《たいしょう》となってきた人《ひと》たちも、時代《じだい》や地域《ちいき》を変《か》えれば尊敬《そんけい》の対象《たいしょう》となったり、差別《さべつ》をしていた人《ひと》たちどころか、世界中《せかいじゅう》の人々《ひとびと》の文化《ぶんか》を牽引《けんいん》してもいます。

様々《さまざま》な人種《じんしゅ》の人々《ひとびと》が生《う》み出《だ》した音楽《おんがく》や、各界《かっかい》のスーパースターに、生《い》きる希望《きぼう》をもらった異人種《いじんしゅ》の人達《ひとたち》は数限《かずかぎ》りないでしょう。

つまり、**「嫌悪《けんお》の対象《たいしょう》だったものから可能性《かのうせい》を見出《みいだ》す」行為《こうい》により、人間《にんげん》は生存領域《せいぞんりょういき》を広《ひろ》げてきた**のです。

それは「目先《めさき》の嫌悪《けんお》」のみに囚《とら》われ、想像力《そうぞうりょく》が停止《ていし》したまま行動《こうどう》する**「獣《けもの》」には不可能《ふかのう》な行為《こうい》**であり、だからこそ人類《じんるい》をここまで繁栄《はんえい》させる強力《きょうりょく》な武器《ぶき》を手《て》に入《い》れる事《こと》にもなりました。

その武器《ぶき》とは、**「多様性《たようせい》」**です。

多様性《たようせい》

「多様性《たようせい》」とは集団《しゅうだん》や種《しゅ》を守《まも》る上《うえ》での、**最高《さいこう》のリスクマネージメント**です。

ある性質《せいしつ》の個体《こたい》を滅《ほろ》ぼす様《よう》な病気《びょうき》が蔓延《まんえん》した時《とき》、別《べつ》の性質《せいしつ》を持《も》つ者《もの》が複数《ふくすう》いれば、全体《ぜんたい》は生《い》き延《の》びます。

集団《しゅうだん》を破滅《はめつ》に導《みちび》くような思考回路《しこうかいろ》が「**常識《じょうしき》**」として広《ひろ》がった時《とき》、「**異質《いしつ》**」な考《かんが》えが声《こえ》を上《あ》げれば、ぎりぎりで踏《ふ》み留《とど》まる力《ちから》にもなります。

しかし、そこには「異質《いしつ》」「異端《いたん》」を潰《つぶ》そうとする勢力《せいりょく》が必《かなら》ず存在《そんざい》します。

「**獣《けもの》」の性質《せいしつ》が色濃《いろこ》い人達《ひとたち》**です。

嫌悪感《けんおかん》の対象《たいしょう》を真《ま》っ先《さき》に潰《つぶ》そうとする「獣性《じゅうせい》」と「多様性《たようせい》」は、真《ま》っ向《こう》から対立《たいりつ》するのです。

つまり人類《じんるい》は、**嫌悪《けんお》の向《む》こう側《がわ》を切《き》り拓《ひら》こうとする「想像力《そうぞうりょく》」と、嫌悪《けんお》のままにそれを潰《つぶ》そうとする「獣性《じゅうせい》」の綱引《つなひ》き**の歴史《れきし》の中《なか》で進化《しんか》してきたのです。

綱《つな》引《ひ》き

その「綱《つな》引《ひ》き」は、個《こ》人《じん》の中《なか》にも存《そん》在《ざい》しています。**「獣《じゅう》性《せい》」と「理《り》性《せい》」の綱《つな》引《ひ》き**です。

例《れい》に挙《あ》げた「獣《けもの》」と「猛《もう》獣《じゅう》使《つか》い」もこれに当《あ》たります。

先《さき》ほど書《か》いたように、人《ひと》は感《かん》情《じょう》に支《し》配《はい》されると、そこで生《う》み出《だ》されたエネルギーの代《だい》償《しょう》として、「現《げん》状《じょう》認《にん》識《しき》」の精《せい》度《ど》に大《おお》きな狂《くる》いが生《しょう》じます。

特《とく》に**「負《ふ》の感《かん》情《じょう》」は、人《にん》間《げん》の「獣《じゅう》性《せい》」を呼《よ》び覚《さ》ましながら、見《み》える世《せ》界《かい》を大《おお》きく歪《ゆが》めます。**

具《ぐ》体《たい》的《てき》には「嫌《けん》悪《お》感《かん》」や「怒《いか》り」、「恨《うら》み」がこれに当《あ》たります。

そして、人《にん》間《げん》は「感《かん》情《じょう》越《ご》しに世《せ》界《かい》を見《み》る生《い》き物《もの》」だとも説《せつ》明《めい》しました。

つまり、人《ひと》は「嫌《けん》悪《お》」を始《はじ》めとした負《ふ》の感《かん》情《じょう》に支《し》配《はい》されると、**「負《ふ》の感《かん》情《じょう》で歪《ゆが》められた世《せ》界《かい》」**を見《み》る事《こと》になります。

「誤《ご》認《にん》」「**誤《ご》動《どう》作《さ》**」が起《お》こるのです。

誤動作《ごどうさ》

私《わたし》の周《まわ》りには、職業柄《しょくぎょうがら》もあり、優《すぐ》れた感覚《かんかく》や直感《ちょっかん》を有《ゆう》する人《ひと》が多《おお》くいます。たとえばそういった人《ひと》が、「自分《じぶん》の鋭《するど》い直感《ちょっかん》が読《よ》み取《と》った」といった口調《くちょう》で、「あの人《ひと》は何《なに》か嫌《いや》な感《かん》じがする」と他者《たしゃ》を批判的《ひはんてき》に語《かた》る事《こと》があります。

そんな時《とき》、よくよく観察《かんさつ》してみると、その人《ひと》の個人的《こじんてき》な嫉妬《しっと》や好《この》みによる**嫌悪感《けんおかん》が明《あき》らかに混《こん》入《にゅう》している**場合《ばあい》があるのです。

やり玉《だま》に挙《あ》げられた相手《あいて》には、指摘《してき》されたような問題点《もんだいてん》が存在《そんざい》しなくてもです。

つまり、日頃《ひごろ》は鋭《するど》さや有効性《ゆうこうせい》を発揮《はっき》していると思《おも》える人《ひと》でさえ、「**感情《かんじょう》の混入《こんにゅう》による誤動作《ごどうさ》**」が起《お》きます。

この現象《げんしょう》は私《わたし》が知《し》る限《かぎ》り、相当《そうとう》に鋭《するど》い直感《ちょっかん》、「第六感《だいろっかん》」と言《い》って良《よ》いものを有《ゆう》する人《ひと》ですら、共通《きょうつう》して起《お》こっている傾向《けいこう》です。

私自身《わたしじしん》も「感情《かんじょう》」の混入《こんにゅう》が色濃《いろこ》い時《とき》ほど、自分《じぶん》の感覚《かんかく》に濁《にご》りが生《しょう》じているのを感《かん》じます。

そもそも自分《じぶん》の直感《ちょっかん》や第六感《だいろっかん》は、「認識外《にんしきがい》の領域《りょういき》」から情報《じょうほう》を取《と》り出《だ》す作業《さぎょう》なので、心《こころ》を透明《とうめい》にしておかないと、簡単《かんたん》に「ノイズ」が混入《こんにゅう》してしまいます。

特《とく》に**「欲望《よくぼう》」や「負《ふ》の感情《かんじょう》」は直感《ちょっかん》に偽装《ぎそう》しやすい**のです。

自信《じしん》

つまり、**「優《すぐ》れた人《ひと》」「直感《ちょっかん》が鋭《するど》い人《ひと》」ですら、感覚《かんかく》は暴走《ぼうそう》しやすい。**

そして、極《きわ》めて個人的《こじんてき》な好《す》き嫌《きら》いや嫌悪感《けんおかん》であっても、「正当《せいとう》な判断《はんだん》」としか思《おも》えず、確信《かくしん》を伴《ともな》った「偽装《ぎそう》」をされやすいという事《こと》です。

この、**「確信《かくしん》を伴《ともな》った偽装《ぎそう》」**ほど厄介《やっかい》なものはありません。

自分《じぶん》の中《なか》にある個人的《こじんてき》「劣等感《れっとうかん》」「嫌悪感《けんおかん》」「獣性《じゅうせい》」由来《ゆらい》の歪《ゆが》んだ判断《はんだん》が、**「自信《じしん》」「確信《かくしん》」を伴《ともな》って行動《こうどう》に干渉《かんしょう》してくる**からです。

そして自分《じぶん》の知性《ちせい》や感覚《かんかく》に自信《じしん》がある人《ひと》ほど、その「自信《じしん》」ゆえに誤動作《ごどうさ》を起《お》こしやすいのです。

人《ひと》は**「確信《かくしん》」を疑《うたが》わない**からです。

逆《ぎゃく》に言《い》えば、**「自分《じぶん》の確信《かくしん》を疑《うたが》えるか」**が、「知性《ちせい》」の扉《とびら》を開《ひら》く最《もっと》も重要《じゅうよう》な鍵《かぎ》となります。

私《わたし》は十代《じゅうだい》の頃《ころ》から、

「**自《みずか》ら最《もっと》も信《しん》じるものを自《みずか》ら最《もっと》も疑《うたが》え**」

という言葉《ことば》を、自分《じぶん》に言《い》い聞《き》かせています。

確信《かくしん》の中《なか》にこそ、最大《さいだい》の落《お》とし穴《あな》があるからです。

確信《かくしん》とは「疑《うたが》いなく信《しん》じる」という事《こと》であり、**自己《じこ》に対《たい》する完璧《かんぺき》な「偽装《ぎそう》」の材料《ざいりょう》**ともなり得《え》ます。

ストーカー行為《こうい》やカルト信者《しんじゃ》の奇行《きこう》は、自《みずか》らの「確信《かくしん》」を疑《うたが》っていないからこそ際限《さいげん》なくエスカレートしたものなのです。

リンゴ

何《なに》かを「信《しん》じる」というのは、まさに「疑《うたが》いなく」素晴《すば》らしいと思《おも》われている行為《こうい》の一《ひと》つです。

時《とき》に自分《じぶん》を殺《ころ》しながら何《なに》かの思考《しこう》や思想《しそう》に身《み》を捧《ささ》げる姿《すがた》は、とても謙虚《けんきょ》な印象《いんしょう》を覚《おぼ》えると思《おも》います。

しかし、よく考《かんが》えてみて下《くだ》さい。

何《なに》かを無条件《むじょうけん》に「信《しん》じる」という事《こと》は、**「それ以外《いがい》の可能性《かのうせい》」を全《すべ》て否定《ひてい》する**事《こと》になっていないでしょうか。

たとえば、目《め》の前《まえ》にある箱《はこ》の中身《なかみ》を「リンゴだ」と信《しん》じているという事《こと》は、**「リンゴ以外《いがい》のあらゆる可能性《かのうせい》」を否定《ひてい》している**という事《こと》です。

箱《はこ》の中身《なかみ》を「リンゴだ」と断定《だんてい》している人《ひと》と、「リンゴ以外《いがい》も含《ふく》めたあらゆる可能性《かのうせい》」を念頭《ねんとう》に置《お》いている人《ひと》、どちらの方《ほう》が**この世《よ》の理《ことわり》に対《たい》して謙虚《けんきょ》**でしょうか。

私《わたし》は、明《あき》らかに後者《こうしゃ》だと思《おも》っています。

なぜなら、後者《こうしゃ》は前者《ぜんしゃ》の「リンゴである」可能性《かのうせい》も排除《はいじょ》していないからです。

つまり**「疑《うたが》う」という事《こと》は、世界《せかい》の在《あ》り方《かた》に対《たい》し、誠実《せいじつ》に頭《こうべ》を垂《た》れる行為《こうい》**でもあるのです。

たとえば、とても素晴《すば》らしい人物《じんぶつ》や思想《しそう》に対《たい》して心酔《しんすい》し、無条件《むじょうけん》で信《しん》じている時《とき》、大《おお》いなるものに身《み》を委《ゆだ》ねている気分《きぶん》になると思《おも》います。

そこには、謙虚《けんきょ》な「無私《むし》の精神《せいしん》」といった印象《いんしょう》もあるでしょう。

しかし、その人物《じんぶつ》や思想《しそう》を「素晴《すば》らしい」と判断《はんだん》したのは「**自分**《じぶん》」です。スタート地点《ちてん》は、「大《おお》いなるもの」でも何《なん》でもなく、他《ほか》でもない「**ちっぽけな自分自身**《じぶんじしん》」による**断定**《だんてい》なのです。

誰《だれ》しも「今《いま》の自分《じぶん》」が持《も》つ器《うつわ》、知性《ちせい》、判断力《はんだんりょく》など、たかが知《し》れています。

その時《とき》に感《かん》じた感動《かんどう》も素晴《すば》らしさも、「その時《とき》のレベルの自分《じぶん》」の目《め》が映《うつ》し出《だ》したものであり、「**更**《さら》**に進歩**《しんぽ》**した自分**《じぶん》」から見《み》たら大《たい》した事《こと》がないかもしれません。

そうした可能性《かのうせい》を全《すべ》て排除《はいじょ》し、「無条件《むじょうけん》で信《しん》じる」ように固定《こてい》するのは、いざという時《とき》に判断《はんだん》の誤《あやま》りを認《みと》め、修正《しゅうせい》する余地《よち》を拒否《きょひ》した「**傲慢**《ごうまん》」な行為《こうい》だとも言《い》えます。

装置《そうち》

つまり、「疑《うたが》う」という行為《こうい》は「猜疑心《さいぎしん》」「否定《ひてい》する」といったマイナスなイメージがあるかも知《し》れませんが、「**この世**《よ》**の全**《すべ》**ての可能性**《かのうせい》**に肯定的**《こうていてき》**な行為**《こうい》」でもあるのです。

「目《め》の前《まえ》に存在《そんざい》するもの」「自分《じぶん》が最《もっと》も信《しん》じたいもの」に留《とど》まらず、それ等《ら》も含《ふく》めた「**あらゆる可能性**《かのうせい》**に自己**《じこ》**を開**《ひら》**いた状態**《じょうたい》」だからです。

しかし「あらゆる可能性《かのうせい》に肯定的《こうていてき》な状態《じょうたい》」は、「自分《じぶん》が信《しん》じたいものが否定《ひてい》される可能性《かのうせい》」**「自《じ》分《ぶん》が信《しん》じたいものが幻《まぼろし》であったと知《し》ってしまう可能性《かのうせい》」**にすらも平等《びょうどう》なので、何《なに》かを頑《かたく》なに信《しん》じ込《こ》もうとしている人《ひと》にとっては辛《つら》いものとなります。

そこで、人《ひと》はその辛《つら》さから逃《のが》れるために、都合《つごう》の悪《わる》い要素《ようそ》を排除《はいじょ》しながら物事《ものごと》を見《み》て認識《にんしき》を積《つ》み重《かさ》ねるのです。

「無《な》いことにする思考《しこう》」です。

カルト思考《しこう》や、洗脳的手法《せんのうてきしゅほう》は、**意図的《いとてき》にこの回路《かいろ》が強化《きょうか》されるように仕向《しむ》けています。**

「疑《うたが》えば天罰《てんばつ》が下《くだ》る」「信《しん》じれば幸福《こうふく》になれる」こういった思考《しこう》は、**都合《つごう》の悪《わる》いことを「無《な》いこと」にする格好《かっこう》の装置《そうち》**です。

巧《たく》みに恐怖《きょうふ》を煽《あお》りつつ、幸福《こうふく》になれるという「エサ」を与《あた》えながら、「疑《うたが》う」回路《かいろ》を遮断《しゃだん》して行《ゆ》きます。

固定点《こていてん》

人間《にんげん》の知性《ちせい》を最《もっと》も低下《ていか》させる要因《よういん》の一《ひと》つは、「**思想《しそう》に固定点《こていてん》を作《つく》る**」ことです。

これがあると、実像《じつぞう》と認識《にんしき》の間《あいだ》に大《おお》きな「ずれ」があっても、それを修正《しゅうせい》する事《こと》ができません。

結果《けっか》、「**事実《じじつ》」の方《ほう》を脳内《のうない》で編集《へんしゅう》**し始《はじ》めます。

この現象《げんしょう》は、思想《しそう》・宗教《しゅうきょう》・政治観《せいじかん》・主義《しゅぎ》・美学《びがく》・倫理《りんり》、あらゆる領域《りょういき》で起《お》きています。

多《おお》くの人《ひと》がその問題点《もんだいてん》に無自覚《むじかく》なまま、自分《じぶん》の思想《しそう》に固定点《こていてん》を作《つく》ってしまっています。

どんなに素晴《すば》らしい発言《はつげん》で周囲《しゅうい》を感動《かんどう》させていても、私《わたし》はこの「固定点《こていてん》」を見《み》てその人《ひと》の知性《ちせい》を量《はか》っています。

そしてこの一連《いちれん》の現象《げんしょう》を、「**知《ち》のドミノ倒《だお》し**」と私《わたし》は呼《よ》んでいます。

何《なに》かを無条件《むじょうけん》に「正《ただ》しい」と断定《だんてい》してしまうと、それに隣接《りんせつ》する要素《ようそ》から連鎖的《れんさてき》に認識《にんしき》が崩《くず》れていきます。

例《たと》えば、あるカリスマに白《しろ》い物《もの》でも「黒《くろ》だと信《しん》じよ」と言《い》われたとします。

そうすると、空《そら》からは黒《くろ》い雪《ゆき》が降《ふ》ってくる事《こと》になります。

選《えら》ぶ洋服《ようふく》や日用品《にちようひん》も白《しろ》と黒《くろ》の区別《くべつ》が無《な》くなり、それを前提《ぜんてい》としたファッションセンスに変質《へんしつ》し、白色灯《はくしょくとう》は黒《くろ》く見《み》え、「こんな使《つか》えない電灯《でんとう》を置《お》いている家電屋《かでんや》はおかしい」となります。明《あ》かりで照《て》らしながら「実際《じっさい》に文字《もじ》が見《み》えやすくなっているでしょう」と説明《せつめい》する友人《ゆうじん》に対《たい》しては「こんなライトで照《て》らされた文字《もじ》が見《み》えるわけがない」と目《め》の前《まえ》に見《み》える文字《もじ》をも否定《ひてい》する。

そうすると、電灯《でんとう》も、家電屋《かでんや》も、友人《ゆうじん》も、文字《もじ》も否定《ひてい》し、それを肯定《こうてい》する「世間《せけん》」もおかしいという事《こと》になります。

つまり、最初《さいしょ》は「白《しろ》が黒《くろ》」という一《ひと》つのドミノから始《はじ》まった認識《にんしき》が、隣接《りんせつ》する事《じ》象《しょう》順《じゅん》にパタパタと倒《たお》れ、全体《ぜんたい》を飲《の》み込《こ》みながら「修正不能《しゅうせいふのう》」な状態《じょうたい》へとなだれ込《こ》んで行《い》くのです。

どう考《かんが》えても矛盾《むじゅん》がある現実《げんじつ》を突《つ》きつけられた時《とき》、それを補《おぎな》うべく「無理《むり》のあるロジック」を持《も》ち出《だ》さざるを得《え》ず、更《さら》にそのロジックの矛盾《むじゅん》を補《おぎな》うために「**ロジックの継《つ》ぎ足《た》し**」を繰《く》り返《かえ》す事《こと》になります。

これは分《わ》かりやすく大《おお》げさな例《れい》で説明《せつめい》しましたが、**我々《われわれ》は皆《みな》、規模《きぼ》や形《かたち》を変《か》えながらこれをやっています。**

最初《さいしょ》のドミノ

例《たと》えば、「大好《だいす》きな彼氏《かれし》が自分《じぶん》をだます訳《わけ》がない」と、せっせとお金《かね》を貢《みつ》いだあげく、ひどい男《おとこ》だったと後《あと》で気《き》づく例《れい》など世《よ》の中《なか》にはいくらでもあります。

我々《われわれ》の分野《ぶんや》である武術《ぶじゅつ》や芸事《げいごと》、学問《がくもん》の世界《せかい》でも心酔《しんすい》した師匠《ししょう》が後《のち》にろくでもない人間《にんげん》だった事《こと》に気《き》づくような事《こと》や、忠実《ちゅうじつ》な国民《こくみん》を国家《こっか》が戦争《せんそう》の駒《こま》として使《つか》い捨《す》てていた例《れい》は、歴史上《れきしじょう》いくらでもあります。

これらのほとんどは、「ドミノ」が倒《たお》れきるまで修正《しゅうせい》が利《き》かず、破滅的《はめつてき》な状況《じょうきょう》になったり大打《だいだ》撃《げき》を受《う》けてから初《はじ》めて気付《きづ》くのです。

そして、形《かたち》を変《か》えながら今《いま》も私達自身《わたしたちじしん》や身《み》の回《まわ》りでそれは起《お》こっているという事《こと》です。

なぜ人《ひと》はこんな事《こと》になってしまうのか。

「聖域《せいいき》」が「最初《さいしょ》のドミノ」だからです。

聖域《せいいき》

人《ひと》は必《かなら》ず、心《こころ》に「聖域《せいいき》」を持《も》っています。

それは時《とき》に人生《じんせい》を豊《ゆた》かにし、支《ささ》えにもなってくれます。

しかし、「聖域《せいいき》」ゆえにそこに足《あし》を踏《ふ》み入《い》れる事《こと》を拒《こば》む、強烈《きょうれつ》な「**結界**《けっかい》」も張《は》られています。

他人《たにん》はもちろん、自分自身《じぶんじしん》もそこに疑問《ぎもん》を抱《いだ》くどころか、**「手《て》を触《ふ》れる」事《こと》すらも罪深《つみぶか》く感《かん》じる領域《りょういき》**です。

それは「大好《だいす》きな彼氏《かれし》」かもしれないし、「信仰《しんこう》」かも知《し》れない。

「親《おや》の教《おし》え」かも知《し》れないいし、「思想信条《しそうしんじょう》」かもしれない。

一《ひと》つ確実《かくじつ》に言《い》える事《こと》は、

「否定《ひてい》する事《こと》に抵抗《ていこう》を覚《おぼ》えるもの」である程《ほど》、「聖域《せいいき》」である可能性《かのうせい》が高《たか》い
という事《こと》です。

そして「**常識**《じょうしき》」**も、「巨大《きょだい》なる聖域《せいいき》」**の一種《いっしゅ》です。

それはどのくらいのレベルなのかと言《い》うと、

「人《ひと》を殺《ころ》してはいけない」「物《もの》を盗《ぬす》んではいけない」「家族《かぞく》を大切《たいせつ》に」といった、どう考《かんが》えても疑《うたが》う余地《よち》が無《な》い「当《あ》たり前《まえ》」の中《なか》に隠《かく》れています。

実際《じっさい》、個人《こじん》や組織《そしき》・国家単位《こっかたんい》で取《と》り返《かえ》しのつかない事《こと》をやらかしてしまった例《れい》は、前述《ぜんじゅつ》と同等《どうとう》のレベルの「確信《かくしん》」に基《もと》づいています。

それは、前述《ぜんじゅつ》の「大好《だいす》きな彼氏《かれし》」の例《れい》のように、今《いま》も我々《われわれ》の中《なか》に、形《かたち》を変《か》えて存在《そんざい》しているのです。

つまり**「人《ひと》を殺《ころ》してはいけない」「物《もの》を盗《ぬす》んではいけない」「家族《かぞく》を大切《たいせつ》に」レベルの「常《じょう》識《しき》」「当《あ》たり前《まえ》」から点検《てんけん》して行《い》かなければならない**という事《こと》です。

そのためには、どうすれば良《よ》いか。

常《つね》に様々《さまざま》な事象《じしょう》に対《たい》し、「**なぜ**」と問《と》いかけ「疑《うたが》ってみる」ことです。

一番信《いちばんしん》じたいものに対《たい》し、一度《いちど》「正《ただ》しくない」前提《ぜんてい》で思考《しこう》を構築《こうちく》してみる事《こと》です。

ここで大切《たいせつ》なのは、「感情《かんじょう》」と「願望《がんぼう》」を一切排除《いっさいはいじょ》し、今《いま》の自分《じぶん》にでき得《う》る限《かぎ》り「**フラットかつ総合的《そうごうてき》に物事《ものごと》を観察《かんさつ》してみる厳密《げんみつ》さ**」です。

本物《ほんもの》

自分《じぶん》の最《もっと》も大切《たいせつ》にしている「聖域《せいいき》」に踏《ふ》み込《こ》み、否定的《ひていてき》な視線《しせん》を向《む》けるわけですから、最初《さいしょ》は強烈《きょうれつ》な恐怖《きょうふ》や嫌悪感《けんおかん》を覚《おぼ》える人《ひと》が多《おお》いかも知《し》れません。

それは、自分《じぶん》の「聖域《せいいき》」「大切《たいせつ》にしていたもの」「常識《じょうしき》」が偽《いつわ》りだったと気付《きづ》き、決別《けつべつ》することになる可能性《かのうせい》と対峙《たいじ》する事《こと》になるので当然《とうぜん》とも言《い》えます。

しかし、「生涯《しょうがい》を懸《か》けて信《しん》じる」に値《あたい》する存在《そんざい》ならば、**自分程度《じぶんていど》が投《な》げかけた「否定的視点《ひていてきしてん》」など、余裕《よゆう》で跳《は》ね返《かえ》せなければおかしい**と思《おも》いませんか？

どんなに厳密《げんみつ》な視点《してん》・見解《けんかい》に対《たい》しても揺《ゆ》らがない盤石《ばんじゃく》さが無《な》ければ、自分《じぶん》の「生涯《しょうがい》」などやすやすと懸《か》けては危《あぶ》なくはないでしょうか。

多《おお》くのカルト的思想《てきしそう》は、そこを突《つ》かれると崩《くず》れてしまうので、そもそも「疑問《ぎもん》を抱《いだ》かせない」ように「疑《うたが》うのは罪《つみ》だ」といった防壁《ぼうへき》を築《きず》いているのです。

つまり、ここまでの流《なが》れを一言《ひとこと》でまとめるならば、

「カリスマ・聖域《せいいき》は否定《ひてい》せよ」

という事《こと》です。

それでも残《のこ》るのが「本物《ほんもの》」です。

点検《てんけん》

人《ひと》は、**「信《しん》じるべきもの」と「信《しん》じたいもの」を混同《こんどう》して処理《しょり》しがち**です。

これが、世《よ》に対《たい》する視点《してん》の混乱《こんらん》や視野《しや》の狭窄《きょうさく》を生《う》むのです。

「信《しん》じるべきもの」とは、疑《うたが》いや否定的見解《ひていてきけんかい》を投《な》げかけても耐《た》え得《う》るものです。

「信《しん》じたいもの」とは、疑《うたが》いや否定《ひてい》を拒絶《きょぜつ》するものです。

この「**振《ふ》り分《わ》け**」ができない人間《にんげん》にとっての聖域《せいいき》は、本来《ほんらい》「**聖域《せいいき》」ですらない**のです。

私自身《わたしじしん》は、自分《じぶん》に心《こころ》の聖域《せいいき》を設《もう》けていません。

思考世界《しこうせかい》を自由自在《じゆうじざい》に駆《か》け巡《めぐ》りたいからです。

それでもなお、心《こころ》に「絶対普遍《ぜったいふへん》なもの」が残《のこ》るのならば、それが「聖域《せいいき》」なのかも知《し》れません。

だとすれば、それはちっぽけな自分《じぶん》の作為《さくい》や他者《たしゃ》の思惑《おもわく》など一切排除《いっさいはいじょ》した上《うえ》での「**結果《けっか》**」です。

つまりここまでの話《はなし》をまとめると、

- **「聖域《せいいき》には、たゆまぬ点検《てんけん》が必要《ひつよう》」**
- そして誰《だれ》もが持《も》つ、最《もっと》も身近《みぢか》な強烈《きょうれつ》かつ絶対的《ぜったいてき》な聖域《せいいき》が「常識《じょうしき》」

だという事《こと》です。

常識《じょうしき》

「常識《じょうしき》」とは、この世《よ》で最《もっと》も巨大《きょだい》なる偏見《へんけん》です。

人類誕生《じんるいたんじょう》以来《いらい》、いついかなる時代《じだい》・地域《ちいき》においても、この世《よ》の真理《しんり》と一分《いちぶ》の狂《くる》いもなく合致《がっち》した常識《じょうしき》を有《ゆう》する文明《ぶんめい》は確認《かくにん》されておりません。

その時代《じだい》その時代《じだい》で栄華《えいが》を極《きわ》め、「高度《こうど》」とされた文明《ぶんめい》も、後《のち》の世《よ》や異文化《いぶんか》から客観的《きゃっかんてき》に眺《なが》めた時《とき》、「狂《くる》っている」と感《かん》じるレベルの「ずれ」を有《ゆう》するものがほとんどと言《い》っても良《よ》いでしょう。

たとえば他国《たこく》に攻《せ》め入《い》り、虐殺《ぎゃくさつ》し、犯《おか》し、奪《うば》い、現地《げんち》の人《ひと》を奴隷《どれい》としてこき使《つか》う等《など》という事《こと》は、人類《じんるい》にとって当《あ》たり前《まえ》のように行《おこな》われてきました。

歴史上《れきしじょう》の英雄《えいゆう》も、他者《たしゃ》や他国《たこく》との殺《ころ》し合《あ》いで名《な》を上《あ》げた人《ひと》ばかりです。

それが「常識《じょうしき》」「当《あ》たり前《まえ》」であり、つまりは大規模《だいきぼ》な**殺戮《さつりく》と強奪上手《ごうだつじょうず》**が「英雄《えいゆう》」と呼《よ》ばれているのです。

一昔前《ひとむかしまえ》で言《い》えば、教師《きょうし》による竹刀《しない》や拳《こぶし》を用《もち》いた体罰《たいばつ》があり、妻《つま》は夫《おっと》の「三歩《さんぽ》後《うし》ろを歩《ある》け」などと言《い》われたり、「絶対服従《ぜったいふくじゅう》」と言《い》っていい関係性《かんけいせい》は当《あ》たり前《まえ》のようにありました。

現在《げんざい》でも「体育会系《たいいくかいけい》」における常識《じょうしき》では、年下《としした》だとか後《あと》から所属《しょぞく》したというだけの理由《りゆう》で、正当《せいとう》な反論《はんろん》すら許《ゆる》されない場《ば》はいくらでもあります。

こうした「常識《じょうしき》」に対《たい》し、まるで未来《みらい》や別《べつ》の地域《ちいき》から俯瞰《ふかん》して眺《なが》めるような視点《してん》を持《も》つ者《もの》が「異論《いろん》」を唱《とな》えた時《とき》、「常識《じょうしき》」側《がわ》から跳《は》ね返《かえ》ってくる憎悪《ぞうお》は凄《すさ》まじいものがあります。

なぜなら自分《じぶん》の信《しん》じてきた「当《あ》たり前《まえ》」が、根底《こんてい》から崩《くず》されるような「**根源的恐怖《こんげんてききょうふ》**」を伴《ともな》っているからです。

それは「怒《いか》り」に偽装《ぎそう》されていますが、その正体《しょうたい》は自《みずか》ら認識《にんしき》すらできていない「潜在的《せんざいてき》な恐《おそ》れ」が含《ふく》まれています。

たとえば体育会系文化《たいいくかいけいぶんか》の中《なか》で、下級生《かきゅうせい》が先輩《せんぱい》に意見《いけん》をした時《とき》、「先輩《せんぱい》」側《がわ》に生《しょう》じる怒《いか》りや憎悪《ぞうお》は凄《すさ》まじいものがあります。

それは、自《みずか》らの「聖域《せいいき》」を侵《おか》される怒《いか》りだからです。

しかし、大人《おとな》の立場《たちば》から見《み》れば、高校生《こうこうせい》や大学生《だいがくせい》の年齢《ねんれい》が一年《いちねん》二年《にねん》変《か》わったくらいで偉《えら》い偉《えら》くないなどと騒《さわ》いでいるのは、子供《こども》の「**軍隊《ぐんたい》ごっこ**」に過《す》ぎません。

人間《にんげん》の本質的《ほんしつてき》な価値《かち》は、一年早《いちねんはや》く生《う》まれただとか、組織《そしき》に所属《しょぞく》しただとかで決《き》まるものではないのです。

しかし、彼《かれ》らは彼《かれ》らなりに、大切《たいせつ》な「**常識《じょうしき》**」を必死《ひっし》で守《まも》ろうとしています。

現代《げんだい》にもまだ残《のこ》る文化《ぶんか》の中《なか》ですらこの状態《じょうたい》なのですから、もしも男尊女卑《だんそんじょひ》の色濃《いろこ》い地域《ちいき》・時代《じだい》で妻《つま》が夫《おっと》に意見《いけん》をしたら？

植民地政策《しょくみんちせいさく》を進《すす》める国家《こっか》で、虐殺《ぎゃくさつ》・略奪《りゃくだつ》の卑劣《ひれつ》さを訴《うった》えたら？

戦国《せんごく》の世《よ》で平和思想《へいわしそう》を唱《とな》えたら？

更《さら》なる憎悪《ぞうお》を向《む》けられる事《こと》は明白《めいはく》であり、実際《じっさい》そうした人々《ひとびと》は何人《なんにん》も殺《ころ》されてきたでしょう。

しかし、そんな中《なか》で「常識《じょうしき》」に異《い》を唱《とな》えつつも、生《い》き延《の》び世《よ》を変《か》えてきた人達《ひとたち》がいます。「**革命者《かくめいしゃ》**」です。

革命者《かくめいしゃ》

「常識《じょうしき》」を私《わたし》なりに定義《ていぎ》すると、「**その時代《じだい》、その地域《ちいき》の限定状況下《げんていじょうきょうか》における偏見《へんけん》の集合体《しゅうごうたい》**」です。逆《ぎゃく》に、「常識《じょうしき》」が狂《くる》っている時《とき》に、時代《じだい》や周囲《しゅうい》に影響《えいきょう》されない「平静《へいせい》さ」を保《たも》てるだけで、それは「突出《とっしゅつ》した視点《してん》」となります。

「**フラットゆえに突出《とっしゅつ》**」するのです。

「時代《じだい》」そのものがずれているので、自分《じぶん》が「当《あ》たり前《まえ》」に留《とど》まっているだけで、それが勝手《かって》に「先進的《せんしんてき》」となります。

その「ずれ」をうまく伝《つた》える事《こと》ができれば、時代《じだい》そのものの歪《ゆが》みを補正《ほせい》する、つまり、歴史《れきし》の針《はり》を先《さき》へと進《すす》める「革命者《かくめいしゃ》」となりえます。

新《あら》たな分野《ぶんや》で道《みち》を切《き》り拓《ひら》いた人々《ひとびと》の発想《はっそう》には、本人《ほんにん》の中《なか》ではさほど画期的《かっきてき》だという自覚《じかく》もなく、「なぜずっと、こんな事《こと》をやっているのだろう」という純粋《じゅんすい》な「疑問《ぎもん》」から生《しょう》じたものが少《すく》なくないはずです。

それが結果的《けっかてき》に、時代《じだい》の「聖域《せいいき》」に切《き》り込《こ》む事《こと》になったのです。

たとえば、現在《げんざい》では音楽《おんがく》のダウンロード販売《はんばい》は当《あ》たり前《まえ》ですが、おそらく音楽業界《おんがくぎょうかい》の中《なか》からはこのアイデアは生《う》まれなかったでしょう。

なぜなら、それまで主力《しゅりょく》の収入源《しゅうにゅうげん》であったCDが売《う》れなくなってしまうからです。

ゆえに、その「聖域《せいいき》」に切《き》り込《こ》んだのはコンピューターメーカーであるApple《アップル》でした。

今《いま》は我々《われわれ》が「当《あ》たり前《まえ》」のものとして享受《きょうじゅ》している「人権《じんけん》」も、先人《せんじん》たちが当時《とうじ》の憎悪《ぞうお》と圧力《あつりょく》に晒《さら》されながら、一歩一歩《いっぽいっぽ》手《て》にしてきたものです。

過去《かこ》、庶民《しょみん》に選挙権《せんきょけん》すら無《な》い状態《じょうたい》から「それはおかしいだろう」と「常識《じょうしき》」に異《い》を唱《とな》えた結果《けっか》です。

つまり、

「革命的視点《かくめいてきしてん》」とは未来《みらい》の「当《あ》たり前《まえ》」を先《さき》んじて捉《とら》える視点《してん》であり、その時代《じだい》の「当《あ》たり前《まえ》」に囚《とら》われない視点《してん》でもあるのです。

そこに必要《ひつよう》なのが「**絶対値**《ぜったいち》」で現象《げんしょう》を見《み》るという事《こと》です。

相対値《そうたいち》

人間《にんげん》は、ほとんどの物事《ものごと》について「相対値《そうたいち》」で判断《はんだん》する生《い》き物《もの》です。

たとえば、室温《しつおん》が30℃の部屋《へや》から外《そと》に出《で》たとき、気温《きおん》が20℃だった場合《ばあい》、本来《ほんらい》の「20℃」と感《かん》じ取《と》る人《ひと》はほとんどいません。

30℃から変化《へんか》した「－《マイナス》10℃」としてとらえ、「涼《すず》しい」と感《かん》じます。

逆《ぎゃく》に、室温《しつおん》が10℃の部屋《へや》から20℃の空間《くうかん》に移動《いどう》したとき、「暖《あたた》かい」と感《かん》じます。

「＋《プラス》10℃」として処理《しょり》しているからです。

つまり、同《おな》じ20℃の部屋《へや》にもかかわらず、「移動元《いどうもと》」からの「変化《へんか》」で捉《とら》えているのです。

これは、生物《せいぶつ》が生存《せいぞん》するうえで、おそらく絶対値的《ぜったいちてき》な処理《しょり》よりも、相対値的《そうたいちてき》な処理《しょり》の方《ほう》が有効《ゆうこう》であったからでしょう。

なぜなら、周囲《しゅうい》の環境《かんきょう》に「適応《てきおう》」しなければならないからです。

たとえば7℃の場所《ばしょ》で、いつまでも「寒《さむ》い」と感《かん》じ続《つづ》けていては、そこに気《き》を取《と》られて他《ほか》の生《せい》存行為《ぞんこうい》に支障《ししょう》を来《きた》してしまいます。

そこで7℃を「当《あ》たり前《まえ》」とし、気温《きおん》に振《ふ》り向《む》けていた注意力《ちゅういりょく》や能力《のうりょく》を、通常《つうじょう》の生活《せいかつ》に使《つか》えるようにする。

「寒《さむ》い」とされていた7℃を「当《あ》たり前《まえ》」とする。

生《い》き抜《ぬ》くために、「基準《きじゅん》をずらしている」のです。

つまり「**適応《てきおう》**」**とは、**「**基準《きじゅん》をずらす行為《こうい》**」でもあるのです。

これは、何《なに》を表《あらわ》しているのか。

人間《にんげん》の基準《きじゅん》とは、簡単《かんたん》に「**ずらすことができる**」**ぐらい、**「**危《あや》ういもの**」だという事《こと》です。

実《じつ》は我々《われわれ》は、非常《ひじょう》に脆弱《ぜいじゃく》な基盤《きばん》の上《うえ》に立《た》たされている存在《そんざい》なのです。

であるならば、その危険性《きけんせい》に対《たい》する自覚《じかく》は、本来《ほんらい》ならば必要不可欠《ひつようふかけつ》なはずです。

しかし、ほとんどの人《ひと》はここに無自覚《むじかく》なまま生活《せいかつ》をしています。

少《すこ》し大《おお》げさに言《い》うならば、薄氷《はくひょう》の上《うえ》にカーペットや座布団《ざぶとん》を敷《し》いて、にこにことお茶《ちゃ》を飲《の》みながらテレビを見《み》ているようなものなのです。

適応《てきおう》

「相対値《そうたいち》」的《てき》な処理《しょり》は、あらゆる認識《にんしき》・価値観《かちかん》にまで波及《はきゅう》しています。

幸《しあわ》せ・痛《いた》み・好意《こうい》・味《あじ》・評価《ひょうか》などあらゆる現象《げんしょう》に対《たい》して、人《ひと》は「相対評価《そうたいひょうか》」を行《おこな》っているのです。

相対評価《そうたいひょうか》とは、「比較《ひかく》して認識《にんしき》する行為《こうい》」です。

それはつまり、「**比較思考**《ひかくしこう》」だという事《こと》です。

人間《にんげん》は「比《くら》べながら」、幸《しあわ》せや痛《いた》みや好意《こうい》や味《あじ》を感《かん》じ、評価《ひょうか》をしながら生《い》きています。

ここに、大《おお》きな落《お》とし穴《あな》があります。

たとえば、他人《たにん》から見《み》れば充分《じゅうぶん》に幸《しあわ》せな人《ひと》が、自分《じぶん》よりも遥《はる》かに恵《めぐ》まれた人《ひと》を見《み》た時《とき》には、自《じ》分《ぶん》を「不幸《ふこう》」だと感《かん》じてしまいます。

自分《じぶん》の絶対値的《ぜったいちてき》な「幸《しあわ》せ」を感《かん》じる事《こと》ができず、他者《たしゃ》との比較《ひかく》により「不幸《ふこう》」と思《おも》い込《こ》んでしまうのです。

また、「比較思考《ひかくしこう》」とは、適応《てきおう》するために「基準《きじゅん》をずらす処理《しょり》」です。幸《しあわ》せも、不幸《ふこう》も、暑《あつ》さも、寒《さむ》さも、その状態《じょうたい》が続《つづ》くと、「慣《な》れ」て「当《あ》たり前《まえ》」となります。つまり「適応《てきおう》」します。

虐待《ぎゃくたい》された環境《かんきょう》に育《そだ》った人《ひと》がなかなか起《お》こっている事態《じたい》に気付《きづ》きにくいのは、生《い》き抜《ぬ》くために「慣《な》れ」て「当《あ》たり前《まえ》」となっているからです。

大金持《おおがねも》ちの家《いえ》に生《う》まれた人《ひと》が退屈《たいくつ》を感《かん》じるのも、その環境《かんきょう》に慣《な》れて当《あ》たり前《まえ》となっているからです。

こうした適応《てきおう》は生《い》き抜《ぬ》くための機能《きのう》ではありますが、自分《じぶん》の生存《せいぞん》する環境《かんきょう》の異常性《いじょうせい》や特殊性《とくしゅせい》に気《き》づくための感度《かんど》を「麻痺《まひ》」させているとも言《い》えます。

つまり**人間《にんげん》は、状況《じょうきょう》を「正確《せいかく》に認識《にんしき》する精度《せいど》」と引《ひ》き換《か》えに、「適応《てきおう》する能力《のうりょく》」を選《えら》び取《と》って進化《しんか》してきた生《い》き物《もの》**なのです。

比較思考《ひかくしこう》

比較思考《ひかくしこう》が行《い》きすぎると、免疫異常《めんえきいじょう》のように自《みずか》らを攻撃《こうげき》し始《はじ》めます。

これが「**比較思考《ひかくしこう》の暴走《ぼうそう》**」です。

現代《げんだい》は、「**比較思考《ひかくしこう》の暴走社会《ぼうそうしゃかい》**」とも言《い》えます。

それは、当然《とうぜん》なのです。

家庭《かてい》では兄弟《きょうだい》やよその子《こ》と比較《ひかく》し叱《しか》られ、学校《がっこう》では他《ほか》の生徒《せいと》と比《くら》べて成績《せいせき》をつけられ、スポーツではチームメイトと比較《ひかく》し「ライバル心《しん》」を良《よ》いものとし、職場《しょくば》では同僚《どうりょう》と比較《ひかく》し査定《さてい》される。

社会《しゃかい》の隅々《すみずみ》まで、「比較思考《ひかくしこう》」が組《く》み込《こ》まれています。

できない人《ひと》には劣等感《れっとうかん》を植《う》えつけ、できる人《ひと》には優越感《ゆうえつかん》を餌《えさ》にしながら、モチベーションを高《たか》め、結果《けっか》を出《だ》させようというシステムです。

社会《しゃかい》を挙《あ》げて、「比較依存《ひかくいぞん》」の心理構造《しんりこうぞう》を大量生産《たいりょうせいさん》し続《つづ》けているのです。

比較評価《ひかくひょうか》の最大《さいだい》の欠点《けってん》は、自分《じぶん》が「優秀《ゆうしゅう》な者《もの》」になるために、必《かなら》ず比較対象《ひかくたいしょう》として「**劣《おと》る**

者《もの》」を作《つく》らねばならないという事《こと》です。つまり、**構造的《こうぞうてき》に「誰《だれ》もが幸《しあわ》せになる」事《こと》が不可能《ふかのう》**なのです。

誰《だれ》かの犠牲《ぎせい》のもとに、誰《だれ》かの幸《しあわ》せを作《つく》るシステムだとも言《い》えます。

また、多《おお》くの分野《ぶんや》で「ライバル心《しん》」は良い事《こと》とされています。有名人《ゆうめいじん》のインタビューでも、まるで決《き》まり事《ごと》のように「ライバルは？」という質問《しつもん》が出《で》てきますし、スポーツでは「ライバルがいなければ成長《せいちょう》をしない」とすら思《おも》われている節《ふし》があります。

しかし、「ライバル心《しん》」とは特定《とくてい》の誰《だれ》かに「勝《か》ちたい」という思《おも》いをモチベーションにするわけですから、当然相対的《とうぜんそうたいてき》に相手《あいて》の「負《ま》け」を願《ねが》う事《こと》になります。**相手《あいて》の不幸《ふこう》を願《ねが》う心理構造《しんりこうぞう》**となるのです。

例《たと》えば、教育者《きょういくしゃ》や政治家《せいじか》が「他人《たにん》の不幸《ふこう》を願《ねが》いながら成功《せいこう》を目指《めざ》しましょう」と公言《こうげん》したら、「なんと浅《あさ》ましい」と批判《ひはん》を浴《あ》びる事《こと》でしょう。

しかし、ほとんどの人《ひと》が気《き》づかない内《うち》にその「**浅《あさ》ましい思考《しこう》**」に陥《おちい》っています。

場《ば》の理《り》論《ろん》

私《わたし》は比較型《ひかくがた》の思考《しこう》やトップダウン型《がた》の組織《そしき》とは正反対《せいはんたい》の概念《がいねん》として、「**場《ば》の理《り》論《ろん》**」というものを提唱《ていしょう》しています。

これは、そこにある状況《じょうきょう》や現場《げんば》を「宇宙空間《うちゅうくうかん》」のように捉《とら》えることから始《はじ》めます。

一人《ひとり》ひとりの人間《にんげん》や、存在《そんざい》する様々《さまざま》な要素《ようそ》が、宇宙空間《うちゅうくうかん》における「惑星《わくせい》」となります。

惑星《わくせい》にはそれぞれ「重力《じゅうりょく》」があります。

場《ば》の理論《りろん》における重力《じゅうりょく》とは、「影響力《えいきょうりょく》」です。

たとえば幼児教育《ようじきょういく》の現場《げんば》では、私《わたし》は「講師《こうし》」という立場《たちば》なので重力《じゅうりょく》＝影響力《えいきょうりょく》が大《おお》きい。

「武術《ぶじゅつ》」という特殊技能《とくしゅぎのう》もあるので、重力《じゅうりょく》は更《さら》に加《くわ》わり、大《おお》きな惑星《わくせい》となります。

その場《ば》にいる、活発《かっぱつ》でどんどん暴《あば》れる子供《こども》も大《おお》きな惑星《わくせい》です。

逆《ぎゃく》に遊《あそ》んでいる輪《わ》に入《はい》れず、隅《すみ》っこでぽつんとしている子《こ》の重力《じゅうりょく》は小《ちい》さい状態《じょうたい》です。

アシスタントの方《かた》たちは中《ちゅう》くらいの惑星《わくせい》でしょうか。

この時《とき》、活発《かっぱつ》な子供同士《こどもどうし》で遊《あそ》んでいる空間《くうかん》は、大《おお》きな「重力《じゅうりょく》」が発生《はっせい》しているので、私《わたし》は放《ほう》っておきます。

そのかわり、一人《ひとり》でぽつんとしている子供《こども》と一緒《いっしょ》に遊《あそ》びます。

そうすると、その子《こ》と私《わたし》の惑星《わくせい》が接近《せっきん》し、大《おお》きな「重力《じゅうりょく》」が生《う》まれます。

そのうちに、暴《あば》れている子供《こども》のグループの一人《ひとり》が、「面白《おもしろ》そうだな」と近寄《ちかよ》って来《き》たとします。

その子《こ》も加《くわ》わり三人《さんにん》で遊《あそ》んでいると、ぽつんとしていた子《こ》と、元気《げんき》な子《こ》の二人《ふたり》で盛《も》り上《あ》がり始《はじ》めます。

そうしたらその二人《ふたり》に「重力《じゅうりょく》」が生《う》まれたので、私《わたし》はそこを離脱《りだつ》し、新《あら》たに低《ひく》めの重力《じゅうりょく》の場《ば》を目指《めざ》します。

アシスタントの人《ひと》たちには、自分《じぶん》たちのバランスで、重力《じゅうりょく》の足《た》りない所《ところ》を探《さが》して移動《いどう》してもらいます。

これは、何《なに》をしようとしているのか。

「場《ば》」における重力《じゅうりょく》バランスが均一《きんいっ》に整《ととの》うよう、常《つね》に「**均《なら》し続《つづ》けている**」のです。

こうして、変転《へんてん》する状況《じょうきょう》に合《あ》わせてそれぞれが調整《ちょうせい》・移動《いどう》をおこなっているうちに、場《ば》が「回《かい》転《てん》」し始《はじ》めます。

そこから生《しょう》じる「渦《うず》」の勢《いきお》いが「場《ば》の力《ちから》」であり、方向性《ほうこうせい》が「潮目《しおめ》」です。

私《わたし》はアシスタントの方々《かたがた》に、「**潮目《しおめ》を読《よ》んでください**」とも言《い》っています。

潮目《しおめ》

場《ば》の流《なが》れは、常《つね》に変転《へんてん》しています。

どこかで重力《じゅうりょく》が高《たか》まったり弱《よわ》まったり。

星《ほし》と星《ほし》が近寄《ちかよ》ったり離《はな》れていったり。

常《つね》に、留《とど》まる事《こと》はありません。

その「変化《へんか》」を捉《とら》え、自分《じぶん》の中《なか》の情報《じょうほう》を次々《つぎつぎ》と更新《こうしん》していく力《ちから》が「潮目《しおめ》を読《よ》む」能力《のうりょく》です。

そして、その瞬間《しゅんかん》ごとに潮目《しおめ》を読《よ》みながら適切《てきせつ》に振《ふ》る舞《ま》える事《こと》が「場《ば》を作《つく》る力《ちから》」です。


場《ば》を作《つく》る力《ちから》が増《ま》すほどに潮《しお》の流《なが》れに上手《うま》く乗《の》ることができるので、その人自身《ひとじしん》の消費《しょうひ》エネルギーは減《へ》ってゆきます。

つまり、場《ば》の力《ちから》と潮目《しおめ》を読《よ》む能力《のうりょく》が高《たか》まるほどに、その人《ひと》は「何《なに》もしなくても良《よ》くなる」のです。

なので、場《ば》のエネルギーが充分《じゅうぶん》に高《たか》まり、自立的《じりつてき》に回転《かいてん》が続《つづ》きそうな事《こと》を確認《かくにん》したならば、私《わたし》はそこをそっと離脱《りだつ》します。

私自身《わたしじしん》の「重力《じゅうりょく》」が邪魔《じゃま》になるからです。

私《わたし》の教室《きょうしつ》で最《もっと》も理想的《りそうてき》なのは、私《わたし》が遠巻《とおま》きに眺《なが》めていたり、トイレに席《せき》を外《はず》しても誰《だれ》も気付《きづ》かない状況《じょうきょう》です。

私《わたし》が作《つく》ろうとしているのは、私《わたし》がいつこの世《よ》から消《き》えても、成立《せいりつ》し続《つづ》けるような「場《ば》」なのです。

個《こ》と場《ば》

カオスのエネルギーに流《なが》れを作《つく》り、それを有効《ゆうこう》に転用《てんよう》する。

それは、身体《しんたい》においても全《まった》く同《おな》じ事《こと》が言《い》えます。

この稿序盤《こうじょばん》で語《かた》った「脱力《だつりょく》の身体感《しんたいかん》」がそれに当《あ》たります。

脱力《だつりょく》で生《しょう》じた身体崩壊《しんたいほうかい》のエネルギーに方向《ほうこう》づけをし、「術《じゅつ》」として転用《てんよう》する。

その効率《こうりつ》が良《よ》くなるほど、筋力《きんりょく》は不要《ふよう》となってくる。

つまり私《わたし》にとって、身体《しんたい》における「筋力《きんりょく》」と、場《ば》における「強制力《きょうせいりょく》」は同《おな》じものです。

そういう意味《いみ》では身体《しんたい》も一《ひと》つの「場《ば》」であり、場《ば》も「身体《しんたい》」のようなものであると言《い》えます。

これは、組織《そしき》・集団《しゅうだん》・チームなどにおいても同《おな》じです。

一《ひと》つ予言《よげん》をしておきますが、この様《よう》な「場《ば》」の考《かんが》えを用《もち》い、目覚《めざ》ましい成果《せいか》を上《あ》げるスポーツチームがいつか現《あらわ》れるはずです。

それはどういうチームかと言《い》うと、個々《ここ》の選手《せんしゅ》が「潮目《しおめ》」を読《よ》みながら自分《じぶん》で考《かんが》えて動《うご》く集団《しゅうだん》です。

たとえば「ボール」や「ゴール」や「個人《こじん》」にある重力《じゅうりょく》の流《なが》れを感《かん》じ、場《ば》の「重力《じゅうりょく》バランス」を均《なら》しながら動《うご》きます。

個々《ここ》の固定《こてい》された「ポジション」や「戦略《せんりゃく》」、監督《かんとく》からのリアルタイムの指示《しじ》もありません。

その時《とき》に個人個人《こじんこじん》が判断《はんだん》して動《うご》いた流《なが》れが、「結果的《けっかてき》」に戦略《せんりゃく》となる。

つまり、毎回毎回《まいかいまいかい》のチームの振《ふ》る舞《ま》いが戦略《せんりゃく》であり戦術《せんじゅつ》ともなるのです。


こうした集団《しゅうだん》が成熟《せいじゅく》してくると、「場《ば》」と「個人《こじん》」の境目《さかいめ》も次第《しだい》に薄《うす》まっていきます。

それぞれが全体《ぜんたい》の場《ば》を感《かん》じながら個人《こじん》のプレーをしているので、場《ば》は「自分《じぶん》の肉体《にくたい》」の一部《いちぶ》となり、個《こ》は「場《ば》の一部《いちぶ》」として溶《と》けて行《い》くからです。

そうすると、「利己《りこ》」と「利他《りた》」の境《さかい》も無《な》くなります。

場《ば》にとって「最善《さいぜん》」の振《ふ》る舞《ま》いが、自分《じぶん》にとっても最善《さいぜん》の振《ふ》る舞《ま》いとなるからです。

個人技《こじんぎ》とチームプレーの境目《さかいめ》も無《な》くなります。

場《ば》において最善《さいぜん》の個人技《こじんぎ》が、チームプレーとなるからです。

そうした成熟《せいじゅく》を経《へ》た集団《しゅうだん》にとって、監督《かんとく》からの指示《しじ》は「邪魔《じゃま》」になります。

事前《じぜん》の戦略《せんりゃく》はリアルタイムの変転《へんてん》には追《お》い付《つ》く事《こと》ができず、リアルタイムの指示《しじ》も選手《せんしゅ》に届《とど》くまでには必《かなら》ず「タイムラグ」が生《しょう》じるからです。

つまり、どちらも**遅《おそ》い**のです。

こうした観点《かんてん》から見《み》ると、監督《かんとく》が権力《けんりょく》を行使《こうし》して仕切《しき》っているような集団《しゅうだん》は、まだまだ未成《みせい》熟《じゅく》だという事《こと》になります。

それは、親離《おやばな》れができていない子供達《こどもたち》と同《おな》じだと言《い》えます。

場《ば》が、本当《ほんとう》の意味《いみ》で成長《せいちょう》していないからです。

そう考《かんが》えれば、今《いま》のどんなトップスポーツの何百億円稼《なんびゃくおくえんかせ》ぐチームでも、まだまだ未成熟《みせいじゅく》と言《い》えるかも知《し》れません。

掌握領域《しょうあくりょういき》

集団《しゅうだん》の成長《せいちょう》において不可欠《ふかけつ》なのは、個々《ここ》の「掌握領域《しょうあくりょういき》」を拡《ひろ》げる事《こと》です。

これは「起《お》きている事《こと》をどれだけ幅広《はばひろ》く捉《とら》えているか」、その範囲《はんい》を表《あらわ》すために作《つく》った言葉《ことば》です。

掌握領域《しょうあくりょういき》には、主《おも》に三《みっ》つの次元《じげん》があります。それは、

時間《じかん》・空間《くうかん》・行間《ぎょうかん》

です。空間《くうかん》は先《さき》ほど述《の》べた、スポーツならばグラウンドやコートの隅々《すみずみ》まで意識《いしき》を行《い》き渡《わた》らせる力《ちから》。

「時間《じかん》」は、過去《かこ》からどのような繋《つな》がりで「今《いま》」があるかを知《し》り、未来《みらい》に何《なに》が起《お》こり得《う》るかを推《すい》測《そく》する力《ちから》です。

「行間《ぎょうかん》」は事象《じしょう》と事象《じしょう》の間《あいだ》にあるものを捉《とら》える力《ちから》です。

それは、目《め》に見《み》えるものや、言葉《ことば》で表《あらわ》されたものの隙間《すきま》を捉《とら》え、真意《しんい》を汲《く》み取《と》ったり、そこで起《お》こっている原理《げんり》や原則《げんそく》を読《よ》み取《と》る力《ちから》でもあります。

『上達論《じょうたつろん》』にも書《か》いた一見無関係《いっけんむかんけい》な事象《じしょう》と事象《じしょう》を繋《つな》げる力《ちから》、「脳《のう》の跳躍力《ちょうやくりょく》」も「行間《ぎょうかん》」の仲間《なかま》です。

また先《さき》ほど述《の》べた、感覚《かんかく》を磨《みが》き「違和感《いわかん》」に気《き》付《づ》く力《ちから》も「行間《ぎょうかん》」の一種《いっしゅ》です。

この三《みっ》つを兼《か》ね備《そな》えている人《ひと》はなかなかいません。

たとえば学力《がくりょく》が高《たか》い人《ひと》は、言《い》われた事《こと》を忠実《ちゅうじつ》にこなしたり、知識《ちしき》をインプットする事《こと》には長《た》けていますが、「行間《ぎょうかん》」の把握《はあく》が苦手《にがて》な傾向《けいこう》にあります。

言葉《ことば》や既存《きそん》の理論《りろん》など、「形《かたち》」になった物《もの》でやりくりする訓練《くんれん》を積《つ》み過《す》ぎていて、「行間《ぎょうかん》」の領域《りょういき》まで目《め》を配《くば》る事《こと》がなかなかできないからです。

しかし、**この世《よ》の事象《じしょう》のほとんどは「行間《ぎょうかん》」でできています。**

目《め》に見《み》えている物《もの》は、全《すべ》ての事象《じしょう》のほんの一部《いちぶ》だからです。

それを捉《とら》えるためには現象《げんしょう》や概念《がいねん》を貫《つらぬ》き、自由自在《じゆうじざい》に行《い》き来《き》する視点《してん》を養《やしな》う必要《ひつよう》があります。

利己《りこ》と利他《りた》

掌握領域《しょうあくりょういき》を広《ひろ》げるためには、日頃《ひごろ》から自分自身《じぶんじしん》の「苦手《にがて》」や「欠落《けつらく》」に目《め》を向《む》け、自覚的《じかくてき》に育《はぐく》むようにする事《こと》です。

そうする中《なか》で欠点《けってん》は次第《しだい》に埋《う》まってゆき、新《あら》たな武器《ぶき》となるはずです。

たとえば、先《さき》ほどの「三短思考《さんたんしこう》」の人達《ひとたち》は時間《じかん》や行間《ぎょうかん》への掌握領域《しょうあくりょういき》が狭《せま》く、「近場《ちかば》」に視点《してん》が集中《しゅうちゅう》しているとも言《い》えます。

ゆえに、時間《じかん》や行間《ぎょうかん》の向《む》こうに視野《しや》を目一杯広《めいっぱいひろ》げて、まだ見《み》ぬ危機《きき》を察知《さっち》できるようになれば、短期的《たんきてき》に集中《しゅうちゅう》できるエネルギーと相《あい》まって、強力《きょうりょく》な武器《ぶき》となることでしょう。

「掌握領域《しょうあくりょういき》」が拡《ひろ》がれば、「チームプレー」の例《れい》と同様《どうよう》、あらゆる環境《かんきょう》で「利己《りこ》」と「利他《りた》」の区別《くべつ》も無《な》くなってゆきます。

たとえば、道路《どうろ》にゴミを投《な》げ捨《す》てる人《ひと》とそれを注意《ちゅうい》する人《ひと》がいたとしたら、その時点《じてん》での主張《しゅちょう》は正反対《せいはんたい》という事《こと》になります。

しかしゴミを捨《す》てる人《ひと》が、誰《だれ》もが自分《じぶん》のように次々《つぎつぎ》と街中《まちなか》にゴミを捨《す》て始《はじ》めたらどうなるか、と想像《そうぞう》できる様《よう》になったらどうでしょうか。

街《まち》がゴミだらけとなって結果歩《けっかある》きづらくなるし、悪臭《あくしゅう》もして生活《せいかつ》の妨《さまた》げになります。

つまり、「その人自身《ひとじしん》が困《こま》る」事《こと》になります。

という事《こと》は「起《お》こり得《う》る未来《みらい》」という「可能性《かのうせい》」への掌握領域《しょうあくりょういき》を広《ひろ》げ、事態《じたい》を正確《せいかく》に認識《にんしき》できれば、他《ほか》でもない「自分《じぶん》のために」ゴミを捨《す》てなくなるのです。

そうなると、「ゴミを捨《す》てない」という選択肢《せんたくし》は自分《じぶん》のためという「利己《りこ》」でもあるし、それが結果的《けっかてき》に他者《たしゃ》のメリットにもなるので「利他《りた》」とも言《い》えます。

高度《こうど》な領域《りょういき》では、「利己《りこ》」も「利他《りた》」も繋《つな》がっているのです。

にもかかわらず、その時《とき》に**意見《いけん》や主張《しゅちょう》が食《く》い違《ちが》うのは「掌握領域《しょうあくりょういき》」が違《ちが》うから**だという事《こと》です。

環境問題《かんきょうもんだい》や原発問題《げんぱつもんだい》もこれと全《まった》く同《おな》じ構図《こうず》を拡張《かくちょう》したに過《す》ぎません。

目先《めさき》の経済《けいざい》を優先《ゆうせん》して環境《かんきょう》を破壊《はかい》した方《ほう》が良《よ》いと考《かんが》えるか、破壊《はかい》した結果《けっか》、人類《じんるい》や国民《こくみん》の生活《せいかつ》環境《かんきょう》が悪化《あっか》し、未来《みらい》の膨大《ぼうだい》な経済的損失《けいざいてきそんしつ》が起《お》こる事《こと》まで見据《みす》えて思考《しこう》するか。

「掌握領域《しょうあくりょういき》」を拡《ひろ》げて考《かんが》えれば、これは「経済《けいざい》」か「環境《かんきょう》」かという対立問題《たいりつもんだい》ですらないのです。

目先《めさき》の「経済《けいざい》」か、未来《みらい》にまで領域《りょういき》を広《ひろ》げた広《ひろ》い視野《しや》での「経済《けいざい》」かという問題《もんだい》です。

つまり、どちらも「経済問題《けいざいもんだい》」として繋《つな》がるのです。

右翼《うよく》と左翼《さよく》

そういう意味《いみ》で、世《よ》の中《なか》に様々《さまざま》な主義《しゅぎ》や主張《しゅちょう》、対立《たいりつ》の構図《こうず》がありますが、私《わたし》は「掌握領域《しょうあくりょういき》」の問題《もんだい》に過《す》ぎないと思《おも》っています。

たとえば、「右翼《うよく》」と「左翼《さよく》」は一般的《いっぱんてき》には対立思想《たいりつしそう》の代表《だいひょう》のように認識《にんしき》されていると思《おも》いますが、よほどひどい人《ひと》でない限《かぎ》り、「国《くに》を良《よ》くしたい」という思《おも》いは共通《きょうつう》しているはずです。

という事《こと》は、少《すく》なくともその一点《いってん》は「同《おな》じ思《おも》い」だということになります。

その先《さき》のどこからか、何《なに》かが分岐《ぶんき》しているのです。

その「分岐《ぶんき》」を作《つく》っているのが「掌握領域《しょうあくりょういき》」だという事《こと》です。

「国《くに》を良《よ》くしたい」という根本部分《こんぽんぶぶん》が共通《きょうつう》しているのですから、もしもそれぞれが同《おな》じ情報《じょうほう》を掌《しょう》握《あく》していたならば、そんなに主張《しゅちょう》は変《か》わらなくなってくるはずです。

そこを前提《ぜんてい》に、主張《しゅちょう》のまったく違《ちが》う同士《どうし》が根本《こんぽん》まで共通点《きょうつうてん》を遡《さかのぼ》り、どこから分岐《ぶんき》しているかを探《さぐ》る話《はな》し合《あ》いの場《ば》を設《もう》ける事《こと》などは面白《おもしろ》いと思《おも》います。

この分岐点《ぶんきてん》を私《わたし》は、「最大同意限界《さいだいどういげんかい》」と呼《よ》びます。

分岐《ぶんき》していない部分《ぶぶん》は共通《きょうつう》しているのですから、少《すく》なくともその部分《ぶぶん》に関《かん》しては互《たが》いに協力《きょうりょく》できるはずです。

そうすれば、どちらの陣営《じんえい》にもマイナスが無《な》いどころか、目標《もくひょう》へ前進《ぜんしん》できる訳《わけ》ですから、それぞれ得《とく》にもなるはずです。

こうして丁寧《ていねい》に共通点《きょうつうてん》を探《さぐ》りながら、掌握《しょうあく》領域《りょういき》を拡《ひろ》げる作業《さぎょう》を進《すす》めれば、対立《たいりつ》していた人々《ひとびと》が分《わ》かり合《あ》う日《ひ》も来《く》るかも知《し》れません。

兵法《へいほう》とドライブ

問題《もんだい》の多《おお》くは、この辺《あた》りの整理《せいり》がついていないからだとも言《い》えます。自分《じぶん》は、自分《じぶん》たちは、どこまでを把握《はあく》し、どこからが分《わ》かっておらず、何《なに》が得意《とくい》で、何《なに》が苦手《にがて》か。他者《たしゃ》は、どういう特性《とくせい》なのか。

領域《りょういき》を広《ひろ》げる以前《いぜん》に、手元《てもと》すらも全《まった》く整理《せいり》ができていないのです。

たとえば、『孫子《そんし》の兵法《へいほう》』という書物《しょもつ》があります。

ナポレオンや毛沢東《もうたくとう》も愛読《あいどく》したという、戦争《せんそう》の教科書《きょうかしょ》です。

いまだに、ビジネスなどに応用《おうよう》した書籍《しょせき》としても出版《しゅっぱん》され続《つづ》けている、千年以上《せんねんいじょう》のロングセラーとしても有名《ゆうめい》です。

その中《なか》に、「彼《か》を知《し》り己《おのれ》を知《し》れば百戦殆《ひゃくせんあや》うからず」という有名《ゆうめい》な一節《いっせつ》があります。

相手《あいて》を知《し》り、自分《じぶん》を知《し》れば、一〇〇回戦《かいたたか》っても一〇〇回負《かいま》けない、という意味《いみ》です。

つまり、相手《あいて》に何《なに》ができて、自分《じぶん》に何《なに》ができるのかを知《し》った上《うえ》で戦《たたか》うべきだと言《い》っている訳《わけ》です。

しかし、孫子《そんし》があえて言《い》ったという事《こと》は、多《おお》くの人《ひと》ができていないという事《こと》でもあるのでしょう。

本来《ほんらい》なら、少《すく》なくとも「できる」状態《じょうたい》に近《ちか》づこうとするのは前提条件《ぜんていじょうけん》であるはずです。

自分《じぶん》の車《くるま》のスペックはどうなっているのか、これからどういう地形《ちけい》を進《すす》もうとしているのかを知《し》らなければ、ドライブは成立《せいりつ》しないのと同《おな》じ事《こと》だからです。

乗《の》っている車《くるま》の車幅《しゃはば》が分《わ》からなければ、道《みち》を曲《ま》がる事《こと》すらできません。

ところがほとんどの人《ひと》が、それが分《わ》からない状態《じょうたい》のまま主義《しゅぎ》や主張《しゅちょう》をぶつけ合《あ》っているのです。

目的《もくてき》と手段《しゅだん》

自分《じぶん》が何《なに》を考《かんが》えているのかも正確《せいかく》に分《わ》からず、相手《あいて》が何《なに》を考《かんが》えているのかも把握《はあく》しようとせず、議論《ぎろん》をしてしまっている。

つまり、「成立《せいりつ》しないドライブ」をしています。

わざわざ貴重《きちょう》な時間《じかん》を費《つい》やし、事故《じこ》を起《お》こしに行《い》っているようなものです。『孫子《そんし》の兵法《へいほう》』になぞらえれば、我《われ》も知《し》らず、相手《あいて》も知《し》らぬまま闇雲《やみくも》に突撃《とつげき》している戦《いくさ》です。

そんな状態《じょうたい》ですから、その未熟《みじゅく》さを「自分《じぶん》の意見《いけん》のごり押《お》し」「相手《あいて》の意見《いけん》を遮《さえぎ》る」「不利《ふり》な主《しゅ》張《ちょう》は逸《そ》らす、無《な》いことにする」など見苦《みぐる》しい手段《しゅだん》で穴《あな》埋《う》めせざるを得《え》なくなります。

そうなると、その場《ば》には互《たが》いの成長《せいちょう》の要素《ようそ》は全《まった》く生《う》まれず、幼稚《ようち》な意地《いじ》の張《は》り合《あ》いばかりが残《のこ》る事《こと》となります。

しかし本来《ほんらい》は、「状況《じょうきょう》を良《よ》くしたい」という目的《もくてき》が原点《げんてん》にあるはずです。「討論《とうろん》に勝《か》つ」というのは、そのための手段《しゅだん》の一《ひと》つに過《す》ぎません。

にもかかわらず、本来《ほんらい》の目的《もくてき》と手段《しゅだん》が逆転《ぎゃくてん》し、むしろ目的《もくてき》が遠《とお》ざかってしまっている場合《ばあい》が多《おお》く見《み》られます。

こういった状況《じょうきょう》の未整理《みせいり》と、「争《あらそ》う心《こころ》」が由来《ゆらい》の逆転現象《ぎゃくてんげんしょう》は、様々《さまざま》な分野《ぶんや》で形《かたち》を変《か》えながら存《そん》在《ざい》しています。

議《ぎ》論《ろん》

私《わたし》はそもそも**「議論《ぎろん》」という行為《こうい》は不要《ふよう》**だと思《おも》っています。

議論《ぎろん》になった瞬間《しゅんかん》、「自分《じぶん》の主張《しゅちょう》を通《とお》す」「相手《あいて》に勝《か》つ」事《こと》が目的《もくてき》となってしまうからです。

本来《ほんらい》の目的《もくてき》が「状況《じょうきょう》を良《よ》くしたい」事《こと》であるならば、自分《じぶん》が負《ま》ける事《こと》によって状況《じょうきょう》が良《よ》くなる場合《ばあい》は、勝《か》つ必要《ひつよう》すら無《な》いはずです。

お互《たが》いの誤解《ごかい》が解《と》け、意気投合《いきとうごう》したまま更《さら》に高度《こうど》な領域《りょういき》へ話《はなし》を深《ふか》める事《こと》ができる場合《ばあい》もあるでしょう。

自分《じぶん》の思考《しこう》に誤《あやま》りがあった時《とき》は素直《すなお》に認《みと》め、それを気付《きづ》かせてくれた相手《あいて》への感謝《かんしゃ》と共《とも》に、その経験《けいけん》を自己《じこ》修正《しゅうせい》と成長《せいちょう》の材料《ざいりょう》にする事《こと》もできます。

「自分《じぶん》が正《ただ》しい」と結論《けつろん》を固定《こてい》し、相手《あいて》を打《う》ち負《ま》かす事《こと》が目的化《もくてきか》すると、これらの可能性《かのうせい》を全《すべ》て放棄《ほうき》する事《こと》になります。

多《おお》くの人《ひと》は、考《かんが》えの異《こと》なる二者《にしゃ》がいる時《とき》、「議論《ぎろん》をすべきだ」＝「戦《たたか》うべきだ」＝「勝《か》つべきだ」という固定観念《こていかんねん》に囚《とら》われています。

そしてこの構図《こうず》は、「比較思考《ひかくしこう》」「勝《か》ち負《ま》け思考《しこう》」の問題《もんだい》に全《すべ》て繋《つな》がります。

「スポーツ」＝「争《あらそ》わなければならない」、「武術《ぶじゅつ》」＝「戦《たたか》わなければならない」という固定観念《こていかんねん》と全《まった》く同《おな》じなのです。

こういった枠組《わくぐ》みから解《と》き放《はな》たれた時《とき》、まだ見《み》ぬ可能性《かのうせい》が拡《ひろ》がってゆきます。


「対立《たいりつ》」の構造《こうぞう》にとって代《か》わるもの。

それが「場《ば》」であり、「**セッション**」です。

考《かんが》えや能力《のうりょく》、立場《たちば》が違《ちが》っていても、「共同《きょうどう》して場《ば》を作《つく》る」という目的《もくてき》が一致《いっち》したとき、考《かんが》えの違《ちが》いすらも「新《あら》たな視点《してん》を与《あた》えてくれる切《き》っ掛《か》け」として、プラスに作用《さよう》するのです。

ここで重要《じゅうよう》なのは、「多様性《たようせい》」を収納《しゅうのう》する「器《うつわ》」のあり方《かた》です。

人間《にんげん》としての「器《うつわ》」も、集団《しゅうだん》としての器《うつわ》も、**幅広《はばひろ》い多様性《たようせい》を受《う》け入《い》れる柔軟《じゅうなん》な思考《しこう》と包容力《ほうようりょく》**の事《こと》を言《い》います。

その器《うつわ》を広《ひろ》げる事《こと》が、個人《こじん》においても集団《しゅうだん》においても成長《せいちょう》と発展《はってん》につながるのです。

脱却《だっきゃく》の鍵《かぎ》

「争《あらそ》いの構図《こうず》」＝「勝《か》ち負《ま》けへのこだわり」からの脱却《だっきゃく》が、固着《こちゃく》した枠組《わくぐ》みを超《こ》え、発展《はってん》への鍵《かぎ》となる。

勝《か》ち負《ま》けへのこだわりの元《もと》になっているのが「比較思考《ひかくしこう》」です。

つまり、そこからの脱却《だっきゃく》が重要《じゅうよう》になる訳《わけ》です。

では、どうすれば良《よ》いか。

比較思考《ひかくしこう》とは、「相対値《そうたいち》」による物《もの》の見方《みかた》です。

その対極《たいきょく》にあるのが「絶対値《ぜったいち》」の視点《してん》です。

つまり、「失《うしな》われた絶対値《ぜったいち》」を取《と》り戻《もど》す事《こと》が重要《じゅうよう》になります。

そもそも、「絶対値《ぜったいち》」とは何《なん》なのか。

「絶対値的視点《ぜったいちてきしてん》」、それは「**現象《げんしょう》を現象《げんしょう》のまま見《み》る視点《してん》**」に他《ほか》なりません。

そんな事《こと》は本来《ほんらい》、当《あ》たり前《まえ》です。

レンズに映《うつ》ったものを、そのまま写真《しゃしん》に出力《しゅつりょく》するのと同《おな》じだからです。

25℃の気温《きおん》を、「25℃」のまま感《かん》じる事《こと》だからです。

しかし、相対思考《そうたいしこう》の副作用《ふくさよう》がなかなかそうさせてくれないのです。

そしてもう一《ひと》つ、影響《えいきょう》が大《おお》きい回路《かいろ》があります。

それが「**ラベル思考《しこう》**」です。

ラベル思考《しこう》

多《おお》くの人《ひと》は、「ラベル」で物事《ものごと》を判断《はんだん》します。

「誰《だれ》かが褒《ほ》めたから」「どこかで評価《ひょうか》されたから」「受賞《じゅしょう》したから」「認可《にんか》されたから」

これらは全《すべ》て「ラベル」です。外面《がいめん》の問題《もんだい》ばかりで、「本質《ほんしつ》」を何一《なにひと》つ表《あらわ》していません。

共通《きょうつう》するのは、「他人《たにん》の評価《ひょうか》」だという事《こと》です。

そこに、「**あなたの視点《してん》**」は一《ひと》つもありません。

つまり、「誰《だれ》かの評価《ひょうか》」を拠《よ》り所《どころ》として、相対的《そうたいてき》に物事《ものごと》を見《み》ているのです。

「自分《じぶん》の視点《してん》」「自分《じぶん》の思《おも》い」「自分《じぶん》の感覚《かんかく》」がごっそりと抜《ぬ》け落《お》ちています。

当然《とうぜん》、「自分《じぶん》」を見失《みうしな》います。

つまりラベル思考最大《しこうさいだい》の問題点《もんだいてん》は、**自分《じぶん》を見失《みうしな》い「空洞化《くうどうか》」させ、「他者《たしゃ》の思惑《おもわく》」に簡単《かんたん》に踊《おど》**

らされる精神構造《せいしんこうぞう》になってしまう事《こと》なのです。
現代《げんだい》の商売《しょうばい》は、そこを巧《たく》みに利用《りよう》しています。

他者《たしゃ》の評価《ひょうか》やラベルに惑《まど》わされず、そのものや現象《げんしょう》の「本体《ほんたい》」に目《め》を向《む》ける事《こと》ができるのが、絶対値《ぜったいち》の視点《してん》です。


人《ひと》は、安物《やすもの》のワインに高級品《こうきゅうひん》のラベルが付《つ》いているだけで「美味《おい》しいのでは」と思《おも》ってしまい、高級《こうきゅう》レストランでコンビニの惣菜《そうざい》を出《だ》されても「さすが」と思《おも》ってしまうような危《あや》うい精神《せいしん》構造《こうぞう》を持《も》っています。

「外面《がいめん》のコーティング」のみによる判断《はんだん》に留《とど》まり、「本体《ほんたい》」「本質《ほんしつ》」まで評価《ひょうか》・目線《めせん》が届《とど》かないのです。

知《し》らぬ間《ま》に「外部《がいぶ》」に評価《ひょうか》を任《まか》せてしまい、「自分《じぶん》」がすっぽり抜《ぬ》け落《お》ちてしまっている。

それはまさに、人《ひと》の知性《ちせい》を損《そこ》なう最大要因《さいだいよういん》の一《ひと》つである「**知《ち》の外部委託《がいぶいたく》**」なのです。

死角《しかく》

そうならないための方法《ほうほう》はシンプルです。

- **「ラベルを外《はず》して物事《ものごと》を見《み》る習慣《しゅうかん》を心《こころ》がける」**こと
- **「比較《ひかく》する習慣《しゅうかん》をやめてみる」**こと

しかし、それがなかなかできていない。

その理由《りゆう》も単純《たんじゅん》で、**「やっていないから」**です。

もう少《すこ》し詳《くわ》しく言《い》えば、**「やる概念《がいねん》」**すら無《な》かったからです。

という事《こと》は、こうした**「当《あ》たり前《まえ》」の事《こと》にも「練習《れんしゅう》」が必要《ひつよう》**だということになります。

ここには、重要《じゅうよう》な問題《もんだい》が隠《かく》れています。

人間《にんげん》はこれぐらい**「死角《しかく》だらけ」**の生《い》き物《もの》だという事《こと》です。

どんな天才《てんさい》や才人《さいじん》も、思考《しこう》に巨大《きょだい》なる死角《しかく》を持《も》っています。

むしろそうした人《ひと》たちの方《ほう》が、死角《しかく》は巨大《きょだい》だとも言《い》えます。

どんな人間《にんげん》も能力《のうりょく》の総量《そうりょう》は同《おな》じくらいですから、何《なに》かが突出《とっしゅつ》したならばその分欠落《ぶんけつらく》もあり、死《し》角《かく》も大《おお》きいのです。

「自分《じぶん》は優《すぐ》れた人間《にんげん》」などと思《おも》う人《ひと》がいたら、それは思《おも》い上《あ》がりに過《す》ぎません。

その**「思《おも》い上《あ》がり」自体《じたい》が、すでに「巨大《きょだい》なる死角《しかく》」**だと思《おも》うと宜《よろ》しいでしょう。

専門馬鹿《せんもんばか》

人間《にんげん》の「常識《じょうしき》」「文化《ぶんか》」というものは、習慣《しゅうかん》や政治《せいじ》・経済状況《けいざいじょうきょう》などによりじわじわと変化《へんか》していきます。

ここでも**「ゆっくりであるがゆえに見《み》えない速度《そくど》」で、人々《ひとびと》は「麻痺《まひ》しながら適応《てきおう》」している**のです。

逆《ぎゃく》に、「流行《りゅうこう》の変化《へんか》」や「ジェネレーションギャップ」は親子《おやこ》くらいの世代間《せだいかん》でも見《み》られるように、わずか数年《すうねん》・数十年《すうじゅうねん》で変《か》わるものです。

それどころか敗戦《はいせん》の際《さい》にも見《み》られたように、時《とき》に「一瞬《いっしゅん》」で簡単《かんたん》に変化《へんか》するものでもあります。

そしてそれは、個人《こじん》においてもごく日常的《にちじょうてき》に起《お》きている事《こと》です。

私《わたし》も長年武術《ながねんぶじゅつ》などの講師《こうし》をやっていると、初心者《しょしんしゃ》の人《ひと》でも「これくらい分《わ》かるだろう」という基準《きじゅん》がいつの間《ま》にか高《たか》くなってしまい、補正《ほせい》し直《なお》す事《こと》がよくあります。

いわゆる「**専門《せんもん》バカ**」というやつです。

専門家《せんもんか》が、自分《じぶん》たちの世界《せかい》にどっぷり浸《つ》かっているうちに、**「当《あ》たり前《まえ》」の基準《きじゅん》が一般《いっぱん》からず**

れていってしまうのです。

たとえば家電《かでん》などの「分《わ》かりづらいマニュアル」も、作《つく》っているのはその商品《しょうひん》を開発《かいはつ》した側《がわ》の「**専門家**《せんもんか》」チームだからです。

「コーチと生徒《せいと》」「医者《いしゃ》と患者《かんじゃ》」「提供者《ていきょうしゃ》と顧客《こきゃく》」など、分《わ》からない・伝《つた》わらない説明《せつめい》のほとんどに、この構図《こうず》が含《ふく》まれています。

簡単《かんたん》に言《い》えば、**自分《じぶん》の認識《にんしき》と他者《たしゃ》の認識《にんしき》の間《あいだ》にある誤差《ごさ》を捉《とら》えられず、適切《てきせつ》な「出力《しゅつりょく》」が出《で》来《き》ていない状態《じょうたい》**です。

原点《げんてん》

そして、我々《われわれ》は言《い》わば「**自分**《じぶん》」**の専門家**《せんもんか》です。

「自分《じぶん》の日常《にちじょう》」の専門家《せんもんか》です。

「自分《じぶん》の常識《じょうしき》」の専門家《せんもんか》です。

つまり、「**自分**《じぶん》」「**自分《じぶん》の日常**《にちじょう》」「**自分《じぶん》の常識**《じょうしき》」**の専門馬鹿**《せんもんばか》と言《い》えます。

この自覚《じかく》から始《はじ》めない事《こと》には「正確《せいかく》な状況《じょうきょう》認識《にんしき》」などできようはずもなく、「適切《てきせつ》な行為《こうい》」も程遠《ほどとお》くなります。

そして、そのために必要《ひつよう》なのが**「当《あ》たり前《まえ》」を見直《みなお》すことであり、「当《あ》たり前《まえ》」を実行《じっこう》する事《こと》**です。

前者《ぜんしゃ》の「当《あ》たり前《まえ》」とは、自分《じぶん》の中《なか》に凝《こ》り固《かた》まった常識《じょうしき》のことです。

後者《こうしゃ》の「当《あ》たり前《まえ》」とは、「相対思考《そうたいしこう》」「比較思考《ひかくしこう》」をやめ、「事象《じしょう》を事象《じしょう》のまま見《み》てみる」ということです。

始《はじ》めるのは簡単《かんたん》です。

何《なに》かを食《た》べた時《とき》、何《なに》かに接《せっ》した時《とき》、何《なに》かを体験《たいけん》した時《とき》、「自分《じぶん》はどう感《かん》じているのだろう」と、**自身《じしん》を観察《かんさつ》すれば良《よ》い**だけだからです。

何《なに》とも照《て》らし合《あ》わせず、何《なに》とも比較《ひかく》せず、誰《だれ》の評価《ひょうか》も参考《さんこう》にせず、**「自分《じぶん》の感覚《かんかく》」と対話《たいわ》すれば良《よ》い**だけなのです。

これは、一人《ひとり》の「個《こ》」として当然《とうぜん》の「原点《げんてん》」であり、「当《あ》たり前《まえ》」の行為《こうい》であるはずです。

それが、失《うしな》われて久《ひさ》しいということです。

こうして失《うしな》われた当《あ》たり前《まえ》を取《と》り戻《もど》し、**「自己《じこ》とのコミュニケーション力《りょく》」**が高《たか》まってくると、自分自身《じぶんじしん》でも気付《きづ》かなかった**「本音《ほんね》」**が見《み》えてくることでしょう。

本音《ほんね》と建前《たてまえ》

人《ひと》は常《つね》に、「本音《ほんね》と建前《たてまえ》」に引《ひ》き裂《さ》かれている生《い》き物《もの》です。

本音《ほんね》とは言《い》わば「現実《げんじつ》」であり、建前《たてまえ》とは「理想《りそう》」です。

言《い》いかえれば、「こうである」という現実的《げんじつてき》な自分《じぶん》と、「こうでありたい」「こうあるべき」という理想的《りそうてき》な自分《じぶん》です。

この二《ふた》つは一人《ひとり》の人間《にんげん》の中《なか》にありながら「別物《べつもの》」です。

にもかかわらず、この二者《にしゃ》を正確《せいかく》に振《ふ》り分《わ》け、整理《せいり》できている人《ひと》はほとんどいません。

その境目《さかいめ》が曖昧《あいまい》なまま、理想《りそう》をどこか現実《げんじつ》だと思《おも》って処理《しょり》してしまっている。

現実《げんじつ》の認識《にんしき》の中《なか》に、理想《りそう》が混入《こんにゅう》してしまっている。

つまり、「**混乱《こんらん》している**」のです。

しかも、その「混乱《こんらん》」に対《たい》してすらも**無自覚《むじかく》**です。

たとえば「結婚《けっこん》したい」と言《い》って、目標実現《もくひょうじつげん》のためにあの手《て》この手《て》で努力《どりょく》をしている人《ひと》をよく見《み》かけます。

しかし、よくよく話《はなし》を聞《き》いたり観察《かんさつ》をしたりすると、本音《ほんね》と行為《こうい》に分離《ぶんり》が見《み》られる人《ひと》が数多《かずおお》くいます。

「常識《じょうしき》」や、両親《りょうしん》や周囲《しゅうい》からの圧力《あつりょく》で「結婚《けっこん》しなければ」と思《おも》わされていますが、本音《ほんね》はどうやらそうでもない。

にもかかわらず、自分自身《じぶんじしん》も「結婚《けっこん》したいと思《おも》っている」と思《おも》い込《こ》んでいるのです。

周囲《しゅうい》の期待《きたい》に応《こた》え大手企業《おおてきぎょう》や一流大学《いちりゅうだいがく》を目指《めざ》すために、本当《ほんとう》はやりたかった事《こと》をあきらめた人《ひと》も数多《かずおお》いでしょう。

つまり、常識《じょうしき》や周囲《しゅうい》の圧力《あつりょく》から来《く》る「結婚《けっこん》するべきだ」「大手企業《おおてきぎょう》を目指《めざ》すべきだ」という「建前《たてまえ》」が、「本当《ほんとう》に結婚《けっこん》したいのか」「本当《ほんとう》は何《なに》がしたいのか」という「本音《ほんね》」の部分《ぶぶん》に侵食《しんしょく》し、**振《ふ》り分《わ》けがなされないまま混乱《こんらん》してしまっている**のです。

愛想《あいそ》

建前《たてまえ》に支配《しはい》されている人《ひと》は周囲《しゅうい》にも自分自身《じぶんじしん》にも、気《き》づかぬうちに「嘘《うそ》をついてしまっている」という事《こと》です。

「嘘《うそ》がいけない」と言《い》っているわけではありません。

人《ひと》は生《い》きていく上《うえ》で、必《かなら》ず嘘《うそ》をつかなくてはならない場面《ばめん》はあります。

ここで言《い》いたいのは、

「自分《じぶん》に対《たい》する嘘《うそ》は、自分自身《じぶんじしん》を必《かなら》ず蝕《むしば》む」という事《こと》です。

単純《たんじゅん》な構造《こうぞう》として、たとえば周《まわ》りに愛想《あいそ》よく振《ふ》る舞《ま》っている人《ひと》は、当然《とうぜん》「愛想《あいそ》よい人《ひと》」に見《み》られます。

しかし本音《ほんね》は辛辣《しんらつ》だったり、実際《じっさい》の性格《せいかく》はそんな人《ひと》ではなかったとします。

にもかかわらず、外《そと》に掲《かか》げている看板《かんばん》は「愛想《あいそ》のよい人《ひと》」なわけですから、近寄《ちかよ》ってくる人達《ひとたち》は「愛想《あいそ》のよい人《ひと》」を目指《めざ》してやってきます。

寄《よ》せてくる好意《こうい》も、「愛想《あいそ》のよい自分《じぶん》」に対《たい》してとなります。

つまり必然的《ひつぜんてき》に、近寄《ちかよ》ってくる人《ひと》も、寄《よ》せてくる好意《こうい》も、「嘘《うそ》の自分《じぶん》」に対《たい》してのものとなるのです。

これは、当然《とうぜん》つらくなります。

ずっと、嘘《うそ》を吐《つ》きつづけなければならないからです。

なまじそんな人《ひと》が結婚《けっこん》などできてしまった日《ひ》には、なかなかの困難《こんなん》が待《ま》ち受《う》けています。

「嘘《うそ》の自分《じぶん》」が結婚《けっこん》したのだから、その関係性《かんけいせい》を保《たも》つためには「墓場《はかば》まで嘘《うそ》を吐《つ》き続《つづ》ける」か、

「本音《ほんね》がばれてがっかりされる」かの、ほぼ二択《にたく》しかなくなるからです。

「偽装《ぎそう》」が上手《うま》くなればなるほど本音《ほんね》との落差《らくさ》は広《ひろ》がり、この構造《こうぞう》を強化《きょうか》していく事《こと》になります。

どんどん、**「嘘《うそ》の自分《じぶん》」が肥大化《ひだいか》していってしまう**のです。

「誰《だれ》も本当《ほんとう》の自分《じぶん》を分《わ》かってくれない」と嘆《なげ》く人《ひと》がいますが、こうして自《みずか》らその状況《じょうきょう》へ突《つ》き進《すす》んでしまっている場合《ばあい》があります。

エネルギー

しかし、これはまだ自分《じぶん》の嘘《うそ》に「自覚的《じかくてき》」な部分《ぶぶん》があるだけましです。

問題《もんだい》は自分自身《じぶんじしん》に対《たい》しても**「無自覚《むじかく》な嘘《うそ》」**です。

先《さき》の例《れい》は「他者《たしゃ》」に対《たい》して嘘《うそ》を吐《つ》いていましたが、自分《じぶん》に対《たい》してそれをやってしまっている場《ば》合《あい》が多《おお》いのです。

それは自分自身《じぶんじしん》を蝕《むしば》み、時《とき》に暴発《ぼうはつ》もします。

たとえば、以前《いぜん》アメリカのメディアが報道《ほうどう》した事《こと》をきっかけに大問題《だいもんだい》となり、ドキュメンタリー映画《えいが》にもなった事件《じけん》があります。

カトリック教会《きょうかい》の神父《しんぷ》さんが幼児《ようじ》に対《たい》して性的虐待《せいてきぎゃくたい》をしていた事実《じじつ》が、五十年以上《ごじゅうねんいじょう》にわたり数多《かずおお》く隠蔽《いんぺい》されていたという事件《じけん》です。

これを切《き》っ掛《か》けに同様《どうよう》の事件《じけん》が世界中《せかいじゅう》で明《あか》るみに出《で》て大騒《おおさわ》ぎとなりましたが、私《わたし》の感想《かんそう》は「当《とう》然《ぜん》そんな事《こと》も起《お》こるだろう」というものでした。

彼等《かれら》は妻帯《さいたい》も許《ゆる》されず、禁欲的《きんよくてき》で立派《りっぱ》な人《ひと》と思《おも》ってもらう事《こと》を、言《い》わば義務《ぎむ》の様《よう》に課《か》しながら生《い》きています。

しかし「性欲《せいよく》」というのは人間《にんげん》にかかわらず、あらゆる種《しゅ》を存続《そんぞく》させるための最《もっと》も強大《きょうだい》なエネルギーの一《ひと》つです。

文化《ぶんか》や文明発展《ぶんめいはってん》の半分以上《はんぶんいじょう》はこのエネルギー由来《ゆらい》と言《い》っても過言《かごん》ではないでしょう。

それは、先《さき》に述《の》べた「狂気《きょうき》」のエネルギーとも直結《ちょっけつ》します。

「性衝動《せいしょうどう》」は人《ひと》を狂《くる》わせるからです。

古今東西男女《ここんとうざいだんじょ》を問《と》わず、「こんなにも理性的《りせいてき》で頭《あたま》のいい人《ひと》が」といった人物《じんぶつ》が、恋愛《れんあい》がらみで信《しん》じがたいほど愚《おろ》かな決断《けつだん》やミスをするのも、「恋愛感情《れんあいかんじょう》」という性欲《せいよく》とも密接《みっせつ》なエネルギーの為《な》せる業《わざ》です。

それはその人《ひと》が、その人《ひと》たちが単《たん》に「愚《おろ》かだから」という一言《ひとこと》では片付《かたづ》けられません。

生物《せいぶつ》は、人間《にんげん》は、**「正気《しょうき》を失《うしな》う」ようプログラムされているから**です。

正気《しょうき》

たとえば、ごく一般的《いっぱんてき》な「家庭《かてい》を持《も》ち、子供《こども》を作《つく》り、一人前《いちにんまえ》に育《そだ》てる」という行為《こうい》がありま す。

その行為《こうい》に対《たい》し、誰《だれ》もが事前《じぜん》に極《きわ》めて冷静《れいせい》に、今後《こんご》それに伴《ともな》う膨大《ぼうだい》なリスク・労力《ろうりょく》などを計算《けいさん》し、メリットとデメリットを秤《はかり》にかけて検証《けんしょう》してしまっては、結婚《けっこん》や子育《こそだ》てをする人《ひと》は激減《げきげん》しま す。

つまり、種《しゅ》が滅《ほろ》びてしまいます。

どこか、良《よ》くも悪《わる》くも「正気《しょうき》を失《うしな》っている」から飛《と》び込《こ》めるという側面《そくめん》があるのです。

そして、種《しゅ》を滅《ほろ》ぼさぬために本能《ほんのう》は、遺伝子《いでんし》は、「正気《しょうき》を失《うしな》う」ようシグナルを送《おく》り続《つづ》けていま す。

それが「性衝動《せいしょうどう》」であり、「恋愛感情《れんあいかんじょう》」です。

言《い》い換《か》えれば、**「恋愛《れんあい》をする才能《さいのう》」とは「正気《しょうき》を失《うしな》う才能《さいのう》」**であるとも言《い》えます。

それは、文化《ぶんか》を生《う》み出《だ》し生命《せいめい》を育《はぐく》む一方《いっぽう》で、運用《うんよう》を間違《まちが》えれば悲劇《ひげき》や犯罪《はんざい》を生《う》む。

これは、「狂気《きょうき》」と全《まった》く同《おな》じエネルギーの一部《いちぶ》であり、人《ひと》は「種《しゅ》の存続《そんぞく》」という**根本的《こんぽんてき》な時点《じてん》から、狂気《きょうき》と理性《りせい》の危《あや》うい綱引《つなひ》きをするよう運命《うんめい》づけられている**のです。

大物《おおもの》

この、生物《せいぶつ》にとって最大級《さいだいきゅう》のエネルギーを「無《な》いこと」にしてしまったならば、当然《とうぜん》とてつもない歪《ひず》みを生《う》む事《こと》になります。

古来《こらい》、様々《さまざま》な修行者達《しゅぎょうしゃたち》が自分《じぶん》を研《と》ぎ澄《す》ますために多《おお》くのものを削《そ》ぎ落《お》とし、最後《さいご》にようやく解消《かいしょう》できるのが性欲《せいよく》や食欲《しょくよく》などの本能《ほんのう》です。

言《い》わば、**「最後《さいご》の大物《おおもの》」**といった位置《いち》づけです。

そうした聖者《せいじゃ》や聖人《せいじん》と言《い》われた人達《ひとたち》がようやく辿《たど》り着《つ》いたであろう領域《りょういき》の、「形《かたち》」だけを正解《せいかい》とし、過程《かてい》と必然《ひつぜん》も伴《とも》なわないまま義務化《ぎむか》し、「外面《がいめん》」だけを真似《まね》させていても意味《いみ》は無《な》いし、当然無理《とうぜんむり》も生《しょう》じます。

例《れい》に挙《あ》げたカトリックの事件《じけん》に対《たい》し「そんな事《こと》も起《お》こるだろう」と私《わたし》が思《おも》ったのは、そういった人間《にんげん》の性質《せいしつ》を総合的《そうごうてき》に見《み》た理由《りゆう》からです。

人間《にんげん》が、身《み》の裡《うち》にある欲望《よくぼう》や衝動《しょうどう》、見苦《みぐる》しさや欠点《けってん》を本気《ほんき》で克服《こくふく》したいのならば、まずはそれらが「存在《そんざい》する」事《こと》を認《みと》めなければ始《はじ》まりません。

それが、「**本音《ほんね》を知《し》る**」という事《こと》です。

本体《ほんたい》

では、本音《ほんね》はどこにあるのか。

それは「腸《はらわた》」にあります。

昔《むかし》から、臓器《ぞうき》をたとえて人《ひと》の心《こころ》を表現《ひょうげん》した言葉《ことば》がいくつもあります。「肝《きも》を冷《ひ》やす」「腸《はらわた》が煮《に》えくり返《かえ》る」「胸《むね》が締《し》めつけられる」「腑《ふ》に落《お》ちる」……

これらの多《おお》くは、医学《いがく》や解剖学《かいぼうがく》が発達《はったつ》し広《ひろ》まる前《まえ》に作《つく》られたものです。

「脳《のう》」の役割《やくわり》や概念《がいねん》を詳《くわ》しく知《し》らなかった人《ひと》たちの**身体感《しんたいかん》**が、納得《なっとく》した時《とき》には「頭《あたま》に」ではなく「腑《ふ》に」落《お》ちると表現《ひょうげん》した方《ほう》がしっくりきたのです。

現代《げんだい》の人《ひと》でも、失恋《しつれん》した時《とき》やとても辛《つら》い事《こと》があった時《とき》、胸《むね》がぎゅっと締《し》めつけられるような痛《いた》みを感《かん》じた経験《けいけん》は誰《だれ》しもあると思《おも》います。

これは、何《なに》を表《あらわ》しているのか。

「心《こころ》の本体《ほんたい》は内臓《ないぞう》にある」という事《こと》です。

「脳《のう》」などというものは言《い》わば「新参者《しんざんもの》」で、我々《われわれ》の祖先《そせん》は「ナメクジウオ」のような、口《くち》と肛《こう》門《もん》が一本《いっぽん》の腸《ちょう》で直結《ちょっけつ》した単純《たんじゅん》な生物《いきもの》から始《はじ》まっています。

それが進化《しんか》の中《なか》で多《おお》くのエネルギーを消化《しょうか》し取《と》り込《こ》むために胃《い》のような器官《きかん》ができ、ろ過《か》するために腎臓《じんぞう》ができ、増《ふ》えた器官《きかん》に血《ち》の供給《きょうきゅう》が足《た》りなくなるので心臓《しんぞう》が生《う》まれ……という過程《かてい》を辿《たど》ってきました。

そうした中《なか》で、増《ふ》えすぎた器官《きかん》の交通整理役《こうつうせいりやく》が必要《ひつよう》なので脳《のう》が生《う》まれ、発達《はったつ》してきたのです。

そこから考《かんが》えても、**本体《ほんたい》である「腸《はらわた》」＝「本音《ほんね》」に、新参者《しんざんもの》である「脳《のう》」＝「建《た》て前《まえ》」が増《ぞう》築《ちく》されて、綱引《つなひ》きをしながら思考《しこう》しているの**です。

意思《いし》

しかし私《わたし》は、体《からだ》の事《こと》を突《つ》き詰《つ》めて行《い》くうちに、「それだけでもないぞ」と思《おも》う様《よう》になりました。身体《しんたい》の感覚《かんかく》を高《たか》めていく過程《かてい》の中《なか》で、**体《からだ》のあらゆるパーツにも「単独《たんどく》の意思《いし》がある」**と感《かん》じるようになってきたのです。

その切《き》っ掛《か》けは、裸足《はだし》で過《す》ごす時間《じかん》が多《おお》くなったことです。眠《ねむ》っていた足《あし》の様々《さまざま》な機能《きのう》が目覚《めざ》めると、「足《あし》にも単独《たんどく》の機嫌《きげん》がある」と感《かん》じる様《よう》になってきました。

たとえば、私本体《わたしほんたい》のコンディションとは別《べつ》に、足《あし》が子供《こども》みたいにキャッキャとはしゃいでいたり、しょんぼりしている事《こと》があります。

手《て》にも、背中《せなか》にも、胃《い》にも、腸《ちょう》にも、それぞれ単独《たんどく》の機嫌《きげん》があり言《い》い分《ぶん》もある。そこから、どうやら「脳《のう》」はその「取《と》りまとめ役《やく》」に過《す》ぎない事《こと》も分《わ》かってきました。

人《ひと》は、一《ひと》つの人格《じんかく》のもとに思考《しこう》し判断《はんだん》しているという前提《ぜんてい》で生《い》きています。ところがよくよく耳《みみ》を澄《す》ませると、体《からだ》のあらゆる部位《ぶい》から「言《い》い分《ぶん》」が聞《き》こえてくるのです。

ただ、そのままでは収拾《しゅうしゅう》がつかないので、新入《しんい》りの「脳《のう》」が取《と》りまとめ役《やく》を押《お》し付《つ》けられた、といったところだと思《おも》います。

「身体《からだ》」のほうが本体《ほんたい》であり、上司《じょうし》なのです。

脳《のう》は外部《がいぶ》に向《む》けた広報《こうほう》や受《う》け付《つ》け窓口《まどぐち》くらいのものなのですが、外《そと》から見《み》たら脳《のう》が表舞台《おもてぶたい》に立《た》って働《はたら》いているので、こちらが「本体《ほんたい》」だと勘違《かんちが》いする人《ひと》も増《ふ》えてきます。

そうしているうちに窓口《まどぐち》だった脳《のう》が調子《ちょうし》に乗《の》り、「自分《じぶん》こそ本体《ほんたい》だ」と主張《しゅちょう》し始《はじ》める。

それどころか、権限《けんげん》を強化《きょうか》し会社《かいしゃ》の乗《の》っ取《と》りまでしようとしだす。

しかし、実際《じっさい》に会社《かいしゃ》を回《まわ》しているのは古参《こさん》の社員達《しゃいんたち》なので、不満《ふまん》や文句《もんく》も溜《た》まり、ストライキやケンカまで始《はじ》める。

つまり、**「主導権争《しゅどうけんあらそ》い」**をしているのです。

主導権《しゅどうけん》

この説明《せつめい》に全《まった》く実感《じっかん》を覚《おぼ》えず、ピンと来《こ》ない人《ひと》もいるかも知《し》れません。

しかしそれを誰《だれ》でも感《かん》じることができる場面《ばめん》が、先程《さきほど》も例《れい》に出《だ》した恋愛《れんあい》や性欲《せいよく》に関《かん》する部分《ぶぶん》です。

多《おお》くの人《ひと》は自分《じぶん》の生殖器《せいしょくき》が独立《どくりつ》した生《い》き物《もの》のように主張《しゅちょう》をし、自《みずか》らの意思《いし》でコントロールしようとしても言《い》う事《こと》を聞《き》かない状態《じょうたい》になっているのを体験《たいけん》した事《こと》があると思《おも》います。

これは、「生殖器《せいしょくき》に主導権《しゅどうけん》を取《と》られた」状態《じょうたい》です。「日常《にちじょう》では極《きわ》めて知的《ちてき》で冷静《れいせい》な人《ひと》も、恋愛《れんあい》や性欲絡《せいよくがら》みでとんでもない判断《はんだん》ミスをする」というのが、こうした理由《りゆう》からだという事《こと》です。

ダイエットに挑戦《ちょうせん》しても失敗《しっぱい》するというのも同《おな》じ構造《こうぞう》をしています。

頭《あたま》では「痩《や》せなければ」「食事《しょくじ》を抑《おさ》えなければ」と思《おも》っていても、「胃袋《いぶくろ》」に主導権《しゅどうけん》を握《にぎ》られついつい食《た》べ過《す》ぎてしまう。

原始的《げんしてき》な欲求《よっきゅう》だけではありません。

どうしても会社《かいしゃ》や学校《がっこう》に行《い》きたくない時《とき》に、胃《い》が痛《いた》くなったり吐《は》き気《け》をもよおす人《ひと》は数多《かずおお》くいると思《おも》います。

これは、脳《のう》より先《さき》に「胃《い》」が拒絶《きょぜつ》をしているのです。

でも、脳《のう》は「行《い》かねばならない」と体《からだ》を動《うご》かそうと抵抗《ていこう》する。

内臓《ないぞう》、すなわち「胃《い》」の本音《ほんね》と、「建《た》て前《まえ》」である脳《のう》の壮絶《そうぜつ》な引《ひ》っ張《ぱ》り合《あ》いです。

ひどくなると、胃《い》は潰瘍《かいよう》になったりガンになったりして、強制的《きょうせいてき》に「ストライキ」を始《はじ》めます。

他《ほか》にも、腕《うで》を骨折《こっせつ》すれば「治《なお》してくれ」という声《こえ》に支配《しはい》され、冷静《れいせい》な判断《はんだん》ができなくなります。

また、女性《じょせい》の生理《せいり》もその代表《だいひょう》でしょう。
月《つき》に一度《いちど》、子宮《しきゅう》が全身《ぜんしん》の操縦席《そうじゅうせき》に座《すわ》りに来《く》るのです。

これらは分《わ》かりやすい例《れい》ですが、もっともっと体《からだ》の声《こえ》に耳《みみ》を澄《す》ませると、体内《たいない》のあらゆる部位《ぶい》が言《い》い分《ぶん》を訴《うった》え、主導権争《しゅどうけんあらそ》いをしているのが感《かん》じられるでしょう。

本音《ほんね》

日常的《にちじょうてき》に主導権争《しゅどうけんあらそ》いをしている心《こころ》と体《からだ》というのは、国《くに》でいえば「戦国時代《せんごくじだい》」のようなもので、心《こころ》が休《やす》まる間《ま》もありません。

しかし、ほとんどの人《ひと》の中《なか》で大《だい》なり小《しょう》なりこれが行《おこな》われている。

ゆえに、現代社会《げんだいしゃかい》では精神《せいしん》を病《や》んだりストレスを溜《た》め込《こ》んだり、様々《さまざま》な問題《もんだい》が起《お》きているのでしょう。

ここで大切《たいせつ》なのが、「**本音《ほんね》と建前《たてまえ》を近付《ちかづ》ける**」という事《こと》です。

他《ほか》でもない、引《ひ》き裂《さ》かれた自《みずか》らを「統合《とうごう》」し、救《すく》うためにです。

そのためにまず大切《たいせつ》なのが先《さき》ほど書《か》いた「自分《じぶん》の本音《ほんね》を観察《かんさつ》すること」です。

これは、進《すす》めていくほどに掘《ほ》り下《さ》げる能力《のうりょく》が高《たか》まり、自分《じぶん》でも驚《おどろ》く「本音《ほんね》」が見《み》えてきます。

そして、もう一《ひと》つ核《かく》となるのが、

「本音《ほんね》を建前《たてまえ》に近《ちか》づけ、建前《たてまえ》を本音《ほんね》に寄《よ》せていく」

作業《さぎょう》です。

これは、二《ふた》つの要素《ようそ》でできています。

一《ひと》つは、「**建前《たてまえ》を本音《ほんね》に近《ちか》づける**」こと。

人《ひと》は通常《つうじょう》、社会《しゃかい》の中《なか》で生《い》きていますから、思《おも》った事《こと》を全《すべ》て口《くち》に出《だ》してしまっては人間関係《にんげんかんけい》も生《せい》活《かつ》も成《な》り立《た》ちません。

しかし、「どこまで本音《ほんね》を言《い》い、どこまで世間《せけん》に合《あ》わせるか」という「ライン」の調整《ちょうせい》はできます。

これが、過剰《かじょう》になっている場合《ばあい》が多《おお》いのです。

「**嘘《うそ》を吐《つ》き慣《な》れ過《す》ぎてしまっている**」ということです。

このラインを、「本音《ほんね》」に向《む》けて少《すこ》しでも寄《よ》せてみる。

寄《よ》せられるように考《かんが》えながら、人《ひと》と接《せっ》してみる。

もちろん、社会生活《しゃかいせいかつ》が維持《いじ》できる範囲《はんい》でです。

たとえば、「大丈夫《だいじょうぶ》」という言葉《ことば》を口癖《くちぐせ》のように多用《たよう》している人《ひと》は多《おお》いと思《おも》います。

しかし人《ひと》は、大丈夫《だいじょうぶ》じゃない時《とき》ほど「大丈夫《だいじょうぶ》」と言《い》ってしまうものです。

それを正直《しょうじき》に「大丈夫《だいじょうぶ》じゃないです」と言《い》ってみる。

自分《じぶん》の気持《きもち》が沈《しず》んでいる時《とき》や、相手《あいて》に嫌悪感《けんおかん》を感《かん》じている時《とき》に、少《すこ》しでも作《つく》り笑顔《えがお》をやめてみる。

遠慮《えんりょ》していた本音《ほんね》を、少《すこ》しでも言《い》ってみる。

これは、なかなかに勇気《ゆうき》が要《い》ることだと思《おも》います。


だから、「少《すこ》しづつ」でも良《よ》いのです。

「ここまでならば」というラインをゆっくりと探《さぐ》り、段々《だんだん》と本音《ほんね》に近《ちか》づけてみる。

この作業《さぎょう》による大《おお》きな効能《こうのう》がひとつあります。

正直《しょうじき》

「正直《しょうじき》な自分《じぶん》」を解放《かいほう》していく大《おお》きな効能《こうのう》。

それは、**「去《さ》るべき人《ひと》が去《さ》り、来《く》るべき人《ひと》が来《き》てくれる」**という事《こと》です。

よく言《い》われる「八方美人《はっぽうびじん》」の何《なに》が問題《もんだい》かというと、八方《はっぽう》から、つまり「**自分《じぶん》の望《のぞ》まぬ方向《ほうこう》**」からも人《ひと》を引《ひ》き寄《よ》せてしまうことです。

それは、自分《じぶん》の望《のぞ》まぬ方向《ほうこう》に対《たい》しても「美人《びじん》」をやっているのですから、当然《とうぜん》であると言《い》えます。

そこから一歩《いっぽ》踏《ふ》み出《だ》し、自分《じぶん》のマイナス面《めん》も正直《しょうじき》に出《だ》せる様《よう》になればなるほど、「合《あ》わない」と思《おも》う人《ひと》は去《さ》ってゆきます。

八方美人《はっぽうびじん》タイプの人《ひと》は、そこが恐《こわ》いのだと思《おも》います。

しかし見方《みかた》を変《か》えれば、自分《じぶん》に合《あ》わない人《ひと》が去《さ》ってくれるという事《こと》は、「自分《じぶん》に合《あ》う人《ひと》」が残《のこ》ってくれるわけです。

つまり、「自分《じぶん》にとって居心地良《いごこちよ》い空間《くうかん》」が、周囲《しゅうい》に育《そだ》っていく事《こと》になります。

「去《さ》るべき人《ひと》」が去《さ》ってくれないと、この循環《じゅんかん》は起《お》こりません。

「正直《しょうじき》である」というのは、環境《かんきょう》を快適《かいてき》にしてくれる「ふるい」の役割《やくわり》も果《は》たすのです。

しかし、正直《しょうじき》をつらぬいた結果《けっか》、自分《じぶん》の周《まわ》りに誰《だれ》も残《のこ》ってくれなくなるかも知《し》れません。

そこでもう一《ひと》つの要素《ようそ》である「**本音《ほんね》を建前《たてまえ》に近《ちか》づける**」が必要《ひつよう》となります。

人《ひと》の思考《しこう》の中《なか》には、拘《こだわ》りや思《おも》い込《こ》み、偏見《へんけん》や怒《いか》りが渦巻《うずま》いています。『上達論《じょうたつろん》』の中《なか》にも書《か》きましたが、それ等《ら》は思考《しこう》の「癖《くせ》」とも言《い》えるもので、解除《かいじょ》できるものです。

詳《くわ》しくは前著《ぜんちょ》に委《ゆだ》ねますが、その最重要《さいじゅうよう》な要素《ようそ》が「許《ゆる》し」です。「許《ゆる》し」を育《はぐく》むと、人《ひと》の本音《ほんね》は浄化《じょうか》されてゆきます。

それは、本書《ほんしょ》の中《なか》で触《ふ》れてきた「脳内《のうない》のプロデューサー」「多様性《たようせい》」「嫌悪《けんお》の扉《とびら》」「肚《はら》の声《こえ》を聞《き》く」などの言葉《ことば》に、ヒントが詰《つ》まっています。

みだりに感情《かんじょう》に支配《しはい》されず、腸《はらわた》を静《しず》かに置《お》いておき、自《みず》らと対話《たいわ》する。「やせ我慢《がまん》」でも「抑《おさ》え込《こ》み」でもなく、嫌悪《けんお》や怒《いか》りが根底《こんてい》から「浄化《じょうか》」されれば、誰《だれ》ともぶつからない「本音《ほんね》」が増《ふ》えるのです。

統合《とうごう》

自《みず》らの奥深《おくふか》くにある「本音《ほんね》」を浄化《じょうか》してゆく作業《さぎょう》。

通常《つうじょう》「変《か》えようがない」と思《おも》われている人柄《ひとがら》や性格《せいかく》も、ここを丁寧《ていねい》に掘《ほ》り進《すす》めてゆけば、変《か》えられます。

それは思考《しこう》の根本《こんぽん》にある「心《こころ》」自体《じたい》を変化《へんか》させるので、人生《じんせい》そのものまで路線変更《ろせんへんこう》することを意味《いみ》します。

そのために、洗脳的《せんのうてき》な人格改造《じんかくかいぞう》プログラムに身《み》を委《ゆだ》ねたり、特定《とくてい》の思想《しそう》に耽溺《たんでき》する、といった道筋《みちすじ》を経由《けいゆ》しなくても実現《じつげん》できます。

なぜならば、何《なん》らかの教《おし》えや思考回路《しこうかいろ》を強制的《きょうせいてき》に「付《つ》け足《た》す」のではなく、「余計《よけい》なこと」をやめるだけだからです。

人生《じんせい》の中《なか》で知《し》らぬ間《ま》に心《こころ》に覆《おお》いかぶさっていた、何層《なんそう》もの薄皮《うすかわ》を剥《は》がしてゆく作業《さぎょう》なので、その結果出《けっかで》てくるのは「本当《ほんとう》の自分《じぶん》」です。

そうして自《みずか》らの怒《いか》りや偏見《へんけん》、憎悪《ぞうお》が解消《かいしょう》されてくると、自《おの》ずと笑顔《えがお》になれる場面《ばめん》が増《ふ》えてゆきます。

笑顔《えがお》を作《つく》るのではなく、自《おの》ずと「**笑顔《えがお》になる**」のです。

そこに本音《ほんね》と建前《たてまえ》の遊離《ゆうり》は無《な》く、嘘《うそ》もストレスもありません。

分離《ぶんり》していた様々《さまざま》な要素《ようそ》は統合《とうごう》され、「一《ひと》つ」の存在《そんざい》となってゆきます。

解放《かいほう》

これらは難《むずか》しそうに思《おも》えるかも知《し》れませんが、元《もと》から持《も》っているものに辿《たど》り着《つ》くだけの事《こと》ですから、本来《ほんらい》はシンプルです。

しかし「思考《しこう》の癖《くせ》」というのはなかなかに厄介《やっかい》なもので、いざ取《と》り組《く》もうとすると、何度《なんど》も立《た》ち止《ど》まりそうになってしまうかも知《し》れません。

そんな時《とき》は、**できる事《こと》をできる分《ぶん》だけ気軽《きがる》にやってゆけば良《よ》い**のです。

それだけでも成果《せいか》は必《かなら》ず現《あらわ》れ、続《つづ》けていればいつの間《ま》にか、自分《じぶん》でも驚《おどろ》くような変化《へんか》に気付《きづ》く日《ひ》も訪《おとず》れます。

自己《じこ》との対話《たいわ》を深《ふか》めるほど心《こころ》と身体《からだ》が穏《おだ》やかになってゆき、脳《のう》をふくめた全身《ぜんしん》のどこか一部《いちぶ》が操縦席《そうじゅうせき》を占拠《せんきょ》しようとするような場面《ばめん》は少《すく》なくなります。

すると、**体《からだ》のあらゆる部位《ぶい》の自由意志《じゆういし》が担保《たんぽ》されながら調和《ちょうわ》を乱《みだ》さず、しかも連携《れんけい》する**という状態《じょうたい》が訪《おとず》れ始《はじ》めます。

現代人《げんだいじん》の大半《たいはん》が「脳《のう》」で抑《おさ》え込《こ》んでいる「体《からだ》の言《い》い分《ぶん》」が暴走《ぼうそう》することなく解放《かいほう》されるのです。

それは、体《からだ》に眠《ねむ》っている「野性《やせい》」「勘《かん》」が解放《かいほう》される事《こと》を意味《いみ》します。

「**獣性《じゅうせい》の克服《こくふく》と野性《やせい》の解放《かいほう》**」です。

全権委任《ぜんけんいにん》

甲野先生《こうのせんせい》は屋根《やね》から落下《らっか》した時《とき》、無意識《むいしき》にチェーンソーを持《も》ち替《か》えながら枝《えだ》にぶら下《さ》がっていたそうです。

「思考《しこう》」では間《ま》に合《あ》わない〇《れい》コンマ何秒《なんびょう》のうちに、「体《からだ》」が先行《せんこう》して最適《さいてき》を選択《せんたく》していたのです。


私《わたし》は最近《さいきん》、高《たか》さ五《ご》メートル幅《はば》一〇メートルの階段《かいだん》の存在《そんざい》に気付《きづ》かず、落下《らっか》する事故《じこ》に遭《あ》いました。

駆《か》けつけた救急隊員《きゅうきゅうたいいん》は交通事故《こうつうじこ》や屋根《やね》などからの転落《てんらく》に相当《そうとう》する「高《こう》エネルギー外傷《がいしょう》」と判断《はんだん》し、病院《びょういん》に搬送《はんそう》されました。

しかし病院《びょういん》で診《み》てもらうと、レントゲンに写《うつ》った骨《ほね》にはヒビ一《ひと》つ無《な》く、目立《めだ》った外傷《がいしょう》もありませんでした。

階段《かいだん》と床《ゆか》がコンクリート製《せい》だった事《こと》もあり、お医者《いしゃ》さんはなぜこの程度《ていど》で済《す》んだのかと首《くび》を傾《かし》げておりました。

簡単《かんたん》に言《い》えば「無事《ぶじ》に済《す》んだ」という事《こと》なのですが、気付《きづ》かずに空中《くうちゅう》で二歩歩《にほある》いた時《とき》に、身体《からだ》に全《すべ》ての処理《しょり》を「全権委任《ぜんけんいにん》」したことを覚《おぼ》えています。

命《いのち》を託《たく》された体《からだ》が、自主的《じしゅてき》に最適《さいてき》の受《う》け身《み》を取《と》ってくれたのです。

様々《さまざま》な幸運《こううん》にも助《たす》けられましたが、あのとき瞬間的《しゅんかんてき》に力《りき》んだり、興奮《こうふん》してパニック状態《じょうたい》になっていたら、私《わたし》はここにいなかったでしょう。

解除《かいじょ》

感情《かんじょう》に支配《しはい》されている時《とき》や、体《からだ》のどこかに力《りき》みがある時《とき》は、脳《のう》や特定部位《とくていぶい》による「主張過多《しゅちょうかた》」に陥《おちい》っています。

それは、集団《しゅうだん》が自己顕示欲《じこけんじよく》の強《つよ》い個人《こじん》に振《ふ》り回《まわ》され、正常《せいじょう》に機能《きのう》していないような状態《じょうたい》です。

ほとんどの人《ひと》がこの状態《じょうたい》のまま、**「脳《のう》の一括統治《いっかつとうち》」**で思考《しこう》・判断《はんだん》をしてしまっています。

荒《すさ》んだ学校《がっこう》で、暴力《ぼうりょく》教師《きょうし》が授業《じゅぎょう》の最中《さいちゅう》だけ強引《ごういん》に生徒《せいと》を従《したが》わせているような状態《じょうたい》です。

力《りき》みや負《ふ》の感情《かんじょう》は「ノイズ」です。

これがあるほど、体《からだ》の「本音《ほんね》」や「言《い》い分《ぶん》」に耳《みみ》を澄《す》ませようとしても、雑音《ざつおん》が邪魔《じゃま》してうまく聞《き》き取《と》れません。

それらが解除《かいじょ》されてくると、全身《ぜんしん》の穏《おだ》やかで的確《てきかく》な連携《れんけい》が始《はじ》まっていくのです。

そうすると、「脳《のう》」「身体《しんたい》」「心《こころ》」「思考《しこう》」「外部《がいぶ》」「内部《ないぶ》」「利己《りこ》」「利他《りた》」の区別《くべつ》は無《な》くなってゆきます。

全《すべ》て、「同《おな》じもの」だと分《わ》かってくるのです。

分断《ぶんだん》しているのは、「その人自身《ひとじしん》」です。

自由意志《じゆういし》

これらの身体思想《しんたいしそう》は、先《さき》に語《かた》ってきた幼児教育《ようじきょういく》における「大人《おとな》の権力《けんりょく》」と「子供《こども》のエネルギー」の関係《かんけい》や、組織《そしき》や国家《こっか》における「指導者《しどうしゃ》」と「部下《ぶか》」や「民衆《みんしゅう》」の関係《かんけい》と共通《きょうつう》します。

「個々《ここ》の自由意志《じゆういし》を担保《たんぽ》しながら、ゆるやかに全体《ぜんたい》が繋《つな》がる」集団《しゅうだん》です。

甲野先生《こうのせんせい》を取《と》り巻《ま》く環境《かんきょう》も、まさにこうした場《ば》だと言《い》えます。

先生《せんせい》は、「組織《そしき》」というものを作《つく》る意図《いと》を全《まった》く持《も》っていません。

何《なん》の縛《しば》りも無《な》いのでいつ去《さ》っても、同時進行《どうじしんこう》で誰《だれ》かに弟子入《でしい》りしても良《よ》いのです。

そしてその一人《ひとり》ひとりが自分《じぶん》で考《かんが》え工夫《くふう》しながら、ゆるやかにつながっています。

私《わたし》が新《あたら》しい発見《はっけん》をした時《とき》に甲野先生《こうのせんせい》にご報告《ほうこく》すると、面白《おもしろ》がりながら何度《なんど》も技《わざ》を受《う》けて下《くだ》さる事《こと》があります。

師匠《ししょう》が弟子《でし》の技《わざ》をです。

そんな「師匠《ししょう》」を、私《わたし》は聞《き》いた事《こと》がありません。

甲野先生《こうのせんせい》と二人《ふたり》で電車《でんしゃ》に乗《の》っている時《とき》に、席《せき》が空《あ》いたので「座《すわ》って下《くだ》さい」とお伝《つた》えしても立《た》ったまま乗《の》り続《つづ》けていることが何度《なんど》かありました。

そうした時《とき》、席《せき》が二《ふた》つ空《あ》くと初《はじ》めて腰《こし》を下《お》ろされます。

私《わたし》も座《すわ》れる状態《じょうたい》になるまで、一人《ひとり》で座《すわ》ろうとはしなかったのです。

甲野先生《こうのせんせい》は師弟《してい》の枠組《わくぐ》みすらも、「ゆるやか」です。

方条《ほうじょう》の神体感《しんたいかん》

最後《さいご》に、私自身《わたしじしん》の神体感《しんたいかん》をご紹介《しょうかい》しておきます。

私《わたし》は十代《じゅうだい》の終《お》わりの頃《ころ》、

「人《ひと》は、それと気《き》づかぬうちに神《かみ》の一部《いちぶ》として機能《きのう》している」

という世界観《せかいかん》に辿《たど》り着《つ》きました。

甲野先生《こうのせんせい》は同《おな》じくらいの年《とし》の頃《ころ》に「運命《うんめい》は完全《かんぜん》に決《き》まっていて完全《かんぜん》に自由《じゆう》である」という閃《ひらめ》きを得《え》て、それを確《たし》かめるべく武術《ぶじゅつ》の道《みち》に足《あし》を踏《ふ》み入《い》れたそうです。

私《わたし》は自身《じしん》の直感《ちょっかん》を確認《かくにん》したり、そのために何《なに》かをしようだとかは考《かんが》えぬまま長《なが》らく時《とき》を過《す》ごしていました。

それから甲野先生《こうのせんせい》と出会《であ》い武術《ぶじゅつ》を始《はじ》めると、「体《からだ》のあらゆる部位《ぶい》には言《い》い分《ぶん》がある」と感《かん》じられてきました。

それらの集合《しゅうごう》がその人《ひと》の「意思《いし》」や「人格《じんかく》」と認識《にんしき》されているのだと。

それだけでなく、部位《ぶい》そのものにも「集合《しゅうごう》の意思《いし》」がある事《こと》が分《わ》かってきました。

たとえば「手《て》の言《い》い分《ぶん》」ひとつ取《と》っても、「掌《てのひら》の意思《いし》」「手《て》の甲《こう》の意思《いし》」「親指《おやゆび》の意思《いし》」「人差《ひとさ》し指《ゆび》の意思《いし》」「中指《なかゆび》の意思《いし》」「薬指《くすりゆび》の意思《いし》」「小指《こゆび》の意思《いし》」などがある。

人差《ひとさ》し指《ゆび》の中《なか》にも、第一関節《だいいちかんせつ》の意思《いし》、第二関節《だいにかんせつ》の意思《いし》、指先《ゆびさき》の意思《いし》などがある。

指先《ゆびさき》の中《なか》には「皮膚《ひふ》表面《ひょうめん》の意思《いし》」「皮膚裏側《ひふうらがわ》の意思《いし》」「肉《にく》の意思《いし》」などがある。

肉《にく》の意思《いし》は、個々《ここ》の細胞《さいぼう》の言《い》い分《ぶん》の集合《しゅうごう》でできている。

しかし、それぞれの部位《ぶい》が体《からだ》の全体像《ぜんたいぞう》を正確《せいかく》に捉《とら》えているといった事《こと》はなく、緩《ゆる》やかに繋《つな》がりを感《かん》じながら、個々《ここ》の役割《やくわり》を全《まっと》うしている。

私《わたし》は武術《ぶじゅつ》を始《はじ》めてから身体《しんたい》を通《つう》じて、若《わか》き日《ひ》の己《おのれ》の直感《ちょっかん》を裏《うら》づけるように、「人《ひと》と神《かみ》も、そのようなものなのだ」と思《おも》うようになりました。

私《わたし》にとって、神《かみ》とは「この世《よ》の総《すべ》て」です。

しかし、この世《よ》の全《すべ》てはあまりにも広大無辺《こうだいむへん》で、その全体像《ぜんたいぞう》を正確《せいかく》に捉《とら》えられる人《ひと》はいません。

一《ひと》つの細胞《さいぼう》が、体全体《からだぜんたい》を掌握《しょうあく》できないようにです。

一人《ひとり》の人間《にんげん》もこの世《よ》の理《ことわり》の一部《いちぶ》なのですから、世界全体《せかいぜんたい》における「細胞《さいぼう》」のような存在《そんざい》とも言《い》えるでしょう。

たとえば国家《こっか》、地域《ちいき》、民族《みんぞく》といった枠組《わくぐ》みの中《なか》には様々《さまざま》な人《ひと》が存在《そんざい》しています。

人《ひと》はそれぞれ「個性《こせい》」という色《いろ》を持《も》っていますが、それも俯瞰的《ふかんてき》に見《み》ると点描画《てんびょうが》のように混《ま》ざり合《あ》い、「集団《しゅうだん》」という新《あら》たな色《いろ》になります。

そこから一人《ひとり》でもいなくなれば、点描画《てんびょうが》の色合《いろあ》いも微妙《びみょう》に変化《へんか》します。

また、個人《こじん》そのものも時間《じかん》と共《とも》に絶《た》えず変化《へんか》していますから、その色合《いろあ》いが変《か》わってゆきます。

そうした変化《へんか》の集合《しゅうごう》である集団《しゅうだん》は、変転《へんてん》し続《つづ》ける一枚絵《いちまいえ》のような存在《そんざい》なのでしょう。

その変化《へんか》の力《ちから》は「流《なが》れ」となり、渦《うず》を呼《よ》び、そこに「潮目《しおめ》」も生《う》まれます。

集団《しゅうだん》の集合《しゅうごう》は更《さら》なる集団《しゅうだん》を生《う》み、その集合《しゅうごう》も更《さら》なる集団《しゅうだん》を為《な》している。

「集団《しゅうだん》」とは「人《ひと》」の集合《しゅうごう》だけとは限《かぎ》らず、そこに転《ころ》がっている石《いし》ころ、天候《てんこう》、着《き》ている服《ふく》なども、「色合《いろあ》い」に全《すべ》て関《かか》わっている。

つまり、「あらゆる要素《ようそ》」が「影響力《えいきょうりょく》」という名《な》の「重力《じゅうりょく》」を持《も》ち、「場《ば》」という点描画《てんびょうが》を作《つく》っているのです。

手《て》のひらも、森《もり》も、旅客機《りょかくき》も、惑星《わくせい》も、銀河《ぎんが》も、「この世《よ》の理《ことわり》」を構成《こうせい》する「色《いろ》」の一《ひと》つだということです。

私《わたし》の認識《にんしき》が正《ただ》しければ、その掌握領域《しょうあくりょういき》を拡《ひろ》げれば拡《ひろ》げるほど、「この世《よ》の総《すべ》て」＝「神《かみ》」に近《ちか》づいてゆきます。

細胞《さいぼう》や身体部位《しんたいぶい》にとって、所属《しょぞく》する肉体《にくたい》の総合的人格《そうごうてきじんかく》は、ある種《しゅ》の「神《かみ》」であるように。

しかし、認識範囲《にんしきはんい》が拡《ひろ》がるほど取《と》り留《と》めは無《な》くなり、その広大《こうだい》さに人《ひと》は立《た》ち尽《つ》くします。

だから、人《ひと》は「名前《なまえ》」を付《つ》けたのでしょう。

扱《あつか》いやすく把握《はあく》しやすい枠組《わくぐ》みを作《つく》り、それを言葉《ことば》で閉《と》じ込《こ》めたのです。

国家《こっか》、地域《ちいき》、民族《みんぞく》、宇宙《うちゅう》。人《ひと》はそれぞれ身《み》の丈《たけ》に合《あ》った枠組《わくぐ》みの中《なか》に収《おさ》まり、安定《あんてい》したがる生《い》き物《もの》だからです。

安定《あんてい》は、「安心《あんしん》」を生《う》みます。

その範囲《はんい》が小《ちい》さいほど手《て》が届《とど》きやすく、「安心感《あんしんかん》」は増《ま》します。

それは「秩序《ちつじょ》」という恩恵《おんけい》をもたらす一方《いっぽう》で、「この世《よ》の理《ことわり》」と「自己《じこ》」を分断《ぶんだん》する壁《かべ》ともなります。

この世《よ》の理《ことわり》とはどこまでも広《ひろ》く、狭《せば》めるほどに安定《あんてい》する枠組《わくぐ》みとは、相反《あいはん》する関係《かんけい》にあるからです。

つまり、人《ひと》は自分《じぶん》が安定《あんてい》できる枠組《わくぐ》みを作《つく》るほどに、この世《よ》の理《ことわり》からは離《はな》れていく。

本来《ほんらい》は広大《こうだい》になるほどに名付《なづ》ける事《こと》は不可能《ふかのう》であり、捉《とら》える事《こと》ができるとするならば、それはもう「感覚《かんかく》」の領域《りょういき》となります。

しかし、この世《よ》の取《と》り留《と》めのなさを簡単《かんたん》に受《う》け入《い》れる事《こと》ができるほど、人《ひと》は強《つよ》い存在《そんざい》ではないようです。

だから、「神《かみ》」という言葉《ことば》ができたのでしょう。

人《ひと》は祈《いの》りを捧《ささ》げ、「安定《あんてい》」する枠組《わくぐ》みが欲《ほ》しいのです。

そして、「聖者《せいじゃ》」と言《い》われる人《ひと》や宗教家《しゅうきょうか》が、「自分《じぶん》が捉《とら》えられる枠組《わくぐ》み」を可視化《かしか》し、提供《ていきょう》してきたのでしょう。

そういった意味《いみ》で私《わたし》にとってあらゆる宗教《しゅうきょう》や思想《しそう》は「この世《よ》の理《ことわり》」をある角度《かくど》から切《き》り取《と》った表《あらわ》れであり、「同《おな》じもの」に対《たい》する表現《ひょうげん》の違《ちが》いだと思《おも》っています。

つまり、「どれも全《すべ》て正《ただ》しい」。

であると同時《どうじ》に、私《わたし》の世界観《せかいかん》からすると、私自身《わたしじしん》が特定《とくてい》の宗教《しゅうきょう》や思想《しそう》に所属《しょぞく》することはないでしょう。

私《わたし》は枠組《わくぐ》みを外《はず》し、認識《にんしき》を拡張《かくちょう》することしか考《かんが》えていないからです。

神《かみ》とは

つまり、私《わたし》は高度《こうど》な存在《そんざい》になるほど、認識《にんしき》も崇拝《すうはい》もされなくなってくると思《おも》っています。

「総《すべ》て」であるならば、すぐそこにも存在《そんざい》しているし、「どこにある」と言《い》うこともできない。

人《ひと》は神《かみ》に祈《いの》る時《とき》、知《し》らぬ間《ま》に自分自身《じぶんじしん》にも祈《いの》っているのです。


たとえば『古事記《こじき》』の中《なか》で一番有名《いちばんゆうめい》な神様《かみさま》は、この日本《にほん》を創《つく》ったとされるイザナギとイザナミだと思《おも》います。

国《くに》を創《つく》ったぐらいなのですから、神話《しんわ》の中《なか》で「一番偉《いちばんえら》い神《かみ》さま」という印象《いんしょう》を持《も》つ方《かた》も多《おお》いと思《おも》います。

しかし、よくよく読《よ》んでみると、「高天原《たかまがはら》の神々《かみがみ》に命《めい》ぜられ」創《つく》ったと書《か》かれています。

つまり、もっと偉《えら》い神《かみ》さまたちの「お使《つか》い」をさせられているのです。

では、本当《ほんとう》に偉《えら》い神《かみ》さまは誰《だれ》なのかというと、『古事記《こじき》』の冒頭《ぼうとう》に出《で》てきます。

「天之御中主神《あめのみなかぬしのかみ》」がそれで、そこに続《つづ》く上位《じょうい》の神々《かみがみ》が何柱《なんはしら》も紹介《しょうかい》されています。

しかしこれらの神々《かみがみ》は冒頭《ぼうとう》でさらりと説明《せつめい》されるだけでそれ以降《いこう》ほとんど登場《とうじょう》せず、名前《なまえ》すら出《で》てきません。

実際《じっさい》、一番偉《いちばんえら》いとされる天之御中主神《あめのみなかぬしのかみ》の名前《なまえ》を言《い》える人《ひと》はほとんどいないでしょう。

私《わたし》は、真《しん》に高度《こうど》な存在《そんざい》とはこの様《よう》なものだと思《おも》っています。

この世《よ》の理《ことわり》と溶《と》け一体《いったい》となり、人知《ひとし》れず世界《せかい》を運行《うんこう》している。

つまり、人々《ひとびと》に祈《いの》られていたり感謝《かんしゃ》されているような存在《そんざい》は、まだまだ「お使《つか》い」や「窓口《まどぐち》」だということです。

そして、「全《すべ》てのものに神《かみ》が宿《やど》る」という八百万《やおよろず》の思想《しそう》がありますが、全《すべ》てのものが神《かみ》に宿《やど》っている。

私《わたし》はそんな風《ふう》に思《おも》っています。

ならば、そこに神《かみ》と名付《なづ》ける必要《ひつよう》はなく、「運命《うんめい》」と言《い》い換《か》えてもいい。

時間《じかん》も空間《くうかん》も包括《ほうかつ》した「全《すべ》ての要素《ようそ》の集合《しゅうごう》」が運命《うんめい》であり、自分《じぶん》もまたその一部《いちぶ》だからです。

であるならば、「自分《じぶん》」も運命《うんめい》の点描画《てんびょうが》を構成《こうせい》する一色《いっしょく》であり、「自分自身《じぶんじしん》」に最《もっと》も身近《みぢか》な運《うん》命《めい》の色《いろ》ということになります。

他《ほか》でもない、そこにある「自分自身《じぶんじしん》」という名《な》の色《いろ》だからです。

つまり、人《ひと》が時《とき》に立《た》ち竦《すく》んでしまう「運命《うんめい》」というものの広大《こうだい》さの中《なか》で、最《もっと》も自分自身《じぶんじしん》に作用《さよう》する運命《うんめい》もまた、「自分自身《じぶんじしん》」だということです。

ならば。

人《ひと》は自分自身《じぶんじしん》を全《まっと》うするしかない。

運命《うんめい》の潮目《しおめ》を邪魔《じゃま》せず、「最適《さいてき》」を選《えら》び取《と》りながら。

第二部

対談

身体的運命論《しんたいてきうんめいろん》

甲野善紀 × 方条遼雨

意識《いしき》と肉体《にくたい》

方条　ここ数年《すうねん》、甲野先生《こうのせんせい》の技《わざ》や意識《いしき》において、重要《じゅうよう》な位置《いち》づけとなっているのが、「影観法《えいかんほう》」という技法《ぎほう》ですね。

これは、**「意識《いしき》」と「実際《じっさい》の肉体《にくたい》」に別々《べつべつ》の動《うご》きをさせる**、という要素《ようそ》が大《おお》きくあります。

例《たと》えば、先生《せんせい》が「ここを打《う》つぞ」と思《おも》う意識《いしき》と、実際《じっさい》の行動《こうどう》が別《べつ》の事《こと》をする。すごく分《わ》かりやすく言《い》ってしまうと、心《こころ》の中《なか》で「右《みぎ》に行《い》く」と思《おも》いながら、実際《じっさい》の体《からだ》は左《ひだり》に進《すす》むような事《こと》ですね。

これは、武術《ぶじゅつ》における効果《こうか》はもちろん、日常《にちじょう》や様々《さまざま》な分野《ぶんや》につながる普遍的《ふへんてき》な思考《しこう》のヒントとなる事《こと》も分《わ》かってきました。

実際《じっさい》、先生《せんせい》の命《いのち》を救《すく》ったりもしましたよね。

まずはその「影観法《えいかんほう》」について、語《かた》っていただきたいと思《おも》います。

影観法《えいかんほう》について

甲野　私《わたし》が影観法《えいかんほう》という名称《めいしょう》を付《つ》けて、この心法《しんぽう》の技《わざ》とも言《い》える術理《じゅつり》を研究《けんきゅう》し始《はじ》めたのは、二〇一八年《ねん》になる直前《ちょくぜん》の二〇一七年十二月二十八日《ねんじゅうにがつにじゅうはちにち》でした。

そして、この術理《じゅつり》を研究《けんきゅう》し始《はじ》めて一番実感《いちばんじっかん》したのは、人《ひと》は人《ひと》の心《こころ》が読《よ》めるという事《こと》です。「読《よ》める」というか、「人《ひと》は誰《だれ》でも人《ひと》の心《こころ》を読《よ》んで対応《たいおう》していた」という事《こと》ですね。

例《たと》えば、カリスマセールスマンが、普通《ふつう》のセールスマンの何倍《なんばい》も売《う》り上《あ》げるのは、この原理《げんり》を使《つか》って相手《あいて》を自分《じぶん》の世界《せかい》の中《なか》に引《ひ》き込《こ》んでしまうからだと思《おも》います。

方条　鈍感《どんかん》な人《ひと》でもなんでも、情報《じょうほう》をずいぶん取《と》っているなというのが分《わ》かりますよね。

甲野　一応《いちおう》、ある程度《ていど》世《よ》の中《なか》に出《で》て、人《ひと》とコミュニケーションが取《と》れる人《ひと》は、多《おお》かれ少《すく》なかれ、そういう事《こと》は必《かなら》ずしているんじゃないですかね。

方条　武術《ぶじゅつ》をやっているとそれはすごく感《かん》じます。

甲野　まあ、人《ひと》が相手《あいて》でなくても、様々《さまざま》な事態《じたい》に対応《たいおう》して生《い》きていくには、事前《じぜん》に的確《てきかく》に情報《じょうほう》を取《と》っていることが必要《ひつよう》ですよね。例《たと》えば、キャッチボールでボールを捕《と》る時《とき》、目《め》をつぶった状態《じょうたい》で手《て》のひらにボールが触《さわ》ってからキャッチするために手《て》や腕《うで》を引《ひ》いたんじゃ、絶対《ぜったい》に捕《と》れないじゃないですか。

ボールがキャッチ出来《でき》るのは腕《うで》を引《ひ》く動《うご》きでクッションを作《つく》るからですが、そのためには捕《ほ》球《きゅう》する直前《ちょくぜん》から飛《と》んでくるボールがいつ手《て》に届《とど》くかを確実《かくじつ》に予測《よそく》して腕《うで》を引《ひ》き始《はじ》めなければ捕《と》れないわけです。

ですから、階段《かいだん》の途中《とちゅう》に大変分厚《たいへんぶあつ》いアクリル板《ばん》が置《お》かれていて、そこへ勢《いきお》いよく階段《かいだん》を下《お》りてきてそのアクリル板《ばん》に激突《げきとつ》したら、すごいショックで身体《からだ》にも大変《たいへん》なダメージですよね。

ただ、時《とき》にはおばあさんが荷物《にもつ》を持《も》って、透明《とうめい》の耐衝撃《たいしょうげき》ガラスに気《き》づかずに激突《げきとつ》してガラスを割《わ》っちゃったりする事《こと》がありますが、こういう時《とき》は、身体《からだ》は何《なん》でもなかったりします。

この例《れい》のように、そこにガラスがあることを知《し》っていて体当《たいあ》たりするラグビー選手《せんしゅ》でも割《わ》れないガラスを割《わ》ってしまうというのは、そこに何《なに》もないと思《おも》って突《つ》っ込《こ》んだおばあさんの方《ほう》が威《い》力《りょく》が格段《かくだん》に上回《うわまわ》っていたという事《こと》でしょう。

このように予測出来《よそくでき》なかった方《ほう》が威力《いりょく》が出《で》るという例《れい》もありますね。ただ、予測《よそく》は、無意識《むいしき》のうちにも自動的《じどうてき》にどうしても働《はたら》きますね。

例《たと》えば、止《と》まっているエスカレーターでは、止《と》まっていることが分《わ》かっているのに、上《のぼ》ろうとする際《さい》にフッて前《まえ》にのめりそうになるのは、やっぱり動《うご》いている時《とき》の条件反射的対応《じょうけんはんしゃてきたいおう》が身《み》についているからですね。

エスカレーターは普通《ふつう》の階段《かいだん》を上《のぼ》る時《とき》よりも乗《の》る時《とき》に余計《よけい》に重心《じゅうしん》を前《まえ》に出《だ》さなければなりませんから、その癖《くせ》で止《と》まっている時《とき》でも、いつもの習慣《しゅうかん》で重心《じゅうしん》を前《まえ》に出《だ》すので、つんのめりそうになるんですね。

動《うご》いていればちょうどいいんですけれど、動《うご》いていないと、ワッとそこでつまずきそうになるんです。

人《ひと》は物事《ものごと》をスムーズに行《おこな》うために常《つね》に予測《よそく》していて、対人《たいじん》の場合《ばあい》、その人《ひと》のやろうとする気配《けはい》というか意識《いしき》にいち早《はや》く反応《はんのう》しているんです。

ほとんどの人《ひと》はそのことに気《き》づいていないですけれど。

私《わたし》が影観法《えいかんほう》を使《つか》って突《つ》くと、相手《あいて》の反応《はんのう》が遅《おく》れるのは、突《つ》こうという気配《けはい》を消《け》しているからですが、それは人間《にんげん》には、こちらが突《つ》こうとする気配《けはい》を読《よ》むという、「人《ひと》の心《こころ》を読《よ》む能力《のうりょく》」が確実《かくじつ》にあるからですね。

方条　人間《にんげん》にはまだまだ未発見《みはっけん》の要素《ようそ》があるし、身体《しんたい》の在《あ》り方《かた》からも、自分《じぶん》の無意識下《むいしきか》でかなり情報《じょうほう》を取《と》っていますよね。

気配《けはい》

方条　「ここがこうだから、こういうふうにこの人《ひと》は動《うご》く」とか、「こう思《おも》ってる」っていう言葉《ことば》で説明出来《せつめいでき》る部分以外《ぶぶんいがい》でも、全体《ぜんたい》の佇《たたず》まいから出《で》ている何《なん》らかの情報《じょうほう》を視覚《しかく》からも相当取《そうとうと》っているなっていう。それは本人《ほんにん》も気《き》づいていないレベルで。

だから気配《けはい》というのはその無意識下《むいしきか》で取《と》る視覚情報《しかくじょうほう》とか、視覚《しかく》ですらない情報《じょうほう》だとか、いろんなものの総合的要素《そうごうてきようそ》という感《かん》じなんですよね、きっと。

甲野　まあこの能力《のうりょく》は人間《にんげん》に限《かぎ》らないですけれど。なぜなら生《い》き物《もの》が生《い》きていくためには、当然《とうぜん》のことですが敏感《びんかん》な対応力《たいおうりょく》が必要《ひつよう》だからですよね。

方条　動物《どうぶつ》なんか結構感《けっこうかん》じていますね、そういう気配《けはい》みたいなものを。

甲野　犬《いぬ》が、飼《か》い主《ぬし》が散歩《さんぽ》に連《つ》れ出《だ》そうとしてリードを用意《ようい》すると喜《よろこ》ぶけれど、獣医《じゅうい》に連《つ》れていくつもりでリードを用意《ようい》すると逃《に》げ回《まわ》る、というようなことはよく知《し》られていますよね。犬《いぬ》は言葉《ことば》が分《わ》からなくても、人間以上《にんげんいじょう》に思《おも》っていることが読《よ》めるからでしょう。

方条　「なんか嫌《いや》なの」って感《かん》じで、もう事前《じぜん》の抵抗《ていこう》を始《はじ》めたりしますよね。

だから、武術《ぶじゅつ》で人《ひと》の気配《けはい》を読《よ》んで対応《たいおう》する時《とき》も、やはり研《と》ぎ澄《す》ましていくと自分《じぶん》でも何《なに》を読《よ》んでいるのか分《わ》からない、みたいな領域《りょういき》に入《はい》っていきますしね。

でも、何《なに》か情報《じょうほう》は取《と》っているんですよね。

甲野　こちらがこの辺《あた》りを突《つ》こうとしたら、相手《あいて》の手《て》がそこに出《で》てくるっていうことは、ごく普《ふ》通《つう》にあるでしょう。

方条　ありますね。

司令《しれい》

方条　私《わたし》は剣術《けんじゅつ》の稽古《けいこ》をしている時《とき》に、自分《じぶん》でも不思議《ふしぎ》に感《かん》じる事《こと》があります。

安全面《あんぜんめん》に考慮《こうりょ》しつつソフト剣《けん》で自由《じゆう》に打《う》ち合《あ》うような時《とき》に、こんな所《ところ》に剣《けん》を振《ふ》っても意味《いみ》がないだろうという所《ところ》を「打《う》て」という司令《しれい》が自分《じぶん》の中《なか》に来《く》ることがあるんです。でも、「そんな所《ところ》を打《う》っても空振《からぶ》りするんじゃないか」と思《おも》いつつも、騙《だま》されたつもりでそこを打《う》つと結果的《けっかてき》に相手《あいて》がいて勝手《かって》に当《あ》たる、みたいな事《こと》が時々《ときどき》起《お》こります。

それは頭《あたま》で考《かんが》えると、こんな所《ところ》に剣《けん》を振《ふ》ってもしょうがないだろう、という感《かん》じなんですが、でもここに振《ふ》れば「当《あ》たる」という確信《かくしん》みたいなものも同時《どうじ》にあって。

それが合致《がっち》した時《とき》に、自分《じぶん》でも不思議《ふしぎ》だし、相手《あいて》も「なんで打《う》たれたんだろう？」みたいになることがたまにある。

まだ、百発百中《ひゃっぱつひゃくちゅう》とはいかないんですけれど、それがもっと安定的《あんていてき》に取《と》り出《だ》せるような状況《じょうきょう》がきっと昔《むかし》の飛《と》び抜《ぬ》けた剣豪《けんごう》などにはあったのだろうな、というのはあります。

甲野　私《わたし》が帯《おび》に推薦文《すいせんぶん》を書《か》いた、スティーヴン・コトラー著《ちょ》の『超人《ちょうじん》の秘密《ひみつ》』（二〇一五年《ねん》、早《はや》川書房《かわしょぼう》）という本《ほん》がありますが、この本《ほん》は、サブタイトルが「エクストリームスポーツとフロー体験《たいけん》」とつけられているように、命《いのち》がけのスポーツ選手《せんしゅ》が入《はい》りやすいゾーンとかフローなどと言《い》われる世界《せかい》を解説《かいせつ》しています。

あの中《なか》でディーン・ポッターという人《ひと》のエピソードが紹介《しょうかい》されていますが、この人《ひと》はフリーソロと呼《よ》ばれる、道具《どうぐ》を使《つか》わず自分《じぶん》の手足《てあし》だけで山《やま》に登《のぼ》る人《ひと》です。競技化《きょうぎか》されているボルダリングのような人工的《じんこうてき》に設計《せっけい》された突起《とっき》を指先《ゆびさき》や足先《あしさき》に引《ひ》っかけて登《のぼ》るのではなくて、本当《ほんとう》に誰《だれ》も登《のぼ》ったことがない岩山《いわやま》なんかを登《のぼ》るのです。自然《しぜん》の中《なか》で一人《ひとり》きりでずっと登《のぼ》っていって最後《さいご》に力尽《ちからつ》きて登《のぼ》れなかった、ということでは命《いのち》がいくつあっても足《た》りません。ですから、このディーン・ポッターは、山《やま》を登《のぼ》ろうとする時《とき》、「ボイス《直感の声》」に従《したが》っていたということです。この事《こと》についてポッター自身《じしん》は『超人《ちょうじん》の秘密《ひみつ》』の中《なか》で次《つぎ》のように語《かた》っています。

「ある動作《どうさ》をしなければならないとき、その直前《ちょくぜん》に、どうすべきかをボイスが教《おし》えてくれるんだ。それが間違《まちが》っていることは絶対《ぜったい》にない。ボイスが何《なに》かをしろと言《い》ったら、するしかない。そのときは、考《かんが》えてもいけない。質問《しつもん》もなし。ボイスの言《い》うとおりにしなかったら、死《し》ぬことになる。私《わたし》はそのことを、クライミング人生《じんせい》のかなり早《はや》い段階《だんかい》で学《まな》んだ」

この人《ひと》がパタゴニアの山《やま》を下山中《げざんちゅう》、かなりの大《おお》きさの石《いし》が落《お》ちてきた事《こと》があった。落石《らくせき》の時《とき》の基本《きほん》は、まず岩肌《いわはだ》にピタッと身《み》を寄《よ》せるそうですけど、その時《とき》はなぜか「離《はな》れろ」って声《こえ》が聞《き》こえるので岩壁《がんぺき》を蹴《け》って離《はな》れたら、大《おお》きな石《いし》がその岩壁《がんぺき》すれすれを落《お》ちてきた。もし岩《いわ》に張《は》りついていたら頭《あたま》が直撃《ちょくげき》されて死《し》んでいたところでしょう。離《はな》れたから命《いのち》は助《たす》かったんですけれど、その岩《いわ》が太《ふと》ももを直撃《ちょくげき》し、足《あし》がダメになってしまった。それで両手《りょうて》と片足《かたあし》とで下《お》り切《き》り、その後二十四時間《ごにじゅうよじかん》かけてベースキャンプまで這《は》って行《い》ったそうです。

とにかくこの人《ひと》だけに聞《き》こえる、「右《みぎ》だ、左《ひだり》だ」、あるいは「離《はな》れろ」という内側《うちがわ》からの声《こえ》に従《したが》って山《やま》を登《のぼ》って行《い》くというのはすごい話《はなし》です。

でもこの人《ひと》も最期《さいご》は、ベースジャンプという、ムササビみたいなフライングスーツで飛行《ひこう》していて、山《やま》の岩《いわ》に激突《げきとつ》して即死《そくし》するんですよ。

まあ、何《なん》だかこの人《ひと》らしい最期《さいご》のような気《き》もしますが、あの本《ほん》は本当《ほんとう》にいろいろな面《めん》で刺激《しげき》を受《う》けましたね。

方条　お読《よ》みになった当時《とうじ》、相当《そうとう》インパクトを受《う》けたご様子《ようす》でしたね。

確《たし》かに、人間《にんげん》には自分《じぶん》でも予測出来《よそくでき》ないというか、想像《そうぞう》がつかないような能力《のうりょく》とか知能《ちのう》があるっていうのは、身体《しんたい》の事《こと》をやっていると、ちらほらと垣間見《かいまみ》えますよね。

甲野先生《こうのせんせい》の屋根《やね》から落《お》ちた時《とき》なんかもその一《ひと》つでしょうし。

甲野　二〇一九年《ねん》の台風《たいふう》一五号《ごう》の時《とき》ですね。

方条　まさに、「影観法《えいかんほう》」が先生《せんせい》の命《いのち》を救《すく》ったと言《い》っても良《よ》いエピソードですよね。

身体《からだ》に任《まか》せる

甲野　あれ以来《いらい》、もし駅《えき》の階段《かいだん》などで、誰《だれ》かに付《つ》き飛《と》ばされたり、あるいはスーツケースなどが偶然《ぐうぜん》に滑《すべ》り落《お》ちてきて巻《ま》き込《こ》まれた場合《ばあい》など、意識《いしき》が瞬間的《しゅんかんてき》に切《き》り替《か》わって、一番《いちばん》ダメージが少《すく》ない方向《ほうこう》で受《う》けをとれるだろうっていう、妙《みょう》な自信《じしん》がありますよ。

方条　身体《からだ》がよろしくやってくれるだろう、みたいな事《こと》ですね。

先生《せんせい》は影観法《えいかんほう》で、通常《つうじょう》の意識《いしき》を一瞬《いっしゅん》で飛《と》ばす作業《さぎょう》をずっとやってきたんですよね。その結果《けっか》、肉体《にくたい》に直《じか》に関《かか》わっている潜在的《せんざいてき》な「裏《うら》の意識《いしき》」などと先生《せんせい》が呼《よ》んでいるものが、表《おもて》の意識《いしき》と入《い》れ替《か》わって対応《たいおう》するようになっている。

甲野　そうですね。緊急事態《きんきゅうじたい》になった瞬間《しゅんかん》にパッとスイッチが切《き》り替《か》わるようになっていると思《おも》います。

方条　まあそれくらい極端《きょくたん》な例《れい》じゃなくても、自分《じぶん》の中《なか》で技《わざ》なり感覚《かんかく》なり術《じゅつ》なりを探《さぐ》っていると、やっぱり「身体《しんたい》が先《さき》に出来《でき》る」というのがありますよね。

甲野　ええ、ありますね。

直感《ちょっかん》

甲野　麻薬探知犬《まやくたんちけん》って空港《くうこう》にいるでしょ。その犬《いぬ》が、どう考《かんが》えても匂《にお》いが分《わ》かるはずがない状況《じょうきょう》なのに麻薬《まやく》を見《み》つけることがあるそうです。

それは、密輸《みつゆ》する側《がわ》も麻薬探知犬《まやくたんちけん》がいることが分《わ》かっているから、真空包装《しんくうほうそう》を三重《さんじゅう》くらいにして、絶対臭《ぜったいにお》わないようにしてあるのに、見《み》つかってしまうことがある。

ある人《ひと》の仮説《かせつ》では、犬《いぬ》を連《つ》れている麻薬《まやく》Gメンが今《いま》までの経験《けいけん》から、「あーこいつ、怪《あや》しそうだな」とふと思《おも》う。でもそれは本当《ほんとう》にかすかな直感《ちょっかん》で、その人《ひと》の意識《いしき》にものぼらないんですよ。でも犬《いぬ》はそれを探知《たんち》する。

先程《さきほど》の、犬《いぬ》が散歩《さんぽ》に行《い》くのか獣医《じゅうい》に行《い》くのかを察知《さっち》するように、麻薬探知犬《まやくたんちけん》を連《つ》れている人自身《ひとじしん》も自覚《じかく》していないくらいの「こいつ怪《あや》しいぞ」という、ほんのかすかな疑惑《ぎわく》を犬《いぬ》が探知《たんち》して、「このスーツケースは怪《あや》しい」というポーズをして、それでそのスーツケースに麻薬《まやく》が入《はい》っていることがばれてしまうのだろう、という話《はなし》でしたが、それを聞《き》いて「なるほどな」と思《おも》いました。

心《こころ》の慣性《かんせい》

甲野　人間《にんげん》には心《こころ》の面《めん》でも「慣性《かんせい》の法則《ほうそく》」があって、例《たと》えば歩《ある》いていて、何《なん》の用《よう》もないのに一〇メートル戻《もど》るなどというのはものすごく難《むずか》しいんですよ。たとえ別《べつ》に何《なに》も急《いそ》ぐ必要《ひつよう》もない散歩《さんぽ》であってもね。

ですから、「何《なん》の用《よう》もないのに一〇メートルぐらい戻《もど》る」という事《こと》を、どうしてもやろうと思《おも》ったら「何《なん》の用《よう》もないのに一〇メートル戻《もど》る事《こと》がどんなに難《むずか》しいか実験《じっけん》しよう」とか、何《なに》か理由《りゆう》を作《つく》らないと突然戻《とつぜんもど》るなどという事《こと》は出来《でき》ないんですよ。

そういうふうに、「ある程度《ていど》やりかけると途中《とちゅう》でやめられなくて、ついそれを続《つづ》ける」っていう、心《こころ》の「慣性《かんせい》の法則《ほうそく》」といったものが人間《にんげん》にはありますから、瞬時《しゅんじ》の心《こころ》の切《き》り替《か》えは難《むずか》しいのです。まあ、それがあるから仕事《しごと》も出来《でき》るんでしょうけどね。

しょっちゅうやめようと思《おも》ってすぐやめられるんだったら、なかなか仕事《しごと》の効率《こうりつ》も上《あ》がらないでしょう。

ですから、そういうある種《しゅ》の「慣性《かんせい》の法則《ほうそく》」みたいなものがある事《こと》は必要《ひつよう》なのですが、そこをあえて、瞬間《しゅんかん》に切《き》り替《か》えることが出来《でき》るようになると、いろんなところで面白《おもしろ》いことが起《お》こると思《おも》いますよ。

方条　それは**居《い》つかない**、とも言《い》えますね。

甲野　そうですね。

方条　自分《じぶん》のね、心《こころ》の慣性《かんせい》みたいなのが働《はたら》いているところでもパッと反対方向《はんたいほうこう》にいけるということですもんね。

それは、常《つね》に自由《じゆう》で浮遊《ふゆう》しているということですから。例《たと》えば、ものすごく好《す》きな人《ひと》がいるけれど、もうこれは「どうやっても無理《むり》だ」と思《おも》ったら、パッと別《べつ》の人《ひと》に行《い》けるみたいな事《こと》が出来《でき》れば、人生《じんせい》はずいぶん楽《らく》になりますよね。だってもう無理《むり》なんだから。

ずっと寄《よ》り添《そ》った夫婦《ふうふ》でも、もう心《こころ》が互《たが》いにどうしようもなく離《はな》れているなと思《おも》ったら、パッと離婚出来《りこんでき》るとかね。それはとっても自由《じゆう》になりますよね。

でもすごく残《のこ》っちゃうんですよ、人《ひと》は。澱《よど》んで。で、その澱《よど》んだ分《ぶん》だけ苦《くる》しみが長引《ながび》いてしまう。

甲野　まあでも、そういう心《こころ》の慣性《かんせい》の法則《ほうそく》があるから、多《おお》くの家族《かぞく》が崩壊《ほうかい》しないでいられるとも言《い》えますね。

方条　そうですね。あまりにも思考《しこう》が効率的《こうりつてき》になると、種《しゅ》は滅《ほろ》びるかもしれない。

本当《ほんとう》の意味《いみ》でね、人《ひと》が自由《じゆう》になって浮《う》いてくると、もう人間《にんげん》としての役割《やくわり》は卒業《そつぎょう》して、お役御《やくご》免《めん》になるかもしれないですね。でも、それもそれでいいと私《わたし》は思《おも》いますけどね。

甲野　いや、「それはそれでいい」と私《わたし》も思《おも》いますけれど、でも人間《にんげん》は思《おも》いきって課題《かだい》を放《ほう》り出《だ》して抜《ぬ》けられたとしても、また生《う》まれ変《か》わっていろいろ修行《しゅぎょう》させられるんですよ。

方条　やり残《のこ》しがあるっていう事《こと》ですね。自分《じぶん》のやってきた事《こと》の惰性《だせい》が働《はたら》いて固着《こちゃく》しているうちはやり残《のこ》しがあるけれど、甲野先生《こうのせんせい》は、長年《ながねん》ずっと剣《けん》の持《も》ち方《かた》を右手《みぎて》と左手《ひだりて》を離《はな》して持《も》っていたのが、ある瞬間《しゅんかん》にパッと寄《よ》せる事《こと》が出来《でき》るだとか、それまでの自分《じぶん》のシステムの惰性《だせい》に固着《こちゃく》しないでいる。技《わざ》において「潔《いさぎよ》く転生《てんせい》している」とも言《い》えますね。

甲野　まあ、気付《きづ》いてしまったら変《か》えるしかないですからね。ですから新《あたら》しい気付《きづ》きも仮《かり》のものとして「まあまあいいかな」とは思《おも》いますけど、本質的《ほんしつてき》にいいっていう事《こと》はないですね。

方条　いいなんか無《な》いんですよね。本当《ほんとう》はね、ずっと未熟《みじゅく》なんですから。

甲野　あるレベルまで行《い》ければ、そこからまた更《さら》に上《うえ》のレベルをどうしても目指《めざ》しますからね。

スーパーコンピューター

方条　先生《せんせい》はいつか、当《あ》たり前《まえ》の行為《こうい》がものすごく新鮮《しんせん》に感《かん》じられるという事《こと》が、術理《じゅつり》の発展《はってん》にとても大事《だいじ》だと言《い》われていましたよね。

甲野　当《あ》たり前《まえ》というかありふれたというか、単純《たんじゅん》、素朴《そぼく》な動《うご》きで、すべて間《ま》に合《あ》うのは、ある種武術《しゅぶじゅつ》における極《きわ》まった状態《じょうたい》ですが、幕末《ばくまつ》に仏生寺弥助《ぶっしょうじやすけ》という竹刀《しない》を合《あ》わせれば誰《だれ》とやってもこの弥助《やすけ》が一番強《いちばんつよ》いのではないかという噂《うわさ》があった剣客《けんかく》がいました。

この人物《じんぶつ》が竹刀《しない》を上段《じょうだん》にあげて、そのまま打《う》つと、相手《あいて》はただカカシのように打《う》たれたそうです。

ものすごく単純《たんじゅん》な動《うご》きのようにしか見《み》えないのですが、相手《あいて》にとっては受《う》けもかわしも出来《でき》なかった、すごい動《うご》きだったのでしょう。

方条　甲野先生《こうのせんせい》が『増補改訂《ぞうほかいてい》　剣《けん》の精神誌《せいしんし》』(二〇〇九年《ねん》、ちくま学芸文庫《がくげいぶんこ》)という本《ほん》の中《なか》で書《か》かれていますが、無住心剣術《むじゅうしんけんじゅつ》も「ただ剣《けん》を上《あ》げて落《お》とす」というシンプルな術理《じゅつり》ですよね。

甲野　そうですね。無住心剣術《むじゅうしんけんじゅつ》で言《い》われている術理《じゅつり》の一《ひと》つに、「よく当《あ》たるものはよく外《はず》れ、よく外《はず》れるものはよく当《あ》たる」という教《おし》えがあります。

方条　見事《みごと》な表現《ひょうげん》ですよね。

甲野　当然《とうぜん》、その外《はず》れ方《かた》というか、外《はず》し方《かた》というか、それらにもいろんなレベルはあると思《おも》います。

私《わたし》の「影観法《えいかんほう》」で言《い》えば、「我《われ》ならざるは我《われ》」という「我《われ》」も、「もう一人《ひとり》の自分《じぶん》」という言《い》い方《かた》の「自分《じぶん》」にしても、どの程度《ていど》の深《ふか》さにいる「もう一人《ひとり》の自分《じぶん》」なのか、という問題《もんだい》がありますよね。

方条　そうですね。私《わたし》は人間《にんげん》の深層意識《しんそういしき》は、言《い》わば「スーパーコンピューター」ではないかと思《おも》っています。

「右脳《うのう》と左脳《さのう》」みたいな言《い》い方《かた》もありますけれど。

最初《さいしょ》は、論理性《ろんりせい》だとか確定《かくてい》したものとか、そういったものの方《ほう》が重宝《ちょうほう》されるんですよ。手前《てまえ》にあるし、分《わ》かりやすいから。

でも感覚領域《かんかくりょういき》こそ、スーパーコンピューターだと思《おも》っています。

近年《きんねん》はＡＩがようやくそこに追《お》いついてきたんじゃないでしょうか。

というのも、自分《じぶん》で認識出来《にんしきでき》て、「こうだからこうなる」とか、「こうこうこうだからこういうふうに有効《ゆうこう》」って思《おも》っているうちは全然駄目《ぜんぜんだめ》で、自分《じぶん》でも認識出来《にんしきでき》ない領域《りょういき》に入《はい》ってくると本当《ほんとう》に有効《ゆうこう》なものが立《た》ち現《あらわ》れてくるっていうのは「ビッグデータ」なんですよね、言《い》ってみれば。

その一見無関係《いっけんむかんけい》なデータがスープのようにドロドロに溶《と》けあって、そこでポッと現《あらわ》れてくるものっていうのは、もう論理《ろんり》とか言語《げんご》とかでは言《い》い表《あらわ》せない領域《りょういき》に入《はい》っていて、それを言語外《げんごがい》のもので表《あらわ》すのが感覚《かんかく》なんだと思《おも》うんです。

例《たと》えば、囲碁《いご》みたいなものは、感覚《かんかく》の領域《りょういき》が大《おお》きいからコンピューターじゃ名人《めいじん》には勝《か》てないだろうと少《すこ》し前《まえ》までは言《い》われていました。

ところが、ＡＩを使《つか》って囲碁《いご》をやったら、囲碁《いご》のチャンピオンに勝《か》ってしまった。一見《いっけん》、目《め》の前《まえ》で必要《ひつよう》とされる問題《もんだい》とは関係《かんけい》ないデータもガンガンに取《と》って、それでこうじゃないかみたいなものを出力《しゅつりょく》するのが最新《さいしん》のＡＩの理論《りろん》らしくて、それって人間《にんげん》の右脳《うのう》だとか、感覚《かんかく》領域《りょういき》がやっていることと重《かさ》なってきたような気《き》がします。

その意味《いみ》で、逆《ぎゃく》に感覚肌《かんかくはだ》の人《ひと》というのはすごいんだなっていうのを、ＡＩは証明《しょうめい》しているんだと思《おも》うんですよね。

身体《しんたい》がやっているのは、本来《ほんらい》はそういう世界《せかい》なのだと思《おも》います。

先生《せんせい》で言《い》うと、先程《さきほど》もちょっと話《はなし》に出《で》た、台風《たいふう》で折《お》れた木《き》の処理《しょり》で屋根《やね》から落下《らっか》した時《とき》のエピソードなんて、顕著《けんちょ》な例《れい》ですよね。

ご褒美《ほうび》

甲野　確《たし》かにあれは、私《わたし》の今《いま》までの人生《じんせい》で、一番《いちばん》の危機《きき》を回避《かいひ》した出来事《できごと》でした。

台風《たいふう》で折《お》れた松《まつ》の木《き》が屋根《やね》に触《ふ》れるところで他《ほか》の木《き》の股《また》に挟《はさ》まっていて簡単《かんたん》には処理《しょり》が出来《でき》なかったので、チェーンソーを持《も》って屋根《やね》に上《のぼ》り、右足《みぎあし》は屋根《やね》に、左足《ひだりあし》は折《お》れた木《き》の上《うえ》に乗《の》せて作業《さぎょう》していたら、突然左足《とつぜんひだりあし》の下《した》の木《き》が動《うご》いて、私《わたし》の身体《からだ》が仰向《あおむ》けに落《お》ちたんです。

あの瞬間《しゅんかん》、私《わたし》の視界《しかい》は砂嵐《すなあらし》の中《なか》に入《はい》っていたようでしたが潜在的《せんざいてき》な「もう一人《ひとり》の自分《じぶん》」というか、「我《われ》ならざる我《われ》」がよく出《で》ましたよね。

方条　チェーンソーを持《も》ったまま立《た》っている時《とき》、足場《あしば》にしていた枝《えだ》が前方《ぜんぽう》に回転《かいてん》した。

甲野　そうだと思《おも》うんですね。そうでなければ足《あし》が前《まえ》に持《も》っていかれて仰向《あおむ》けに落《お》ちていかないでしょう。

方条　気《き》がついたら、左手《ひだりて》に持《も》っていたチェーンソーを右手《みぎて》に持《も》ち替《か》えて、左手《ひだりて》は木《き》の枝《えだ》を摑《つか》んでぶら下《さ》がっていたと。

甲野　そうですね。たぶん足《あし》が前《まえ》に持《も》っていかれてから枝《えだ》を摑《つか》むまで〇《れい》・三秒《さんびょう》くらいしか時間《じかん》がなかったと思《おも》うんですけど「まあ、よくあんな事《こと》が出来《でき》た」と、その直後《ちょくご》でも信《しん》じられない思《おも》いで、しばらくは玄関《げんかん》の式台《しきだい》に腰《こし》をかけたまま立《た》てませんでした。

方条　おそらく、先生《せんせい》の中《なか》で潜在化《せんざいか》していた意識《いしき》が、考《かんが》えられる限《かぎ》り最善《さいぜん》の選択《せんたく》をしたんでしょうね。

甲野　おそらくそうでしょうね。チェーンソーを右手《みぎて》に持《も》ち替《か》える事《こと》で瞬時《しゅんじ》に重心《じゅうしん》を元《もと》に戻《もど》し、しかもそれまではそんなところにちょうど摑《つか》むのに手《て》ごろな枝《えだ》があるなんてまるで意識《いしき》していなかったんですけれど。潜在的《せんざいてき》にはそれを認識《にんしき》していたのかと……。

私《わたし》も最初《さいしょ》は「作業中《さぎょうちゅう》に立《た》っていた枝《えだ》を摑《つか》んだんだな」と思《おも》っていたのですが、後《あと》で「いや、もっと摑《つか》みやすかったよなぁ」と思《おも》って見《み》てみたら、立《た》っていた枯木《かれき》の幹《みき》のすぐ横《よこ》にちょうど平行《こう》して摑《つか》むのに手《て》ごろな枝《えだ》があったんです。私《わたし》が立《た》っていた枝《えだ》は直径《ちょっけい》一二センチぐらいはありましたから、落《お》ちかけてしっかりとはとても摑《つか》めません。

あれをいったいいつ認識《にんしき》したのか、本当《ほんとう》に分《わ》からないんですよね。しかも目《め》の前《まえ》は砂嵐《すなあらし》の中《なか》みたいになり、わけが分《わ》からなかったですし、何《なん》にも見《み》えてはいなかったですから。

見《み》ていなくてそれを摑《つか》めたっていう、「表《おもて》の意識《いしき》」の働《はたら》きではない潜在的《せんざいてき》な「裏《うら》の意識《いしき》」とでも呼《よ》ぶようなもので統禦《とうぎょ》された自分《じぶん》は、「なんて賢《かしこ》かったんだ」っていう感《かん》じですね。

方条　そういう事《こと》を、有無《うむ》を言《い》わせぬ体験《たいけん》をもって実感《じっかん》させられたという事《こと》に説得力《せっとくりょく》があります。

私《わたし》は甲野先生《こうのせんせい》を見《み》ていると、それまで積《つ》み上《あ》げられた事《こと》のご褒美《ほうび》みたいなものが出《で》てきているな、と感《かん》じることが時々《ときどき》あります。先生《せんせい》がすごく誠実《せいじつ》に研究《けんきゅう》してきた事《こと》が結実《けつじつ》し、「あっこの瞬《しゅん》間《かん》で甲野先生《こうのせんせい》はご褒美《ほうび》をもらったんだな」と。

トラブル

甲野　褒美《ほうび》かどうかは分《わ》かりませんが、不思議《ふしぎ》なことは、いろいろ起《お》こりますね。

例《たと》えば方条《ほうじょう》さんがいろいろな面《めん》で大《おお》きく変《か》わったのは、綾瀬駅《あやせえき》の近《ちか》くにある東京武道館《とうきょうぶどうかん》であった私《わたし》の講習会《こうしゅうかい》に道場破《どうじょうやぶ》りみたいな人物《じんぶつ》が来《き》た時《とき》の、見事《みごと》な対応《たいおう》がきっかけですよね。

講習中《こうしゅうちゅう》にいきなり私《わたし》に手《て》を出《だ》してきて、「どういうつもりですか？」と聞《き》いたら、「自分《じぶん》と組《くみ》手《て》してもらえませんか」と挑発《ちょうはつ》してきて。

方条　喧嘩《けんか》を売《う》ってきたんですよね。

甲野　そう、初《はじ》めてですよ。あんな事《こと》はあの前《まえ》にも、後《あと》にもありません。私《わたし》が「組手《くみて》をする気《き》はないけど、あなたが襲《おそ》ってきたら、まあそれはやるしかないよね」と言《い》おうとしたら、方条《ほうじょう》さんが「あ、私《わたし》でいいですか？」と名乗《なの》り出《で》ると、相手《あいて》は「あぁ……」みたいな感《かん》じで応《おう》じた。

あの人《ひと》はいわゆるフルコン系《けい》の試合《しあい》で総合優勝《そうごうゆうしょう》したような、腕《うで》に覚《おぼ》えのある人《ひと》でしたが、方《ほう》条《じょう》さんは完璧《かんぺき》に抑《おさ》えた。

感心《かんしん》したのは方条《ほうじょう》さんが「じゃあ、もう終《お》わりにしますね」と言《い》って相手《あいて》をハグして……。そうしたら、相手《あいて》が小声《こごえ》で「強《つよ》いっすね」とボソッと言《い》ったのが印象的《いんしょうてき》でした。

だから考《かんが》えてみれば、あんな後《あと》にも先《さき》にもないことが起《お》きて、方条《ほうじょう》さん御本人《ごほんにん》は自覚《じかく》がないかも知《し》れないですけど、あの出来事《できごと》があった前《まえ》の方条《ほうじょう》さんと、あの後《あと》の方条《ほうじょう》さんとは確《たし》かに同《おな》じ人《ひと》という感《かん》じもあるんですが、感《かん》じがすごく変《か》わったんですよ。

方条　みたいですね。

甲野　私《わたし》もね、思《おも》い返《かえ》すと独立《どくりつ》して以降《いこう》、今《いま》まで本当《ほんとう》に運《うん》がいいですけど、方条《ほうじょう》さんもあの出来《でき》事《ごと》がきっかけで、状況《じょうきょう》もいろいろ変《か》わったでしょう。

あれから完全《かんぜん》に独立《どくりつ》して、武術《ぶじゅつ》の稽古《けいこ》を仕事《しごと》に出来《でき》るようになったみたいですし。考《かんが》えようによっては、あの人《ひと》は方条《ほうじょう》さんの人生《じんせい》の恩人《おんじん》ですよね。

方条　確《たし》かに、あの辺《あた》りから武術《ぶじゅつ》や身体周《しんたいまわ》りの事《こと》だけで何《なん》とか食《た》べられるようになってきました。

甲野　私《わたし》もね、本当《ほんとう》に偶然《ぐうぜん》としか思《おも》えないような事《こと》に結構助《けっこうたす》けられているんですよ。例《たと》えば、私《わたし》が身体《しんたい》の使《つか》い方《かた》に関《かん》して、いや、稽古《けいこ》の仕方《しかた》や生《い》き方《かた》にもすごく影響《えいきょう》を受《う》けたのは……もう亡《な》くなった整体協会《せいたいきょうかい》の創設者《そうせつしゃ》の野口晴哉先生《のぐちはるちかせんせい》なのです。この整体協会《せいたいきょうかい》は最近《さいきん》は「野口《のぐち》整体《せいたい》」とか呼《よ》ばれていますが、この整体協会《せいたいきょうかい》との縁《えん》は、私《わたし》にとってすごく大《おお》きいですけれど、その出会《であ》いのきっかけは偶然《ぐうぜん》なんです。

当時《とうじ》、世田谷区《せたがやく》の下北沢《しもきたざわ》にあった合気道《あいきどう》の小《ちい》さな道場《どうじょう》の「道場守《どうじょうもり》」っていうか、留守番《るすばん》を何《なん》カ月間《げつかん》か頼《たの》まれていて、そこから用《よう》があって出《で》かけた大田区《おおたく》の方《ほう》から環七《かんなな》をバスでグルッと回《まわ》って戻《もど》ってきて、最寄《もより》のバス停《てい》で降《お》りたつもりが、降《お》りてみたら一《ひと》つ手前《てまえ》のバス停《てい》だったんです。

方条　間違《まちが》えたということですね。

甲野　そうです。でも、環七《かんなな》のバス停《てい》なんて何百《なんびゃく》メートルしか間隔《かんかく》が離《はな》れていないから、「次《つぎ》のバスを待《ま》っているよりも、歩《ある》いた方《ほう》がいいな」と思《おも》って、普段《ふだん》とは少《すこ》し違《ちが》うコースでその時私《ときわたし》が留守番《るすばん》をしていた道場《どうじょう》へ向《む》かって歩《ある》いていたら、「整体協会世田谷指導室《せいたいきょうかいせたがやしどうしつ》」というプレートが門《もん》についている家《いえ》を偶然見《ぐうぜんみ》つけて。

それで翌日《よくじつ》そこに行《い》って入会方法《にゅうかいほうほう》を教《おそ》わって、整体協会《せいたいきょうかい》の会員《かいいん》になってご縁《えん》がいろいろと広《ひろ》がったというわけです。

方条　今振《いまふ》り返《かえ》ると、人生《じんせい》を変《か》える大《おお》きな出会《であ》いですね。

甲野　この話《はなし》で思《おも》い出《だ》したんですが、私《わたし》が今《いま》の整体協会《せいたいきょうかい》トップの野口裕之先生《のぐちひろゆきせんせい》という、創設者《そうせつしゃ》の野口晴哉先生《のぐちはるちかせんせい》の次男《じなん》にあたる方《かた》と特別親《とくべつした》しくなったのは、あるトラブルがきっかけなんです。そのトラブルを収《おさ》めるためには、「ちょっと私《わたし》が関《かか》わった方《ほう》がよさそうだ」という状況《じょうきょう》になったのです。

具体的《ぐたいてき》に何《なに》かと言《い》うと、私《わたし》が依頼《いらい》されて武術《ぶじゅつ》を教《おし》えに行《い》っていたところのトップのO氏《し》が整体《せいたい》協会《きょうかい》と特別《とくべつ》な縁《えん》があるようなことを言《い》っていたので、そこに来《き》た人《ひと》が整体協会《せいたいきょうかい》の講習会《こうしゅうかい》に行《い》くと、整体協会《せいたいきょうかい》ではそのO氏《し》は単《たん》なる講習会《こうしゅうかい》の受講生《じゅこうせい》の一人《ひとり》なので別《べつ》に特別《とくべつ》な関係《かんけい》でも何《なん》でもないため、O氏《し》を通《とお》して整体協会《せいたいきょうかい》を知《し》った人《ひと》がとても戸惑《とまど》っていたんです。

それを見《み》ていて、私《わたし》は前《まえ》から整体協会《せいたいきょうかい》に縁《えん》がありましたから、たまたまO氏《し》を通《とお》して整体協《せいたいきょう》会《かい》を知《し》った人《ひと》が整体協会《せいたいきょうかい》の講習会《こうしゅうかい》に行《い》って戸惑《とまど》うのも気《き》の毒《どく》なので、何《なん》とか出来《でき》ないかと思《おも》って、その手立《てだ》てを探《さぐ》っているうちに野口裕之先生《のぐちひろゆきせんせい》とご縁《えん》が出来《でき》たのです。

私《わたし》の人生《じんせい》を振《ふ》り返《かえ》ってみると、「何《なに》かトラブルがあってそれがきっかけで貴重《きちょう》な縁《えん》につながった」という事《こと》がいくつかあるんですよね。

均《なら》す

方条　そこは、たぶん運命《うんめい》の大事《だいじ》なポイントでもありますね。

私《わたし》の術理《じゅつり》では「均《なら》す」っていうのを重要視《じゅうようし》しています。

通常《つうじょう》は自分《じぶん》が能動的《のうどうてき》に動《うご》いて相手《あいて》にエネルギーを届《とど》けますが、「均《なら》す」っていうのは、エネルギーが拮抗《きっこう》したところから、緩《ゆる》めたり、後退《こうたい》する事《こと》によって、元《もと》に戻《もど》すことです。

「元《もと》に戻《もど》す」というのは普通《ふつう》の認識《にんしき》だと「やめる」事《こと》だと思《おも》われがちですが、例《たと》えば、ゴムみたいなものをギューッと雑巾《ぞうきん》みたいに絞《しぼ》る時《とき》に、絞《しぼ》る手《て》の内《うち》にはエネルギーを感《かん》じるけれども、パッと手《て》を離《はな》したらブルンって戻《もど》る。それもエネルギーなんですよね。

「均《なら》し」のエネルギーってそういうもので、相手《あいて》とエネルギーが拮抗《きっこう》する時《とき》に、それを適度《てきど》に緩《ゆる》めると、そのエネルギーがうまく相手方向《あいてほうこう》に働《はたら》くポイントみたいなものがあって、それを転用《てんよう》しているんです。言《い》わば、マイナス方向《ほうこう》のエネルギーをうまく利用《りよう》している。

それはオセロみたいなもので、自分《じぶん》は白《しろ》で負《ま》けていても、四隅《よすみ》を取《と》ると、とたんに有利《ゆうり》になって黒《くろ》が白《しろ》に変《か》わる事《こと》に似《に》ています。

つまりマイナスっていうのも大《おお》きなエネルギーだから、転換装置《てんかんそうち》みたいなものをうまく噛《か》ませることが出来《でき》るとプラスになるんです。

マイナスが起《お》きた時《とき》っていうのは、ある意味《いみ》エネルギーが溜《た》まっている状態《じょうたい》だから、自分《じぶん》の中《なか》で転換装置《てんかんそうち》を見《み》つけることが出来《でき》ると、むしろ突破口《とっぱこう》だとか味方《みかた》になってくれます。

でも「なんか嫌《いや》だな、困《こま》ったな、何《なん》とかしたいな」という考《かんが》えだと、それは生《い》かせなくて、「いや、この状況《じょうきょう》ってエネルギーだからこう使《つか》えるよね」っていう発想《はっそう》があると、すごくプラスになる。

だからピンチはチャンスなんて言葉《ことば》がありますが、分解《ぶんかい》するとそういうことだと思《おも》うんです。「ミスした」「失敗《しっぱい》した」「ずっこけた」みたいな時《とき》、自分《じぶん》の中《なか》で発想《はっそう》を転換《てんかん》すれば、大《おお》きなエネルギーをもらったというふうに捉《とら》えることが出来《でき》ます。

だけど、マイナス面《めん》ばかりに目《め》をやって絶望《ぜつぼう》してしまうと、そのエネルギーを見過《みす》ごしちゃいますから、それはただただ自分《じぶん》を傷《きず》つけるだけの要素《ようそ》になってしまいますよね。

だから降《お》りるバス停《てい》を間違《まちが》えたとか、道場破《どうじょうやぶ》りが来《き》た時《とき》も、自分《じぶん》の中《なか》で「あ、そういうもんだよね」というふうに受《う》け入《い》れて、自分《じぶん》の為《な》すべきことを淡々《たんたん》とやると、その撓《たわ》んでいたエネルギーが戻《もど》る時《とき》にプラスになる。

私《わたし》は「運命《うんめい》には弾力性《だんりょくせい》がある」と感《かん》じていて、すごく運命《うんめい》と重力《じゅうりょく》は似《に》ているな、と思《おも》っているんです。

甲野先生《こうのせんせい》が「運命《うんめい》は完全《かんぜん》に決《き》まっていて、完全《かんぜん》に自由《じゆう》だ」と気《き》づいたきっかけは、アインシュタインの相対性理論《そうたいせいりろん》ですよね。

百丈野狐《ひゃくじょうやこ》と光量子説《こうりょうしせつ》

甲野　いや、相対性理論《そうたいせいりろん》の前《まえ》の光量子説《こうりょうしせつ》という、「光《ひかり》は波《なみ》でもあるし、粒子《りゅうし》でもある」という概《がい》念《ねん》で、光量子仮説《こうりょうしかせつ》とも呼《よ》ばれていますね。

昔《むかし》は単純《たんじゅん》に「光《ひかり》は粒子《りゅうし》である」と思《おも》われていたようですが、その後様々《ごさまざま》に研究《けんきゅう》が進《すす》んで「波《なみ》」の性質《せいしつ》があることが判《わか》ってきたのですが、波《なみ》だと波《なみ》が伝《つた》わる媒体《ばいたい》が必要《ひつよう》になりますし、その後《ご》、さらに研究《けんきゅう》が進《すす》んでくると、光《ひかり》を「粒子《りゅうし》」と考《かんが》えないと、辻褄《つじつま》が合《あ》わないことが判《わか》ってきて、でも波《なみ》の性質《せいしつ》もあるし、どっちだろうとみんなが悩《なや》んでいる時《とき》に、「光《ひかり》は波《なみ》でもあるし、粒子《りゅうし》でもある」ということをアインシュタインが発表《はっぴょう》して、それまでは解《わか》りやすく物事《ものごと》を解明《かいめい》するはずの物理《ぶつり》が、数学的抽象《すうがくてきちゅうしょう》で表現《ひょうげん》するしかない世界《せかい》に入《はい》ったんです。

方条　それが画期的《かっきてき》だったんですよね。

波《なみ》と粒子《りゅうし》、どちらかではなく、両方《りょうほう》なんだという。

甲野　その後《ご》、量子論《りょうしろん》が確立《かくりつ》されて、そういう世界《せかい》は広《ひろ》く認知《にんち》されてきていますよね。この、物理学上《ぶつりがくじょう》での驚《おどろ》くような研究《けんきゅう》の進展《しんてん》は、私《わたし》が「人間《にんげん》の運命《うんめい》は完璧《かんぺき》に決《き》まっていて、同時《どうじ》に完璧《かんぺき》に自由《じゆう》である」という確信《かくしん》を持《も》つに至《いた》ったことに少《すく》なからず影響《えいきょう》を与《あた》えていると思《おも》います。

なぜなら鉄《てつ》は鉄《てつ》、銅《どう》は銅《どう》、アルミはアルミというように、各金属《かくきんぞく》はその金属特有《きんぞくとくゆう》の性質《せいしつ》を正確《せいかく》に持《も》っているのに、そういう物質《ぶっしつ》を構成《こうせい》しているものすごいミクロの世界《せかい》はめちゃくちゃランダムになっているとのことですから。

この物理学《ぶつりがく》が近代《きんだい》に入《はい》って解明《かいめい》してきた事《こと》と、私《わたし》が二十代《にじゅうだい》に入《はい》る少《すこ》し前頃《まえごろ》からずっと影響《えいきょう》を受《う》けてきた禅《ぜん》の世界《せかい》、特《とく》に愛読《あいどく》した『無門関《むもんかん》』が、私《わたし》の「人間《にんげん》の運命《うんめい》は完璧《かんぺき》に決《き》まっていて、同時《どう》に完璧《かんぺき》に自由《じゆう》である」という確信《かくしん》に大《おお》きな役割《やくわり》を果《は》たしました。

特《とく》に『無門関《むもんかん》』の第二則《だいにそく》にある「百丈野狐《ひゃくじょうやこ》」の話《はなし》は、この「運命《うんめい》が決《き》まっているのか、いないのか」の問題《もんだい》を解明《かいめい》する上《うえ》で私《わたし》に最《もっと》も大《おお》きな影響《えいきょう》を与《あた》えました。

この「百丈野狐《ひゃくじょうやこ》」の話《はなし》というのは、本当《ほんとう》に修行《しゅぎょう》して悟《さと》った人《ひと》は因果《いんが》の法則《ほうそく》、つまり「ある事《こと》をしたら、その結果《けっか》として、どうしても、その原因《げんいん》から起《お》こる事《こと》に縛《しば》られる」のか、それとも「そこからも自由《じゆう》になれるだろうか」という、人生《じんせい》の大問題《だいもんだい》がテーマになっています。

そして、この話《はなし》では百丈懐海《ひゃくじょうえかい》という有名《ゆうめい》な禅僧《ぜんそう》が主人公《しゅじんこう》となっていますが、話《はなし》の内容《ないよう》は、この百丈和尚《ひゃくじょうおしょう》が説法《せっぽう》をしていると、その話《はなし》を聞《き》いていた弟子《でし》達《たち》の中《なか》に見慣《みな》れない老人《ろうじん》が混《ま》じっていたという場面《ばめん》から始《はじ》まります。

説法《せっぽう》が終《お》わって皆《みな》が帰《かえ》ると、その老人《ろうじん》も帰《かえ》っていたのですが、ある日皆《ひみな》が帰《かえ》った後《あと》も一人《ひとり》その老人《ろうじん》がそこに残《のこ》っていたのです。

そこで百丈和尚《ひゃくじょうおしょう》は「あなたはいったい何者《なにもの》なのだ」と、その老人《ろうじん》に問《と》いかけます。

すると、その老人《ろうじん》は、

「私《わたし》は実《じつ》は人間《にんげん》ではありません。はるか昔《むかし》、この山《やま》で住職《じゅうしょく》をしていましたが、ある時修行者《ときしゅぎょうしゃ》から『本当《ほんとう》に修行《しゅぎょう》してこだわりから解放《かいほう》された人《ひと》は因果《いんが》の法則《ほうそく》の支配《しはい》からも自由《じゆう》になれるものでしょうか』と質問《しつもん》され、『そこまで徹底《てってい》して悟《さと》れば因果《いんが》の法則《ほうそく》の支配《しはい》からも自由《じゆう》になれる』と答《こた》えたのですが、その答《こた》えが間違《まちが》っていたため、私《わたし》は人間《にんげん》から野狐《のぎつね》になってしまい、五百生《ごひゃくしょう》もの間《あいだ》、生《う》まれ変《か》わり死《し》に変《か》わりしても野狐《のぎつね》の身《み》から脱《だっ》することが出来《でき》ません。どうかお願《ねが》いですから、私《わたし》が今《いま》、かつて修行者《しゅぎょうしゃ》がした質問《しつもん》と同《おな》じ質問《しつもん》をしますので、師《し》のお力《ちから》で私《わたし》の迷《まよ》いを解《と》き、悟《さと》りへと導《みちび》く一語《いちご》を私《わたし》にいただけませんか」

と事情《じじょう》を語《かた》ってから、形《かたち》をあらためて、

「本当《ほんとう》に深《ふか》く徹底《てってい》して修行《しゅぎょう》した者《もの》でも因果《いんが》の法則《ほうそく》を受《う》けるものでしょうか。それともそこからも自由《じゆう》になれるものでしょうか」

と尋《たず》ねたのです。

すると、百丈和尚《ひゃくじょうおしょう》は「不昧因果《ふまいいんが》」、つまり「因果《いんが》の法則《ほうそく》は昧《くら》まし消《け》すことは出来《でき》ない」と答《こた》えたのです。

これは、かつてはるか昔《むかし》にこの山《やま》の住職《じゅうしょく》をしていて、その後《ご》「何度《なんど》生まれ変《か》わっても野狐《のぎつね》の姿《すがた》から脱《だっ》することが出来《でき》ない」と苦《くる》しんでいる老人《ろうじん》が、かつて修行者《しゅぎょうしゃ》から同《おな》じ質問《しつもん》をされて答《こた》えた、本当《ほんとう》に深《ふか》く修行《しゅぎょう》すれば因果《いんが》の法則《ほうそく》からも自由《じゆう》になれる、つまり因果《いんが》の法則《ほうそく》に落《お》ちることはないという、「不落因果《ふらくいんが》」とは、まったく反対《はんたい》の答《こた》えです。

この老人《ろうじん》は、この百丈和尚《ひゃくじょうおしょう》の一言《ひとこと》によって大悟《たいご》して、五百回生《ごひゃっかいう》まれ変《か》わってもどうしようもなかった迷《まよ》いが一瞬《いっしゅん》で消《き》えたのです。老人《ろうじん》は、百丈和尚《ひゃくじょうおしょう》に深《ふか》く礼《れい》を言《い》い、「これで私《わたし》は野狐《のぎつね》の姿《すがた》から脱《だっ》することが出来《でき》ました。私《わたし》の屍体《したい》はこの山《やま》の後《うし》ろにありますから僧《そう》を葬《ほうむ》る形《かたち》で私《わたし》の葬儀《そうぎ》を行《おこな》って下《くだ》さい」と言《い》って消《き》えます。

つまり、この老人《ろうじん》は肉体《にくたい》を持《も》った者《もの》ではなく、いわば亡霊《ぼうれい》だったわけです。もちろん、この話《はなし》が実話《じつわ》であったのか、百丈和尚《ひゃくじょうおしょう》が修行者達《しゅぎょうしゃたち》に向《む》けて何《なに》かで思《おも》いついた話《はなし》かは判《わか》りませんが、この『無門関《むもんかん》』では、山《やま》の後《うし》ろで百丈和尚《ひゃくじょうおしょう》が一匹《いっぴき》の野狐《のぎつね》の屍体《したい》を見《み》つけ、これを火葬《かそう》して葬儀《そうぎ》を行《おこな》ったという話《はなし》になっています。

そして、この顛末《てんまつ》を百丈和尚《ひゃくじょうおしょう》が弟子達《でしたち》に語《かた》って聞《き》かせていると、弟子《でし》の中《なか》の一人《ひとり》である黄檗希運《おうばくきうん》が「その昔《むかし》の老人《ろうじん》は修行者《しゅぎょうしゃ》の質問《しつもん》に誤《あやま》った答《こた》えを言《い》って五百生《ごひゃくしょう》もの間《あいだ》、野狐《のぎつね》の姿《すがた》から脱《ぬ》けられなかったわけですが、もし、その人《ひと》が修行者《しゅぎょうしゃ》の質問《しつもん》すべてに答《こた》えを誤《あやま》らなかったら、いったいどうなっていたのでしょうか」と尋《たず》ねてきます。

黄檗希運《おうばくきうん》と言《い》えば、門下《もんか》に臨済宗《りんざいしゅう》の祖《そ》として有名《ゆうめい》な臨済義玄《りんざいぎげん》を輩出《はいしゅつ》した名僧《めいそう》ですから、単《たん》に答《こた》えがわからなくて師《し》である百丈和尚《ひゃくじょうおしょう》に質問《しつもん》したわけではありません。

そこは師《し》である百丈和尚《ひゃくじょうおしょう》も十分察《じゅうぶんさっ》したのでしょう。

「こちらへ来《き》なさい。もっと詳《くわ》しく言《い》って聞《き》かせよう」と言《い》います。

普通《ふつう》に答《こた》えるなら何《なに》も近《ちか》くに呼《よ》び寄《よ》せる必要《ひつよう》もないでしょう。この時点《じてん》で、百丈和尚《ひゃくじょうおしょう》の「おまえに言《い》って聞《き》かせよう」ということが、ただの言葉《ことば》でないことは明《あき》らかに判《わか》ったのでしょう。

黄檗《おうばく》は、師《し》のもとに近寄《ちかよ》ると先手《せんて》を打《う》って師匠《ししょう》の横面《よこつら》をピシャリと叩《たた》きます。

この行為《こうい》に百丈和尚《ひゃくじょうおしょう》は大変喜《たいへんよろこ》び「達磨《だるま》の鬚《ひげ》は赤《あか》いと思《おも》っていたが、ここに赤鬚《あかひげ》の達磨《だるま》がもう一人《ひとり》いたか」と、黄檗《おうばく》の得《え》ている境地《きょうち》を認《みと》めて褒《ほ》めたのです。

そして、この『無門関《むもんかん》』の著者《ちょしゃ》である無門慧開和尚《むもんえかいおしょう》は、この「百丈野狐《ひゃくじょうやこ》」の話《はなし》を評《ひょう》して、不《ふ》落因果《らくいんが》も不昧因果《ふまいいんが》もサイコロの目《め》が丁半同時《ちょうはんどうじ》に出《で》たようなもので、これを理論《りろん》で解釈《かいしゃく》しようとしたら、千回《せんかい》も万回《まんかい》も間違《まちが》うことになると説《と》いたのです。

つまり、先程登場《さきほどとうじょう》した老人《ろうじん》が、もし修行者《しゅぎょうしゃ》から「本当《ほんとう》に深《ふか》く修行《しゅぎょう》すれば因果《いんが》の法則《ほうそく》からも自《じ》由《ゆう》になれますか」と質問《しつもん》された時《とき》、「いや、因果《いんが》の法則《ほうそく》は厳然《げんぜん》としてあり、それを味《くら》まし消《け》すことは出来《でき》ない」と答《こた》えたとしても、単《たん》に因果《いんが》の法則《ほうそく》の絶対性《ぜったいせい》を信《しん》じてそう発言《はつげん》していたとしたら、やはりその答《こた》えは間違《まちが》っていて、野狐《のぎつね》の姿《すがた》にならざるを得《え》なかったという事《こと》だと思《おも》うのです。

そうして「因果《いんが》の法則《ほうそく》に縛《しば》られるのか、そこから自由《じゆう》になれるのか」といった現象面《げんしょうめん》に囚《とら》われていたら「悟《さと》る」などという事《こと》はとても無理《むり》だという事《こと》だと思《おも》います。つまり、その現象《げんしょう》への囚《とら》われからも解放《かいほう》される事《こと》が重要《じゅうよう》なのです。

私《わたし》はこの「百丈野狐《ひゃくじょうやこ》」の話《はなし》の「『不落因果《ふらくいんが》』か『不昧因果《ふまいいんが》』か」という話《はなし》を「運命《うんめい》は決《き》まっているのか」「運命《うんめい》は自由《じゆう》に切《き》り拓《ひら》けるのか」という事《こと》に当《あ》てはめて考《かんが》えてみたのです。

そして、この話《はなし》と「光《ひかり》は波《なみ》であると同時《どうじ》に粒子《りゅうし》でもある」というアインシュタインの光量子《こうりょうし》説《せつ》が、自分《じぶん》の頭《あたま》の中《なか》というか感覚《かんかく》の中《なか》で一《ひと》つとなって「そうか、『人間《にんげん》の運命《うんめい》は完璧《かんぺき》に決《き》まっていて、同時《どうじ》に完璧《かんぺき》に自由《じゆう》でもある』のだ」ということを確信《かくしん》したのです。

この時《とき》、世間《せけん》でよく言《い》われる「自分《じぶん》の運命《うんめい》は自分《じぶん》で力強《ちからづよ》く切《き》り拓《ひら》く」などと言《い》われている事《こと》が、本当《ほんとう》にみすぼらしく感《かん》じられた事《こと》を今《いま》でも憶《おぼ》えています。

この事《こと》を、演劇《えんげき》を例《れい》に考《かんが》えると、ある俳優《はいゆう》に、大《おお》きな劇場《げきじょう》で行《おこな》うとても有名《ゆうめい》な悲劇《ひげき》の主人公《しゅじんこう》の大役《たいやく》が入《はい》ってきたとします。そうしたら、その俳優《はいゆう》は、その有名《ゆうめい》な悲劇《ひげき》を演《えん》ずるにあたって、その劇《げき》の中《なか》で「このままだと悲劇《ひげき》が始《はじ》まるから、そうならないように違《ちが》うセリフを喋《しゃべ》ってやろう」

などとは絶対思《ぜったいおも》わないわけで、その悲劇《ひげき》の主人公《しゅじんこう》を熱演《ねつえん》しようとするでしょう。

そして、俳優《はいゆう》にとってはその悲劇《ひげき》を十分表現出来《じゅうぶんひょうげんでき》れば出来《でき》るほど、役者冥利《やくしゃみょうり》に尽《つ》きるという満足《まんぞく》が得《え》られるわけです。

つまり、最終的《さいしゅうてき》には運命《うんめい》が決《き》まっていようといまいと、その生《せい》を存分《ぞんぶん》に尽《つ》くして生《い》きることが、そういう囚《とら》われから解放《かいほう》されて、本当《ほんとう》の自由《じゆう》というか、生《い》きていく上《うえ》で充実《じゅうじつ》した生《い》き方《かた》が出《で》来《き》るということだと思《おも》うのです。

方条　分《わ》かりやすい損得《そんとく》や良《よ》し悪《あ》しの判断《はんだん》ばかりに囚《とら》われず、役割《やくわり》を全《まっと》うしたいものですね。

浮《う》き

方条　甲野先生《こうのせんせい》にとっても私《わたし》にとっても「**浮《う》き**」は「居付《いつ》かない」という意味《いみ》でも、武術《ぶじゅつ》や身体《しんたい》だけでなく、運命《うんめい》にも通《つう》じてくるキーワードですね。

甲野　ここも方条《ほうじょう》さんと私《わたし》は全《まった》く違《ちが》う角度《かくど》からの気《き》づきがあっても、それがつながっているのが面白《おもしろ》いですね。

方条　そうですね。私《わたし》の「浮《う》き」に関《かん》する発見《はっけん》で言《い》えば、ある時期《じき》から「着地《ちゃくち》をいかにしないか」ということがすごく大事《だいじ》だということを実感《じっかん》してきました。

それは「浮《う》き」っていうぐらいですから、「身体《しんたい》が浮《う》いている」状態《じょうたい》なんです。

逆《ぎゃく》に言《い》えば、**「着地《ちゃくち》をしたら浮《う》いてない」**ということですね。

人間《にんげん》の身体《しんたい》というのは、重力《じゅうりょく》の影響《えいきょう》を受《う》けた上《うえ》で成《な》り立《た》っています。

そういう意味《いみ》では物理的《ぶつりてき》に着地《ちゃくち》しているんですけれど、普通《ふつう》に何《なに》も考《かんが》えないで大地《だいち》の上《うえ》に立《た》っているのと、明《あき》らかに違《ちが》う状態《じょうたい》がある。

それを説明出来《せつめいでき》る一《ひと》つの観点《かんてん》を取《と》り出《だ》して言《い》うと、常《つね》に体重《たいじゅう》が地面《じめん》に落《お》ち切《き》る前《まえ》に「身体《しんたい》の中《なか》で転《ころ》がしている」感覚《かんかく》なんです。

例《たと》えば、ジェットコースター。

あれは最初《さいしょ》に一番高《いちばんたか》い場所《ばしょ》に上《あ》がった後《あと》、ジェットコースターを動《うご》かしているのは重力《じゅうりょく》による位置《いち》エネルギーなんですよね。ジェットコースターにエンジンはついていないですから。

自由落下《じゆうらっか》で降《お》りてくるんだけども、ループとかひねりとかカーブとか、人《ひと》が喜《よろこ》ぶようにレールで誘導《ゆうどう》している。

それと同《おな》じで、人間《にんげん》の体重《たいじゅう》エネルギーというのも身体《しんたい》の中《なか》にリアルタイムでレールを組《く》み立《た》て、誘導《ゆうどう》し続《つづ》けるような感覚《かんかく》なんです。

例《たと》えば、ジェットコースターがループしたりカーブしたりする軌道《きどう》のどこかに、直角《ちょっかく》なレールをつくってしまったらそこで脱線《だっせん》してしまう。

それは身体《しんたい》も同《おな》じで、体《からだ》の動《うご》きのレールの中《なか》に角《かど》があると、そこでエネルギーが衝突《しょうとつ》し、落下《らっか》してしまうんです。

だから、身体《しんたい》の中《なか》にある重心《じゅうしん》のジェットコースターが脱輪《だつりん》しないように、うまく自分《じぶん》の体重《たいじゅう》エネルギーをいろんな関節《かんせつ》とかを使《つか》って転《ころ》がし続《つづ》ける。その働《はたら》きは、身体《しんたい》のパーツ単位《たんい》でも存在《そんざい》するんです。

手《て》の重《おも》み・腰《こし》の重《おも》み・ひざの重《おも》み・太《ふと》ももの重《おも》みなどをリアルタイムかつ同時進行《どうじしんこう》でコーディネートして、それらの合《あ》わさった大《おお》きな重《おも》みとかもコントロールするわけですから、ちょっと複《ふく》雑《ざつ》なことはやっているんですけれど。

でも結果的《けっかてき》にそうなだけで、頭《あたま》の中《なか》でそんな複雑《ふくざつ》なことは考《かんが》えてなくて。浮《う》かせ続《つづ》けるだけで、結果的《けっかてき》にそうなるんだっていう事《こと》を逆算《ぎゃくさん》して、解析《かいせき》し説明《せつめい》しているっていう感《かん》じなんです。

そういう意味《いみ》で、ジェットコースターが外《はず》れて地面《じめん》に落下《らっか》するという状態《じょうたい》を一瞬《いっしゅん》たりとも作《つく》らないように、歩《ある》いたり走《はし》ったりするっていう。

それは、熱《あつ》い浜辺《はまべ》の上《うえ》で火傷《やけど》をしないように、交互《こうご》に足《あし》を入《い》れ替《か》えるような、それもある意《い》味《み》、エネルギーをもらい切《き》らないようにどんどん転《ころ》がしているとも言《い》える。

身体《しんたい》の内部《ないぶ》でもそれをやる。一番大事《いちばんだいじ》な指針《ししん》は、足裏《あしうら》の感覚《かんかく》ですね。

転《ころ》がす

方条　足裏《あしうら》にぎゅーっと圧力《あつりょく》が増《ま》していることは、そこにエネルギーがかかっちゃってるということです。

言《い》い換《か》えれば足裏《あしうら》にエネルギーが偏《かたよ》っている・負荷《ふか》が溜《た》まっているという状態《じょうたい》です。なのでそうならないよう、足裏《あしうら》の圧力《あつりょく》が高《たか》まり切《き》る前《まえ》に、次《つぎ》へ次《つぎ》へと両足《りょうあし》を交互《こうご》にバトンタッチしながら、転《ころ》がすように受《う》け渡《わた》す。

その位置《いち》エネルギーとか重心《じゅうしん》とか重力《じゅうりょく》を「転《ころ》がす感覚《かんかく》」っていうのは、例《たと》えば介護《かいご》で人《ひと》を持《も》ち上《あ》げる場合《ばあい》なども、ある一点《いってん》のある筋肉《きんにく》で支《ささ》え切《き》らないように、ふわっと、一筆書《ひとふでが》きみたいな滑《なめ》らかな動《うご》きの中《なか》で相手《あいて》の重《おも》さをうまく身体《しんたい》の中《なか》で転《ころ》がせると、自分《じぶん》も相手《あいて》も楽《らく》に抱《かか》え上《あ》げることが出来《でき》る。

そういう意味《いみ》ではジェットコースターが脱輪《だつりん》しないように軌道《きどう》を走《はし》ることと、つながってくるんです。

体《からだ》の中《なか》で「ガツン」と重《おも》さを感《かん》じる瞬間《しゅんかん》は、体内《たいない》で重《おも》さの衝突事故《しょうとつじこ》、つまり「脱輪《だつりん》」が起《お》こっている。

それは、剣《けん》を振《ふ》る時《とき》もそうですね。

例《たと》えば先生《せんせい》が、ほぼ真一文字《まいちもんじ》で行《い》って帰《かえ》ってという動《うご》きを、すごく綺麗《きれい》にやるデモンストレーションを見《み》せて下《くだ》さっていますけれど、あれは形《かたち》や軌道《きどう》だけ見《み》たら、とても鋭角《えいかく》で鋭《するど》い動《うご》きです。でも身体《からだ》の中身《なかみ》を丸《まる》く使《つか》えれば、鋭角《えいかく》な動《うご》きも一筆書《ひとふでが》きで動《うご》けるんですよね。

それは、身体《からだ》の内部《ないぶ》の自分《じぶん》のエネルギーのぶつかりを、脱輪《だつりん》しないようにうまく使《つか》えると、見《み》かけ上《じょう》は衝突《しょうとつ》しそうな動《うご》きも質的《しってき》には丸《まる》くなってくる、みたいなのもある。

そういう意味《いみ》では、いろいろとつながってくるんです。

でもその浮《う》いてる状態《じょうたい》っていうのは、身体《しんたい》がすごく不安《ふあん》がるんですよ。

人間《にんげん》っていうのは着地《ちゃくち》したいんです、大地《だいち》の上《うえ》にね。

一歩一歩《いっぽいっぽ》自分《じぶん》の重《おも》みを確《たし》かめながら、要《よう》するに着地《ちゃくち》の連続《れんぞく》で動《うご》くっていうシステムをやっているから、それを切《き》り離《はな》して浮《う》き上《あ》がった生活《せいかつ》をするということに本能《ほんのう》レベルの恐怖《きょうふ》や抵抗感《ていこうかん》をすごく感《かん》じる。

なのでこれも第一《だいいち》に、先祖返《せんぞがえ》りしたくなる自分《じぶん》の本能《ほんのう》をいかにバージョンアップするかっていうことが大事《だいじ》になってきます。

それは、それまで「当《あ》たり前《まえ》」と思《おも》っていた世界《せかい》の外側《そとがわ》にある感覚《かんかく》を「当《あ》たり前《まえ》」にしていく作業《さぎょう》なのですが、「大地《だいち》を踏《ふ》みしめて歩《ある》く」だとか、「しっかり立《た》つ」方《ほう》が確《たし》かな感触《かんしょく》がありますから、「自分《じぶん》はここにいるよ」っていう安心感《あんしんかん》につながるんです。

しかし、浮《う》いた状態《じょうたい》というのは、いつもフワフワ、フラフラしていて心《こころ》もとないから、早《はや》く休《やす》ませてよ、着地《ちゃくち》させてよとすごく思《おも》う。自分《じぶん》の認識《にんしき》以外《いがい》の領域《りょういき》から、早《はや》く自分《じぶん》に理解《りかい》させてよ、みたいな強烈《きょうれつ》な引力《いんりょく》が働《はたら》くんです。

だけど、「そんなものいいじゃない」って自分《じぶん》の身体《しんたい》レベルで納得《なっとく》がいった時《とき》、だんだん大地《だいち》の住人《じゅうにん》から、「浮《う》いた世界《せかい》」の住人《じゅうにん》になっていくのを感《かん》じるんですよ。

それは、まさに先生《せんせい》が言《い》っていた基本《きほん》を繰《く》り返《かえ》すだとか、一生懸命一《いっしょうけんめいひと》つの動《うご》きを植《う》え付《つ》けるみたいな連続《れんぞく》では絶対《ぜったい》になされないことで、根本《こんぽん》から自分《じぶん》の認識《にんしき》とかメンタルとかシステムをそっくりそのまま入《い》れ替《か》えて、「今《いま》までの世界《せかい》から引《ひ》っ越《こ》しする」ぐらいのつもりでいないと、なかなか難《むずか》しいだろうなとは思《おも》います。

誰《だれ》でもある意味《いみ》、そのままのフィジカルとか、そのままの体格《たいかく》で出来得《できう》ることではあるんですけどね。メンタルや、概念《がいねん》さえ入《い》れ替《か》えれば。

人《ひと》によっては、そういう領域《りょういき》っていうのは信仰的《しんこうてき》な部分《ぶぶん》ともつながってきますから、メンタルの在《あ》り方《かた》がものすごく身体《しんたい》に影響《えいきょう》を及《およ》ぼすんですけれど、身体《しんたい》をまったく動《うご》かさないでそればっかり言《い》っていても、何《なに》かズレが出《で》てしまいます。

「不確《ふたし》かな世界《せかい》」にどんどんアクセスするようなところに突入《とつにゅう》するほど、ちゃんと現実《げんじつ》の世界《せかい》で、それが機能《きのう》しているか作用《さよう》してるか確認《かくにん》を怠《おこた》らないということが大事《だいじ》ですよね。

戦闘機《せんとうき》

甲野　電車《でんしゃ》は面《めん》を動《うご》く二次元《にじげん》の乗《の》り物《もの》のようですけど、ジェットコースターの場合《ばあい》は立体的《りったいてき》なレールがあるので、三次元《さんじげん》の中《なか》で回《まわ》ったり螺旋状態《らせんじょうたい》になって動《うご》くところが、同《おな》じレールの上《うえ》を走《はし》る乗《の》り物《もの》でも電車《でんしゃ》とは体感《たいかん》がずいぶん違《ちが》いますね。

　私《わたし》の場合《ばあい》は刀《かたな》を真一文字《まいちもんじ》に切《き》って返《かえ》す工夫《くふう》をしていた時《とき》に、「飛行機《ひこうき》で空中《くうちゅう》を飛《と》んでいる三次《さんじ》元《げん》での変化《へんか》だ」と思《おも》ったことで出来《でき》るようになったのです。

例《たと》えば、太平洋戦争《たいへいようせんそう》の時《とき》に零戦《ゼロせん》が驚《おどろ》かれたのは、アメリカの飛行機《ひこうき》からいきなり機銃掃射《きじゅうそうしゃ》を受《う》けた時《とき》に、ガーッと急激《きゅうげき》に宙返《ちゅうがえ》りするような動《うご》きをしたことです。

つまり車《くるま》だったらひっくり返《かえ》ってしまうのですが、飛行機《ひこうき》は三次元《さんじげん》の空間《くうかん》を飛行《ひこう》していますから、ひっくり返《かえ》ってもそこから立《た》て直《なお》せば、また別《べつ》に問題《もんだい》なく飛《と》び続《つづ》けられる訳《わけ》です。

そういう面《めん》で、同《おな》じことを違《ちが》う角度《かくど》から説明《せつめい》すると、「こういうことか」と思《おも》いました。飛行機《ひこうき》やジェットコースターと、平面《へいめん》を走《はし》る車《くるま》とは、全然違《ぜんぜんちが》う。

ですから非常《ひじょう》に共通点《きょうつうてん》のある気《き》づきでも、方条《ほうじょう》さんの「たとえ」が、私《わたし》にとってはまた違《ちが》う気付《きづ》きとなるのです。

まあ、それぞれが工夫《くふう》して考《かんが》えているから、「たとえ」ひとつとってもその違《ちが》いが面白《おもしろ》いですね。

目《め》と耳《みみ》

甲野　私《わたし》が愛読《あいどく》している『願立剣術物語《がんりゅうけんじゅつものがたり》』の四十二段目《よんじゅうにだんめ》に、「我《わ》が心《こころ》におち、理《り》におち、合点《がてん》に及《およ》ぶは本理《ほんり》という物《もの》にてはなし。私《わたし》の理《り》なるべし……」、つまり「なるほどな、と合点《がてん》がいくことは、本当《ほんとう》の理《り》ではない」ということを説《と》いたところがあります。

これは「そういうことか」と、理論的《りろんてき》に納得《なっとく》がいくのは、それは本当《ほんとう》の理《り》ではなくて、「私《わたし》」の理《り》であると。

つまり、言葉《ことば》で納得出来《なっとくでき》るって、理論《りろん》では完全《かんぜん》に説明《せつめい》がついているということだから、それは大《たい》したものじゃないということを説《と》いているのだと思《おも》います。

あの段《だん》の最後《さいご》に兵法書《へいほうしょ》の『六韜三略《りくとうさんりゃく》』から引用《いんよう》した「道《みち》はあって見《み》るべからず、事《こと》はあって聞《き》くべからず、勝《しょう》はあって知《し》るべからず」という一節《いっせつ》があるのですが、それを「認識《にんしき》する」っていう、自分《じぶん》の中《なか》のある種二次元的《しゅにじげんてき》な、言葉《ことば》による納得《なっとく》をしようとすると、それが矮小化《わいしょうか》されて、本来《ほんらい》の言葉《ことば》にならない微妙《びみょう》な働《はたら》きがなくなってしまうということではないかと思《おも》います。

「言葉《ことば》」というのは、一対一《いったいいち》の対応《たいおう》の連続《れんぞく》で成《な》り立《た》っているため、物理《ぶつり》で言《い》うと三体問題《さんたいもんだい》という、三《みっ》つのものが互《たが》いに影響《えいきょう》を及《およ》ぼしあっているものは、正確《せいかく》に記述出来《きじゅつでき》ないというところがどうしてもあるのです。

「コレとコレ」と、言葉《ことば》で理解《りかい》していくっていうのは、前《まえ》の音《おん》から順序《じゅんじょ》があって「コトバ」、でも「ト」と「バ」がひっくり返《かえ》って「コバト」になると、聞《き》いた人《ひと》が連想《れんそう》するのは小鳩《こばと》になる。

つまり、「コ」と言《い》ってすぐに次《つぎ》に「ト」が出《で》ると「コト」。

そのあとに何《なに》が出《で》るかによって、次々《つぎつぎ》に連想《れんそう》が変《か》わっていくわけで、その言葉《ことば》が前《まえ》の音《おん》と組《く》んで意味《いみ》をなし、それが今度《こんど》は次《つぎ》の音《おん》と合《あ》わさり、さらに展開《てんかい》していくっていうふうになりながら、目《め》まぐるしく頭《あたま》を働《はたら》かせているわけですよ。

だから時間《じかん》がかかるわけですよね。言葉《ことば》って理解《りかい》するまでに。でも、「見《み》た」場合《ばあい》の視覚《しかく》というのは一瞬《いっしゅん》でいろんなことが理解出来《りかいでき》る。すごい人混《ひとご》みの中《なか》でも、知《し》っている人《ひと》とたまたまそこで出会《であ》えれば、すぐ分《わ》かるっていう。ほとんど時間《じかん》を要《よう》さずに、同時《どうじ》にいくつもの情報処理《じょうほうしょり》をしている。だから、人間《にんげん》って考《かんが》えてみると、「耳《みみ》の方《ほう》はある程度順番《ていどじゅんばん》に入《はい》ってくる音《おん》が溜《た》まってからでないと分《わ》からない」という、視覚《しかく》や嗅覚《きゅうかく》とは全《まった》く種類《しゅるい》の違《ちが》う感覚器官《かんかくきかん》を協調《きょうちょう》させて結構上手《けっこううま》く使《つか》いこなしているわけですね。

それをどう協調《きょうちょう》させて理解《りかい》しているのかというのは、かなりすごいことをやっているのでしょう。ただそれが自動化《じどうか》されているから、普通《ふつう》はそのすごさに気付《きづ》いていない。そうじゃなきゃあまりの複雑《ふくざつ》さに正気《しょうき》が保《たも》てなくなってしまうのでしょう。

作業用《さぎょうよう》テーブルと鏡《かがみ》

甲野　まあ、その認識《にんしき》の過程《かてい》で分《わ》かることだけ理解《りかい》して後《あと》は保留《ほりゅう》するか捨《す》てているから、人《ひと》は割《わり》と精神《せいしん》の平常《へいじょう》が保《たも》てるのではないかと思《おも》うのです。

方条　その人《ひと》なりに持《も》っている、作業用《さぎょうよう》テーブルの上《うえ》に載《の》る情報《じょうほう》しか、たぶん認識《にんしき》しようとしないんですよね。

そこから溢《あふ》れちゃうようなものは、もう手《て》に負《お》えないから、「無《な》いこと」にしちゃっている。

でも実《じつ》は、作業用《さぎょうよう》テーブルって、バーッと拡張《かくちょう》出来《でき》て、四隅《よすみ》はもう自分《じぶん》も手《て》が届《とど》かないようなところなんだけど、実《じつ》はそこに本当《ほんとう》の真理《しんり》があるとか、高度《こうど》な領域《りょういき》が潜《ひそ》んでいる。

でも「説明《せつめい》出来《でき》ないと再現性《さいげんせい》がないんじゃないか」っていう不安《ふあん》も訪《おとず》れるんです。

それが、なんか出来《でき》ちゃうと**説明《せつめい》出来《でき》ないけれど再現性《さいげんせい》がある世界《せかい》**に入《はい》っていくんですよね。

甲野　二〇二二年《ねん》の七月《しちがつ》に吉祥寺《きちじょうじ》でやった俳優講座《はいゆうこうざ》で、「人間鞠《にんげんまり》」をやりました。

方条　人間鞠《にんげんまり》というのは、屈《かが》んだ体勢《たいせい》から力《ちから》を抜《ぬ》いて一気《いっき》に落下《らっか》して、人体構造《じんたいこうぞう》の持《も》つクッションでバウンドするように自然《しぜん》と立《た》ち上《あ》がる技術《ぎじゅつ》ですね。

甲野　ええ、あれです。いつも講座《こうざ》や講習会《こうしゅうかい》に参加《さんか》している人達《ひとたち》でもなかなか出来《でき》ず、「なんで出来《でき》ないんだろう？　出来《でき》る人《ひと》がいないな」と思《おも》っていたのですが、この日《ひ》は私自身《わたしじしん》、出来《でき》ない人《ひと》の気持《きも》ちが実感《じっかん》を通《とお》して分《わ》かった体験《たいけん》がありました。

なぜかというと、私《わたし》も突然《とつぜん》「人間鞠《にんげんまり》」が出来《でき》なくなったからです。出来《でき》なくなった理由《りゆう》は、鏡《かがみ》でした。

ちょうどそこがバレエのレッスンも出来《でき》るところで壁一面《かべいちめん》にズラッと鏡《かがみ》があったのですが、それを見《み》ながら「人間鞠《にんげんまり》」は、「どう説明《せつめい》すれば出来《でき》る人《ひと》が増《ふ》えるかな」と思《おも》ってやってみたんです。そうしたら突然出来《とつぜんでき》なくなってしまって、あの時《とき》は焦《あせ》りました。

その後《ご》、全《まった》く別《べつ》のことをやって、私《わたし》が『『人間鞠《にんげんまり》』が出来《でき》なくなった」という記憶《きおく》を消《け》すようにして、何《なに》も考《かんが》えず一気《いっき》にやって、再《ふたた》び「人間鞠《にんげんまり》」が出来《でき》るようにはなりましたが、初《はじ》めて実感《じっかん》をもって鏡《かがみ》の弊害《へいがい》に気付《きづ》きました。

現在多《げんざいおお》くの柔道《じゅうどう》や剣道《けんどう》の人《ひと》は鏡《かがみ》を見《み》て練習《れんしゅう》をしていますけれど、武術《ぶじゅつ》の世界《せかい》では**「鏡《かがみ》を見《み》て稽古《けいこ》するな」**と言《い》われていました。

私《わたし》も「鏡《かがみ》を見《み》てやるな」という話《はなし》は、もうずいぶん前《まえ》から知《し》っていたのですが、その弊害《へいがい》を実感《じっかん》していたわけではありませんでした。

ところが鏡《かがみ》を見《み》ながら「人間鞠《にんげんまり》」をやってみたら、これが出来《でき》なくなって、その時《とき》「いやこれはまずい」と鏡《かがみ》の問題《もんだい》を実感《じっかん》しました。

でも同時《どうじ》に、「これって非常《ひじょう》に面白《おもしろ》い現象《げんしょう》だな」と思《おも》いました。

とにかく、鏡《かがみ》を見《み》て、『『人間鞠《にんげんまり》』の手順《てじゅん》というのはどうなってるのかな?」と観察《かんさつ》を始《はじ》めた瞬《しゅん》間《かん》に、記憶喪失《きおくそうしつ》みたいに出来《でき》なくなったんですよ。

そして、あの時《とき》に「鏡《かがみ》を見《み》てやるな」って昔《むかし》の人《ひと》が言《い》ったのはこういう事《こと》か、と実感《じっかん》をもって納得《なっとく》しました。

つまり、複雑《ふくざつ》に同時《どうじ》に働《はたら》いている動《うご》きというものを鏡《かがみ》で見《み》ていると、結局《けっきょく》「何《なに》がどうなってこうなっているのだろうか」ということを言語《げんご》にして理解《りかい》しようと、どうしても頭《あたま》がしようとするのですよ。

「今《いま》、どうなってる？　どうなってる？」と。

そうすると、そういうことではとても表現出来《ひょうげんでき》ない複雑《ふくざつ》なことを同時《どうじ》にやっていた精妙《せいみょう》な働《はたら》きが、見《み》つめられて観察《かんさつ》されることによって全《まった》く調子《ちょうし》が狂《くる》ってしまい、うまく出来《でき》なくなるんですね。あれはね、すごく面白《おもしろ》い体験《たいけん》でした。

方条　観測《かんそく》しようとして光《ひかり》を当《あ》てると、その光《ひかり》によって元《もと》の状態《じょうたい》が変《か》わってしまう素粒子《そりゅうし》と似《に》ていますね。

私《わたし》が合宿《がっしゅく》をやった時《とき》に、たまたま合宿先《がっしゅくさき》にピアノがあって、参加者《さんかしゃ》の人《ひと》がポロポロと弾《ひ》き始《はじ》めたんです。

以前合唱《いぜんがっしょう》コンクールの伴奏《ばんそう》をやったことがあるらしくてその曲《きょく》を弾《ひ》いていたんですけれど、その人《ひと》に「どうやって弾《ひ》いているんですか」って聞《き》いたら、とたんに弾《ひ》けなくなっちゃって。やっぱり「手《て》が覚《おぼ》えて」いたんですね。

自分《じぶん》の中《なか》で楽譜《がくふ》とか、メロディーだとかをちゃんと頭《あたま》で思《おも》い出《だ》そうとしたら、なんだか分《わ》からなくなっちゃった。

それはやっぱり、頭《あたま》で暗記《あんき》したりとか、論理《ろんり》で指令《しれい》をしたりするよりも、よっぽど体《からだ》の方《ほう》が賢《かしこ》くて、たぶん違《ちが》う回路《かいろ》が働《はたら》いているんです。

さらに身体《しんたい》だけじゃない、もっと別《べつ》の領域《りょういき》も働《はたら》いていて、ますます捉《とら》えどころがなくなってくるんですけれども、こうこうこうだ、みたいに考《かんが》えた瞬間《しゅんかん》に、すごく小《ちい》さな作業用《さぎょうよう》テーブルの上《うえ》に引《ひ》き戻《もど》される。シュッと自分《じぶん》の領域《りょういき》が狭《せば》まっちゃうんですよ。

私《わたし》も自分《じぶん》の稽古《けいこ》では、確《たし》かに鏡《かがみ》を見《み》ながらやった事《こと》って、一度《いちど》も無《な》かったんですよね。変《へん》に何《なに》かに囚《とら》われてしまうのを、やはり身体《しんたい》が拒否《きょひ》していたのかなと、今《いま》は思《おも》います。

スイッチ

甲野　この鏡《かがみ》を見《み》て稽古《けいこ》する事《こと》の問題《もんだい》は「まず基本《きほん》をしっかりと身《み》につけよう」という、現在《げんざい》では、最《もっと》も一般的《いっぱんてき》な習《なら》い事《ごと》の稽古法《けいこほう》の問題《もんだい》とも非常《ひじょう》に関連《かんれん》していますね。つまり、まず基本《きほん》をしっかり習《なら》って身《み》につけようという事《こと》と、松聲館《しょうせいかん》スタイルの「各自《かくじ》が基本《きほん》から作《つく》る」という事《こと》との違《ちが》いとが、何《なん》だか似《に》た話《はなし》だとも思《おも》いますよね。

言語《げんご》は、幼児《ようじ》がいつの間《ま》にかその言語環境《げんごかんきょう》の中《なか》にいる事《こと》で習得《しゅうとく》し、身《み》につけるのが一番使《いちばんつか》えるネイティブな言語《げんご》になります。

「これはこういう意味《いみ》なのか」、っていうふうに頭《あたま》で覚《おぼ》え込《こ》んでいくのとでは大《おお》きな違《ちが》いがありますよね。

方条　我々《われわれ》が文法《ぶんぽう》なんか考《かんが》えながら喋《しゃべ》ったら、とたんに喋《しゃべ》れなくなりますよね。やっぱり文法《ぶんぽう》を経由《けいゆ》すると遠回《とおまわ》りだから、自分《じぶん》の頭《あたま》の中《なか》で発生《はっせい》したことと絶対《ぜったい》にラグが出《で》ちゃうし、直通《ちょくつう》で自分《じぶん》の中《なか》のイメージが言葉《ことば》になるような時《とき》っていうのは、やれ文法《ぶんぽう》だ、この単語《たんご》がどういう意味《いみ》だ、なんていう回路《かいろ》は経由《けいゆ》していないはずですから。

「**論理《ろんり》は遠回《とおまわ》り**」なんです。

それは、「脳《のう》はでしゃばり」っていうような話《はなし》も、甲野先生《こうのせんせい》と『上達論《じょうたつろん》』の中《なか》で対談《たいだん》しましたが、視覚的《しかくてき》な身体《しんたい》と、**内部感覚的《ないぶかんかくてき》な身体《しんたい》**ってズレがあって。「内部感覚的《ないぶかんかくてき》な身体《しんたい》」の方《ほう》が正解《せいかい》なんです。

実際《じっさい》の体《からだ》の動《うご》きっていうのは、**自分《じぶん》の内部感覚《ないぶかんかく》の表《あらわ》れ**ですから。すごく身体《しんたい》に詳《くわ》しいのに、動《うご》きがどうにもぎこちない、という人《ひと》は結構《けっこう》いて、○○筋《きん》だとか、○○骨《こつ》みたいなのに詳《くわ》しい人《ひと》は、そっちベースで動《うご》いてしまう。

例《たと》えば単純《たんじゅん》な例《れい》で言《い》うと、「股関節《こかんせつ》を動《うご》かしたい」という時《とき》に股関節《こかんせつ》で動《うご》こうとすると、意外《いがい》と動《うご》いてくれないんです。

だけど、私《わたし》がよく使《つか》う言葉《ことば》は「**膝《ひざ》を振《ふ》る**」。そうすると結果的《けっかてき》に股関節《こかんせつ》が働《はたら》くんです。

つまり、「股関節《こかんせつ》が動《うご》く」と言《い》った方《ほう》が実際《じっさい》の現象《げんしょう》には近《ちか》いんですけれども、本当《ほんとう》に上手《じょうず》に動《うご》いてくれるのは「膝《ひざ》を振《ふ》る」って思《おも》った時《とき》なんです。

それと同《おな》じで、身体《からだ》を動《うご》かす時《とき》に、どこどこをどのようにと具体的《ぐたいてき》に考《かんが》えるよりも、もっと別《べつ》の形《かたち》をしたスイッチが身体《からだ》の中《なか》には入《はい》っていて。

例《たと》えば、身体《からだ》を柔《やわ》らかく動《うご》かすときに、全身《ぜんしん》が風《かぜ》の中《なか》でゆらめく絹《きぬ》のようなつもりで動《うご》くと、結果的《けっかてき》に身体《からだ》の各関節《かくかんせつ》がなめらか、かつ連動《れんどう》して働《はたら》いてくれるとか。

実際《じっさい》に、骨《ほね》は変化《へんか》したり揺《ゆ》らめいたりはしませんが、そのつもりで動《うご》くと、結果的《けっかてき》に関節《かんせつ》も綺麗《きれい》に動《うご》くとかね。

自分《じぶん》の内観的身体《ないかんてきしんたい》をどう動《うご》かすかということと、実際《じっさい》の身体《からだ》がどう動《うご》くかというのは、ものすごく離《はな》れている事《こと》があるけれども、その離《はな》れたところにあるように思《おも》えるスイッチが、一番最短《いちばんさいたん》で直通《ちょくつう》という事《こと》がありますね。

下手《へた》に自分《じぶん》の身体構造《しんたいこうぞう》などの知識《ちしき》に影響《えいきょう》されてしまうと、そのスイッチと実際《じっさい》の身体《しんたい》の関係《かんけい》が頭《あたま》で考《かんが》える現実《げんじつ》に寄《よ》せられてしまって、結果《けっか》スイッチが遠《とお》ざかる、というような逆転現象《ぎゃくてんげんしょう》が起《お》きてしまうことがあるんです。

事前《じぜん》に済《す》ませる

甲野　今《いま》の方条《ほうじょう》さんの話《はなし》に関連《かんれん》して思《おも》い浮《う》かんだのですが、ある、きわめて限定《げんてい》された時間《じかん》の中《なか》で動《うご》かなければならない時《とき》に、自分《じぶん》の動《うご》きを自由《じゆう》にしておくと、なかなか上手《うま》くいかなくて、ある程度《ていど》自分《じぶん》の動《うご》きに義務《ぎむ》を課《か》して、ギリギリ時間《じかん》がなくてもやるべき事《こと》をやらなければならないようにしておく方《ほう》がいいっていう事《こと》は、例《たと》えば「太刀奪《たちど》り」なんかの時《とき》にはありますね。

方条　太刀奪《たちど》りというのは、剣《けん》を上段《じょうだん》に構《かま》えた相手《あいて》が振《ふ》り下《お》ろしてきた瞬間《しゅんかん》に懐《ふところ》に入《はい》り、剣《けん》を奪《うば》い取《と》る技術《ぎじゅつ》ですね。

先生《せんせい》はこれをする際《さい》に、こちらも剣《けん》で相手《あいて》を斬《き》る感覚《かんかく》を起点《きてん》とすると、動《うご》きの質《しつ》が上《あ》がると仰《おっしゃ》っていますね。実際《じっさい》は素手《すで》で、刀《かたな》を持《も》っているのは相手《あいて》だけですが。

甲野　まあ、いろいろな場合《ばあい》がありますが、例《たと》えば相手《あいて》が振《ふ》りかぶって私《わたし》の頭《あたま》に向《む》かってソフト竹刀《しない》で遠慮《えんりょ》なく打《う》ち込《こ》んでくる時《とき》に、その振《ふ》りかぶる度合《どあい》に応《おう》じて刀《かたな》を抜《ぬ》きつけざまに、その相《あい》手《て》の腕《うで》の部位《ぶい》を斬《き》る形《かたち》で入《はい》っていくとちょうど良《よ》くなります。

つまり、状況《じょうきょう》によって、相手《あいて》がそんなに振《ふ》りかぶっていなければ前腕《ぜんわん》を斬《き》る形《かたち》で入《はい》っていけばいいし、ほとんど振《ふ》りかぶらず斬《き》り込《こ》んでくるくらいだったら、竹刀《しない》を持《も》っている相手《あいて》の指《ゆび》を斬《き》るくらいの形《かたち》にすればいいいし、その竹刀《しない》の先《さき》が後《うし》ろの床《ゆか》の方向《ほうこう》を向《む》くほど大《おお》きく振《ふ》りかぶって打《う》ち込《こ》んでくるなら肘《ひじ》から肩《かた》にかけての上腕《じょうわん》を抜《ぬ》きつけざまに斬《き》って入《はい》っていくといいという感覚《かんかく》があります。

今《いま》、言葉《ことば》にするのは簡単《かんたん》ですが、このことに気付《きづ》くのに何年《なんねん》もかかりましたね。

相手《あいて》が思《おも》いっ切り刀《かたな》を大《おお》きく振《ふ》りかぶってきた時《とき》っていうのは避《さ》ける時間《じかん》があまり振《ふ》りかぶらない時《とき》よりも多《おお》くあるように思《おも》われて、その方《ほう》が簡単《かんたん》なように思《おも》う人《ひと》がいるかもしれませんが、実際《じっさい》は大《おお》きく振《ふ》りかぶられると、どうしても、それにつられて早《はや》く避《よ》けようとして動《うご》いてしまいがちなのです。

そして、そうなったら打《う》つ側《がわ》に、その避《よ》けたところを打《う》たれてしまいます。ですから、思《おも》わず避《よ》けようとする前《まえ》に「やる事《こと》をやっておけ」という事《こと》なのです。

方条　通常《つうじょう》は焦《あせ》って、タイミングも何《なに》もなく体《からだ》ばかりが無闇《むやみ》に動《うご》いてしまいますね。

しかし、体《からだ》が動《うご》く前《まえ》の段階《だんかい》で準備《じゅんび》と司令《しれい》がすべて完了《かんりょう》しており、「あとは体《からだ》が勝手《かって》に動《うご》くだけ」という状態《じょうたい》にしておけば、余分《よぶん》な事《こと》を排《はい》して最適《さいてき》の動《うご》きとタイミングを選択《せんたく》してくれますね。

甲野　まあ、そうやっていろいろ気付《きづ》いて、今《いま》この七十歳《ななじっさい》を過《す》ぎた年齢《ねんれい》で「太刀奪《たちど》り」などが一番《いちばん》間《ま》に合《あ》うようになったというのは、こうした術理《じゅつり》に気付《きづ》いたからですね。

もっと若《わか》い時《とき》は、早《はや》く動《うご》けて今《いま》より出来《でき》そうですが、**動《うご》けるだけに待《ま》てない**のですね。それにどうしても床《ゆか》を蹴《け》って動《うご》くから脚部《きゃくぶ》が残《のこ》ってしまう。それを床《ゆか》を蹴《け》らずに動《うご》けるようになると……。

方条　ちゃんと、動《うご》く最適《さいてき》のタイミングまで「待《ま》てる」ようにもなりますね。

甲野　ですから一《ひと》つの補助線《ほじょせん》と言《い》いますか方便《ほうべん》として、緊急《きんきゅう》で動《うご》かなければならない時《とき》でも「どうしてもやらなければならない」事《こと》を決《き》めておくと、上手《うま》くいく事《こと》がありますね。

触媒《しょくばい》

甲野　この間《あいだ》、「科学的《かがくてき》とは何《なに》か」という事《こと》をある人《ひと》といろいろ話《はな》していたのですが、いろいろな生産現場《せいさんげんば》でも使《つか》われている「触媒《しょくばい》」ってあるじゃないですか。あれって実《じつ》は科学的《かがくてき》にはよく分《わ》かってないらしいんです。

方条　反応《はんのう》を促進《そくしん》させる媒介《ばいかい》ですよね。

甲野　そう。別《べつ》にその触媒自体《しょくばいじたい》が変化《へんか》するわけではないんですけど、それがあると周囲《しゅうい》の変化《へんか》がスムーズに促進《そくしん》されるというのは、結構現場《けっこうげんば》の知恵《ちえ》みたいなものらしいのです。

それこそ医学《いがく》の方《ほう》でも、麻酔《ますい》がなんで効《き》くのか未《いま》だに分《わ》からないそうですね。

ヘリコプターだって、航空工学《こうくうこうがく》が発達《はったつ》すればするほど、なんであれが安定的《あんていてき》に飛《と》んでいられるのか、謎《なぞ》が深《ふか》まってきたらしいですね。

ですからいろいろと科学《かがく》では説明《せつめい》がつかない事《こと》が科学《かがく》が発達《はったつ》することで逆《ぎゃく》に増《ふ》えてきているんですよ。

昔《むかし》は竹《たけ》とんぼが飛《と》ぶんだから似《に》たようなものだろうっていう、なんとなくの直感《ちょっかん》から来《き》た原理《げんり》らしきものに導《みちび》かれて、後《あと》は試行錯誤《しこうさくご》して出来《でき》たものが、その後《ご》だんだん理論《りろん》の解明《かいめい》が進《すす》んで、いろいろな事《こと》が正確《せいかく》に分《わ》かってくればくるほど、飛《と》んでいられるのが不思議《ふしぎ》になってくるというのは興味深《きょうみぶか》いですね。

つまり、全部厳密《ぜんぶげんみつ》に説明出来《せつめいでき》る事《こと》ではないんですよ。

様々《さまざま》な要素《ようそ》を人間《にんげん》が言葉《ことば》というもので分類《ぶんるい》しようとした時《とき》に、この時《とき》はこうなっているという事《こと》をいくら組《く》み合《あ》わせようとしても、把握《はあく》し切《き》れない事《こと》ばかり増《ふ》えてくるように思《おも》います。みんな感染症《かんせんしょう》を怖《こわ》がっていますけれど、原発《げんぱつ》の事故《じこ》の放射性廃棄物《ほうしゃせいはいきぶつ》とかの方《ほう》がはるかに深刻《しんこく》でしょう。

本来《ほんらい》は原発《げんぱつ》を稼働《かどう》させるんだったら放射性物質《ほうしゃせいぶっしつ》を完全《かんぜん》に崩壊《ほうかい》、解体出来《かいたいでき》るような技術《ぎじゅつ》を作《つく》らなければならないでしょう。

しかし、原子《げんし》そのものまで解体《かいたい》するという事《こと》は、現在《げんざい》の科学《かがく》では絶対不可能《ぜったいふかのう》に近《ちか》いぐらいな事《こと》なのです。

ただ、それが将来《しょうらい》、もしその夢《ゆめ》の技術《ぎじゅつ》が得《え》られたら、その時《とき》はきっと今《いま》は想像《そうぞう》もつかない弊害《へいがい》も出《で》るように思《おも》いますけどね。でも今更元《いまさらもと》にも戻《もど》れない以上《いじょう》、前《まえ》へ進《すす》むしかないような気《き》もします。まあ、でもこれからはいろいろな問題《もんだい》がさらに山積《さんせき》するでしょう。海洋《かいよう》のマイクロプラスチック問題《もんだい》も今後《こんご》さらに深刻《しんこく》になりそうですしね。

そうしたらもっと、今《いま》では考《かんが》えが及《およ》ばないほど、テクノロジーも変《か》えなきゃいけなくなりますよね。

そしてそのような技術《ぎじゅつ》を成功《せいこう》させるには、「科学《かがく》」というものを革命的《かくめいてき》に今《いま》までの概念《がいねん》とは大《おお》きく違《ちが》うものにしていく必要《ひつよう》があると思《おも》います。そうしないと人類《じんるい》の精神《せいしん》がもたないと思《おも》います。

そしてそういう世界《せかい》を招来《しょうらい》させるためには、今《いま》までの言語《げんご》とは違《ちが》う感覚《かんかく》の伝承方法《でんしょうほうほう》を生《う》み出《だ》すことが不可欠《ふかけつ》ですが、そこで武術《ぶじゅつ》が何《なに》か手伝《てつだ》うことが出来《でき》れば、これからの世界《せかい》に何《なん》らか役《やく》には立《た》つんじゃないかなと思《おも》います。

方条　すごく関連《かんれん》してるなっていうのは、感《かん》じますね。

甲野　武術《ぶじゅつ》には言葉《ことば》でうまく説明出来《せつめいでき》ないけれど、現象《げんしょう》としては再現性《さいげんせい》のあることを行《おこな》えるという事《こと》や、スポーツの常識《じょうしき》とは全《まった》く違《ちが》う体《からだ》の使《つか》い方《かた》や術理《じゅつり》があると思《おも》うのですけどね。

方条　それと関連《かんれん》して思《おも》い出《だ》すのは、以前《いぜん》、甲野先生《こうのせんせい》と話《はな》した幼児同士《ようじどうし》のコミュニケーションです。

彼《かれ》らは大人《おとな》から見《み》ると何《なに》を喋《しゃべ》っているのか分《わ》からないんだけれど、何《なに》かやり取《と》りはしている、みたいなことがありますよね。

それは、おそらくお互《たが》いの身体感覚《しんたいかんかく》とかを見《み》て、情報《じょうほう》をやり取《と》りしている。まだ言葉《ことば》が拙《つたな》くて様々《さまざま》な事《こと》が未経験《みけいけん》な故《ゆえ》に。

動物《どうぶつ》なんかその最《さい》たるもので、例《たと》えば、犬《いぬ》の鳴《な》き声《ごえ》を音声解析《おんせいかいせき》して気持《きも》ちを読《よ》み取《と》ろうとする装置《そうち》が以前開発《いぜんかいはつ》されました。

しかしそれは、動物《どうぶつ》のコミュニケーションにおける大《おお》きな現《あらわ》れの一部《いちぶ》、おまけみたいなもので、たぶん身体《しんたい》の在《あ》り方《かた》だけで相当人間《そうとうにんげん》より情報《じょうほう》が取《と》れている、と先生《せんせい》は仰《おっしゃ》ってましたね。

その佇《たたず》まいとか自分《じぶん》の心理《しんり》から現《あらわ》れる微妙《びみょう》な身体《しんたい》の、例《たと》えば言葉《ことば》で説明出来《せつめいでき》る領域《りょういき》で言《い》えば、筋肉《きんにく》の微細《びさい》な動《うご》きだとか、身体《しんたい》のバランスだとか、立《た》ち方《かた》とか、臭《にお》いの変化《へんか》だとか、そういったいろんな情報《じょうほう》のやり取《と》りを、ものすごく高度《こうど》にやっているのだと思《おも》います。

そもそも動物《どうぶつ》というのは、説明《せつめい》する左脳的《さのうてき》な機能《きのう》は持《も》っていないですから。

大人《おとな》になった人間《にんげん》ももちろん動物《どうぶつ》だから、そっちの非言語化情報《ひげんごかじょうほう》の部分《ぶぶん》と、論理《ろんり》で分解《ぶんかい》した言語部分《げんごぶぶん》の、相互作用《そうごさよう》で存在《そんざい》しているはずです。

でも論理《ろんり》があまりにも先行《せんこう》しすぎると、元々持《もともとも》っていた優《すぐ》れた言語外機能《げんごがいきのう》を逆《ぎゃく》にどんどん低下《ていか》させてしまっていて、今《いま》の文明《ぶんめい》は明《あき》らかにその方向《ほうこう》に進《すす》んでしまっている。

セオリー

方条　甲野先生《こうのせんせい》は武術《ぶじゅつ》において、ずっと「切《き》り拓《ひら》く」という事《こと》をやられてきていますね。よくあるのは武術《ぶじゅつ》の流祖《りゅうそ》がいて、二代目《にだいめ》が一般化《いっぱんか》するとダメにする、なんて今日《こんにち》の話《はなし》と全部《ぜんぶ》つながることで、優《すぐ》れた感覚《かんかく》を持《も》った流祖《りゅうそ》っていうのは、理屈抜《りくつぬ》きで、それこそ天狗《てんぐ》に教《おそ》わっただとか、毎日神社《まいにちじんじゃ》に参拝《さんぱい》してたらひらめいたとか、そういう逸話《いつわ》が多《おお》いです。

その人《ひと》に誰《だれ》かがセオリー化《か》して教《おし》えてくれているわけじゃなくて、その人自身《ひとじしん》がセオリーの大元《おおもと》だから。

でも二代目以降《にだいめいこう》の人《ひと》が、一般化《いっぱんか》するためには「もっと分《わ》かりやすくしよう」って言《い》って、それをセオリー化《か》することによって、一定《いってい》ぐらいの人《ひと》が出《で》やすくはなるけれども、流祖《りゅうそ》みたいにバーンと開《ひら》ける人《ひと》っていうのは、同時《どうじ》に出《で》づらくなる構造《こうぞう》を作《つく》ってしまう。

それは自分《じぶん》で考《かんが》えてなくて、「習《なら》う」ばかりだから流祖《りゅうそ》と習得《しゅうとく》の成《な》り立《た》ちが正反対《せいはんたい》になってしまうんです。

でも甲野先生《こうのせんせい》のスタイルっていうのは、甲野先生《こうのせんせい》が意図的《いとてき》な部分《ぶぶん》も含《ふく》めて……。

甲野　自然発生的《しぜんはっせいてき》ですよね。かなりの部分《ぶぶん》がそうだし、私《わたし》も「基本《きほん》をまずしっかり身《み》につけましょう」っていうことに対《たい》して長年疑問《ながねんぎもん》があったので、会《かい》も解散《かいさん》し、結果《けっか》として、実験的《じっけんてき》な形《かたち》でやったら、ちょっと他《ほか》の人《ひと》が真似出来《まねでき》ないぐらいの技《わざ》が出来《でき》る人達《ひとたち》が育《そだ》ってきて。

方条　会《かい》を解散《かいさん》してからの方《ほう》がいい人《ひと》が出《で》ているって仰《おっしゃ》っていますね。

甲野　やっぱり人《ひと》って妙《みょう》なもんで、会《かい》に所属《しょぞく》していると、そのことである種《しゅ》の帰属意識《きぞくいしき》があるのと同時《どうじ》に、そこに縛《しば》られている感《かん》じがするんですよ。

でも会《かい》などではない、親《した》しい友達同士《ともだちどうし》は会《かい》を作《つく》る必要《ひつよう》もないし、むしろ会《かい》のような組織《そしき》ではない、気持《きも》ちだけでつながっていますから、かえってその方《ほう》が絆《きずな》が強《つよ》いんですよね。

例《たと》えばある話《はなし》で、趣味《しゅみ》の会《かい》で知《し》り合《あ》った気《き》の合《あ》う二人《ふたり》がいて、そのうちの一人《ひとり》が二人《ふたり》で会社《かいしゃ》を興《おこ》して何《なに》かやろうと誘《さそ》った時《とき》に、もう一人《ひとり》がその話《はなし》を断《ことわ》ったそうです。

その断《ことわ》った人《ひと》の方《ほう》が、おそらく「人《ひと》」というものを見《み》る目《め》が、もう一人《ひとり》の人《ひと》よりも確《たし》かで、その人《ひと》の感覚《かんかく》では、もう一人《ひとり》の人《ひと》はおそらくこの趣味《しゅみ》の会《かい》の中《なか》で話《はな》しているから非常《ひじょう》に仲良《なかよ》く出来《でき》るけれど、利害《りがい》が伴《ともな》う事《こと》をやると、絶対《ぜったい》この人《ひと》のあまり見《み》たくはない面《めん》が出《で》てくるから、今《いま》のような親《した》しい関係《かんけい》ではいられなくなるだろう。だから会社《かいしゃ》を興《おこ》すのはやめておこうと思《おも》ったのだと思《おも》うのです。

方条　交際中《こうさいちゅう》は仲良《なかよ》しだけど、結婚《けっこん》したらダメになるっていうのもよくありますね。

甲野　意気投合《いきとうごう》して、本当《ほんとう》にうまくやっていく人《ひと》もいますが（笑《わらい》）。

やっぱり、いっさい余計《よけい》な縛《しば》りがないからこそ、仲良《なかよ》しでいられるっていうことは、ありますよね。

囲《かこ》い込《こ》み

甲野　私《わたし》の稽古会《けいこかい》で、「あぁ、こうなってよかったな」と思《おも》えるのは、稽古《けいこ》に来《き》ている人同士《ひとどうし》が仲《なか》が悪《わる》かったり、変《へん》なライバル意識《いしき》で対立《たいりつ》したりっていう事《こと》が、ない事《こと》ですよ。というのは、私《わたし》の所《ところ》では「皆《みな》がそれぞれの流祖《りゅうそ》になるように」という事《こと》が一《ひと》つの目標《もくひょう》で、それぞれ一人一流《ひとりいちりゅう》でやっていますから。

例《たと》えば、会社《かいしゃ》の専務《せんむ》のポストを狙《ねら》って、部長同士《ぶちょうどうし》何人《なんにん》かが競《きそ》い合《あ》っていて、それぞれの派《は》で他《ほか》の部長《ぶちょう》の足《あし》の引《ひ》っ張《ぱ》り合《あ》いをやるとかよくありますよね。

初期《しょき》の講道館《こうどうかん》柔道《じゅうどう》なんて本当《ほんとう》に大変《たいへん》だったようです。柔道《じゅうどう》を創始《そうし》した有名《ゆうめい》な嘉納治五郎翁《かのうじごろうおう》なんて、門人同士《もんじんどうし》のライバル心《しん》から来《く》るすごい嫉妬《しっと》と対立《たいりつ》の調停《ちょうてい》で、晩年《ばんねん》は苦労《くろう》のし通《どお》しだったようです。

あの辺《へん》の裏《うら》の歴史《れきし》を書《か》いた本《ほん》を読《よ》むと、本当《ほんとう》に大変《たいへん》そうでした。まあやっぱり人《ひと》っていうのは、状況《じょうきょう》によってはどうしても面倒《めんどう》くさい状態《じょうたい》になってしまう、という事《こと》はありますからね。

方条　先生《せんせい》はそうならないように、実《じつ》はかなり慎重《しんちょう》にやっていますね。

甲野　私《わたし》も武術稽古研究会《ぶじゅつけいこけんきゅうかい》を解散《かいさん》した事《こと》で、いろいろ学《まな》ばせてもらいました。

　普通《ふつう》の武道《ぶどう》は段位《だんい》がありますが、まず段位《だんい》を設定《せってい》すると、実際《じっさい》に段相応《だんそうおう》に出来《でき》るかどうかの中身《なかみ》と段位《だんい》が釣《つ》り合《あ》っていない事《こと》も少《すく》なくありません。何《なに》しろ段位《だんい》は経歴《けいれき》の一《ひと》つとして履歴書《りれきしょ》に書《か》きたいな、と思《おも》う人《ひと》は結構《けっこう》いると思《おも》いますから。そうすると、どうしても中身《なかみ》がいい加減《かげん》になりやすい。

　それから技《わざ》にこだわっている人《ひと》からは「なんだ、アイツあんな程度《ていど》で五段《ごだん》なのか。実質《じっしつ》は三段《さんだん》の俺《おれ》の方《ほう》が強《つよ》いのに」とか、いろいろな思《おも》いが出《で》てくる。

　まあ、やり方《かた》によっては、会《かい》を作《つく》っても段位《だんい》を制定《せいてい》しても対立構造《たいりつこうぞう》が起《お》こらないような方法《ほうほう》もあるとは思《おも》いますが、難《むずか》しいと思《おも》いますよ。

方条　先生《せんせい》は、会《かい》を主宰《しゅさい》されていた頃《ころ》から段位《だんい》みたいなものを設定《せってい》しない、というのは一貫《いっかん》してやっていましたね。

　メリットとか利害《りがい》とかある程《ほど》に、それの奪《うば》い合《あ》いみたいなものも生《う》まれますけれど、生《しょう》じる原因《げんいん》そのものを、先生《せんせい》は出来《でき》るだけ設定《せってい》しないようにやられているから。

甲野　やっぱり今《いま》の恵比寿《えびす》の稽古会《けいこかい》だって、みんな「技《わざ》」だとか「それが出来《でき》るか」という事《こと》に関心《かんしん》のある人《ひと》ばかりが残《のこ》りますよね。

　会《かい》などなければ自分《じぶん》の技《わざ》をより進歩《しんぽ》させたいと思《おも》っている人《ひと》だけが集《あつ》まるし、そういう人《ひと》は出来《で》ると思《おも》う人《ひと》に素直《すなお》に聞《き》けますから、ややこしいことは起《お》こりにくくなっている。

方条　それも組織《そしき》という意味《いみ》の「浮《う》き」ですよね。

やっぱり、肩書《かたが》きとか段位《だんい》が出《で》るとそこに居付《いつ》いちゃうんです。「ちゃんと何《なに》か資格《しかく》をくれよ」「私《わたし》がどれだけやってきたか認定《にんてい》してくれよ」ってなると、「浮《う》き」から外《はず》れて落下《らっか》しちゃうんですよね、そこに。

甲野　だから私《わたし》は、「松聲館技法研究員《しょうせいかんぎほうけんきゅういん》」というものを作《つく》って一〇人《にん》くらいを認定《にんてい》……認定《にんてい》というか、私《わたし》から委任《いにん》してなってもらっているのですけれど。

方条《ほうじょう》さんも、名古屋《なごや》の山口潤《やまぐちじゅん》カラダラボ代表《だいひょう》も、私《わたし》の長男《ちょうなん》の甲野陽紀《こうのはるのり》も、その他二《ほかに》、三人《さんにん》、松聲館技法研究員《しょうせいかんぎほうけんきゅういん》になってもおかしくない人《ひと》を入《い》れていないのです。それはこれらの人達《ひとたち》はすでに広《ひろ》く世《よ》の中《なか》に出《で》ているのと、松聲館技法研究員《しょうせいかんぎほうけんきゅういん》という称号《しょうごう》が必要以上《ひつよういじょう》に特別《とくべつ》な権威《けんい》を持《も》たないようにしているからです。

方条　それは先生《せんせい》のバランス感覚《かんかく》ですよね。

甲野　もちろん松聲館技法研究員《しょうせいかんぎほうけんきゅういん》は私《わたし》の責任《せきにん》で、いい加減《かげん》な人《ひと》には出《だ》していませんから一〇人《にん》しかいませんが、この人達以外《ひとたちいがい》にも抜群《ばつぐん》に出来《でき》るようになった人達《ひとたち》もいる。

私《わたし》は、その辺《へん》のところは出来《でき》る限《かぎ》り余計《よけい》な事《こと》が起《お》こらないよう、出来《でき》るだけ入念《にゅうねん》にやっていますね。

とにかく私《わたし》は稽古《けいこ》に来《き》ている人達《ひとたち》が、純粋《じゅんすい》に武術《ぶじゅつ》の稽古《けいこ》や研究《けんきゅう》に没頭《ぼっとう》してもらえるように、ということを何《なに》よりも一番《いちばん》に考《かんが》えています。

別《べつ》に技《わざ》のことは、たいして関心《かんしん》のない人《ひと》でも高段位《こうだんい》を持《も》っているとか、会《かい》のために家庭《かてい》も投《な》げ出《だ》して離婚《りこん》になりそうで大変《たいへん》だ、みたいな「ああはなりたくない」という例《れい》は、さんざん見飽《みあ》きるほど見《み》てきましたから。

でも結局《けっきょく》、問題《もんだい》の大元《おおもと》は本当《ほんとう》に実力《じつりょく》がつくことよりも単《たん》に「人《ひと》にすごいと思《おも》われたい」といった、たわいない子《こ》どもじみたことに関心《かんしん》のある人《ひと》が多《おお》いということですね。

方条　それも相当《そうとう》な害《がい》になりますよね。そういう執念《しゅうねん》だとか。

甲野　例《たと》えば、私《わたし》がその昔《むかし》、よく見《み》に行《い》った全日本古武道大会《ぜんにっぽんこぶどうたいかい》など、出場者《しゅつじょうしゃ》の様子《ようす》を見《み》ていると、別流派《べつりゅうは》の人《ひと》がやっているのを弟子《でし》がすごく熱心《ねっしん》に見学《けんがく》しているだけで機嫌《きげん》が悪《わる》くなるような、本当《ほんとう》に心《こころ》の狭《せま》い師匠《ししょう》がいたりするんですよ。

方条　それは囲《かこ》い込《こ》みですね。

甲野　自分《じぶん》に実力《じつりょく》がなくても、すごいと人《ひと》から思《おも》われたいっていう、稚拙《ちせつ》な考《かんが》えの人間《にんげん》が武術《ぶじゅつ》の世界《せかい》には結構多《けっこうおお》かったですね。

方条　やっぱり自分《じぶん》の中身《なかみ》が伴《ともな》っていない人《ひと》ほど、外側《そとがわ》から固《かた》めにかかりますよね。肩書《かたがき》だとか束縛《そくばく》だとか。

甲野　「国際《こくさい》○○」とかいう名前《なまえ》を自分《じぶん》の組織《そしき》に付《つ》けて、本当《ほんとう》に国際的《こくさいてき》ならもちろん問題《もんだい》はありませんけれど、国際的《こくさいてき》な活躍《かつやく》はしていないけれど名前《なまえ》だけはそうしたがる、とかね。子《こ》どもじみた人《ひと》が結構《けっこう》多《おお》いのです。

好循環《こうじゅんかん》

方条　本当《ほんとう》にいいものを提供《ていきょう》していれば、何《なん》の囲《かこ》い込《こ》みもしなくても残《のこ》ってくれるはずですからね。

そうやって囲《かこ》い込《こ》んでいるっていう事《こと》ほど、自分《じぶん》の自信《じしん》のなさ、実力《じつりょく》のなさの表《あらわ》れですよね。だって本当《ほんとう》に相手《あいて》が自分《じぶん》の事《こと》を好《す》きだと思《おも》っていれば、いろいろ束縛《そくばく》しなくたって逃《に》げていかないんだから。

一生懸命《いっしょうけんめい》自分《じぶん》の恋人《こいびと》なり、配偶者《はいぐうしゃ》なりを束縛《そくばく》しているという事《こと》も、自信《じしん》のなさの表《あらわ》れですよね。そうしないとどっかに行《い》っちゃうんじゃないかって不安《ふあん》だから。

でも本当《ほんとう》に自分《じぶん》に自信《じしん》があるならばそんな事《こと》をしなくたって残《のこ》ってくれるわけですし、しかも実際《じっさい》いなくなっちゃったらそれは自分《じぶん》の魅力《みりょく》や実力《じつりょく》が足《た》りないんだな、という覚悟《かくご》があれば、全《まった》く余計《よけい》な事《こと》はしなくて済《す》むはずなんですよ。

それはやっぱり、浮《う》いてないんですよね。相手《あいて》の自由《じゆう》を限《かぎ》りなく制限《せいげん》する事《こと》によって出《で》る安定《あんてい》だから。

本当《ほんとう》に健全《けんぜん》な関係《かんけい》って、自分《じぶん》も相手《あいて》も自由自在《じゆうじざい》で動《うご》き回《まわ》るけれども、綺麗《きれい》に連結連動《れんけつれんどう》もしている。

そうすると相手《あいて》の動《うご》きと自分《じぶん》の動《うご》きの相乗効果《そうじょうこうか》で、世界《せかい》もさらに広《ひろ》がるみたいなことが、複《ふく》数《すう》の人間《にんげん》がいる場《ば》では、最《もっと》も健全《けんぜん》かつ有効《ゆうこう》な関係性《かんけいせい》だと思《おも》うんです。

でも関係性《かんけいせい》そのものを目的化《もくてきか》させて、そこにチェーンか何《なに》かでつなげてしまうと、それぞれの自由度《じゆうど》、可能性《かのうせい》を制限《せいげん》してしまうんだから、強固《きょうこ》な真《しん》の融合《ゆうごう》とは全《まった》く違《ちが》った見《み》せかけの「強《つよ》い絆《きずな》」で、そのことと引《ひ》き換《か》えにそれぞれの能力《のうりょく》も低下《ていか》させてしまう。

だから甲野先生《こうのせんせい》の会《かい》だって、自分《じぶん》のところだけにいないと許《ゆる》さない、とか言《い》っていたら、他《ほか》のところで栄養吸収《えいようきゅうしゅう》した人《ひと》が甲野先生《こうのせんせい》のところへ参加《さんか》しなくなり、甲野先生《こうのせんせい》に入《はい》ってくる刺激《しげき》や情報《じょうほう》も低下《ていか》してしまうから、先生《せんせい》にとってもマイナスなはずなんです。

いろいろなところでいろいろな事《こと》をやった人《ひと》が、それでも「甲野先生《こうのせんせい》は面白《おもしろ》いな」と思《おも》って来《く》る、そういう状況《じょうきょう》をちゃんと守《まも》っていれば、甲野先生《こうのせんせい》にとっても豊《ゆた》かなフィードバックが来《き》てよい風通《かぜとお》しになりますから、結果的《けっかてき》にその人《ひと》も自由《じゆう》だし、先生《せんせい》の腕前《うでまえ》もますます上《あ》がる、みたいな好循環《こうじゅんかん》を起《お》こす構造《こうぞう》になってくるんですよね。

甲野　狭《せま》い世界《せかい》で「すごいと思《おも》われたい」っていうか、なんかそういう小《ちい》さな帝国《ていこく》を作《つく》りたがるような人《ひと》も、武術《ぶじゅつ》、武道界《ぶどうかい》には結構多《けっこうおお》いんですよね。

方条　それは、何《なに》よりも自分自身《じぶんじしん》にとって損《そん》ですよね。

甲野　そういう人《ひと》は本気《ほんき》で上達《じょうたつ》しようと思《おも》っているわけではなく、ただ見《み》た目《め》がとりあえず華《はな》やかなのがいいのでしょう。

方条　たとえば私《わたし》がある日《ひ》、甲野先生《こうのせんせい》に対《たい》して、「興味《きょうみ》なくなりましたので、さようなら」と言《い》えば、別《べつ》に引《ひ》き止《と》めずいつでも快《こころよ》く見送《みおく》って下《くだ》さると思《おも》います。

でも、先生《せんせい》の技《わざ》が面白《おもしろ》いから、ずっと目《め》が離《はな》せないんですよ。それはいろいろな方《かた》がきっとそう思《おも》っているはずです。

先生《せんせい》はどんどん会《あ》うたびに新《あたら》しい発見《はっけん》をされているから。

甲野　とにかく、私《わたし》は本当《ほんとう》に自分《じぶん》の技《わざ》を「本当《ほんとう》に良《よ》い」と思《おも》ったことがないですから。

そこそこ何《なに》か新《あたら》しいことに気付《きづ》いて「あぁ、これは面白《おもしろ》いな」とかそういう事《こと》はしばしばありますけれど、その程度《ていど》の事《こと》では昔《むかし》の凄《すさ》まじく使《つか》えた人《ひと》の技《わざ》や境地《きょうち》に比《くら》べたら、「それはそれは、まだまだ本当《ほんとう》に程遠《ほどとお》いな」と思《おも》ってますから。

確信《かくしん》

甲野　ですから居合《いあい》をやっている人《ひと》なんかを見《み》てると、「よく平気《へいき》で七段《ななだん》とか八段《はちだん》とか名乗《なの》れてしまうな」とは思《おも》いますよね。

「居合《いあい》とは本当《ほんとう》にすごい世界《せかい》で、自分《じぶん》は指導《しどう》する立場上《たちばじょう》、二段《にだん》ですけれど、三《さん》〜八段《はちだん》っていう人《ひと》は、今《いま》、日本《にほん》にいません」というようなことを言《い》える人《ひと》がいれば、私《わたし》はその人《ひと》は居合《いあい》を本当《ほんとう》に大切《たいせつ》にしている人《ひと》だと思《おも》いますが、そういう人《ひと》はいないですね。

私《わたし》が、近代《きんだい》になって「武《ぶ》」の世界《せかい》で技《わざ》も、人間《にんげん》としての道力《どうりき》も本当《ほんとう》に深《ふか》く頭《あたま》が下《さ》がる人物《じんぶつ》は『上達論《じょうたつろん》』でも紹介《しょうかい》しました梅路見鸞《うめじけんらん》という、昭和二十六年《しょうわにじゅうろくねん》に亡《な》くなった弓道無影心月流《きゅうどうむようしんげつりゅう》という流儀《りゅうぎ》を開《ひら》いた人物《じんぶつ》ですね。

この人物《じんぶつ》は、弓以外《ゆみいがい》にも剣術《けんじゅつ》もやっていたし、居合《いあい》もすごかった。

例《たと》えば、二代目《にだいめ》の鷺野暁《さぎのさとし》という方《かた》から、私《わたし》が直接《ちょくせつ》うかがった凄《すさ》まじい居合《いあい》のエピソードがあります。

ある夏《なつ》、床《ゆか》と同《おな》じ高《たか》さで掃《は》き出《だ》し口《ぐち》となっている小《ちい》さな窓《まど》の向《む》こうに、へちまがぶら下《さ》がっていたそうです。

それで帯刀《たいとう》している梅路老師《うめじろうし》が「鷺野見《さぎのみ》てろよ」と言《い》われたのでよく見《み》ていると、師匠《ししょう》の姿《すがた》がわーん、モヤモヤッとなり、一瞬《いっしゅん》あっとなった時《とき》にはもう刀《かたな》がすっと鞘《さや》に入《はい》りかけていて、へちまの下半分《したはんぶん》がなかったそうです。何《なに》しろ窓《まど》が小《ちい》さいですから抜《ぬ》き付《つ》けでは切《き》れません。刀《かたな》を抜《ぬ》いて窓《まど》から突《つ》き出《だ》してへちまを切《き》って、また刀身《とうしん》を室内《しつない》に戻《もど》して、それから鞘《さや》に収《おさ》めたのでしょう。

吉川英治《よしかわえいじ》が「宮本武蔵《みやもとむさし》」を新聞《しんぶん》に連載《れんさい》している時《とき》に、小説《しょうせつ》の中《なか》で武蔵《むさし》が芍薬《しゃくやく》の花《はな》の茎《くき》の鮮《あざ》やかな切《き》り口《くち》を見《み》て、「これを切《き》ったのは柳生石舟斎《やぎゅうせきしゅうさい》に違《ちが》いない」と思《おも》い、枝《えだ》の少《すこ》し上《うえ》を切《き》って石《せき》舟斎《しゅうさい》に届《とど》けさせたという話《はなし》が書《か》かれていますが、梅路老師《うめじろうし》が「そうか、俺《おれ》もやってみるか」となったそうです。ただ、切《き》ったのは床《とこ》の間《ま》に生《い》けてあった梅《うめ》の枝《えだ》です。

これは刀《かたな》で「試斬《しざん》」、つまり「試《ため》し斬《ぎ》り」をやったことがある人《ひと》だったら分《わ》かると思《おも》いますけれど、梅《うめ》のような硬《かた》い枝《えだ》で、しかも床《とこ》の間《ま》に生《い》けてあるのでしっかり支《ささ》えられているわけではありませんから、これを切《き》るのは、まず不可能《ふかのう》というぐらい難《むずか》しいです。

ここ何十年《なんじゅうねん》か前《まえ》ぐらいから試斬《しざん》は古畳《ふるだたみ》の畳表《たたみおもて》を濡《ぬ》らして巻《ま》いたものをバサッと切《き》ります。それはそんなに難《むずか》しくはないです。

まあ、本来《ほんらい》は青竹《あおだけ》を芯《しん》にして稲藁《いなわら》を稲縄《いねなわ》でしっかりと巻《ま》き、水《みず》に浸《ひた》しておいた巻藁《まきわら》を作《つく》っていたのですが、近年《きんねん》は稲藁《いなわら》の入手《にゅうしゅ》も容易《ようい》ではありませんし、手軽《てがる》に手《て》に入《はい》るので捨《す》てられる畳表《たたみおもて》の藺草《いぐさ》を巻《ま》いたものが試斬《しざん》によく使《つか》われます。

しかし梅《うめ》の枝《えだ》となると、硬《かた》くてしかもしっかり固定《こてい》されているわけではないので、それを、刀《かたな》で切《き》るという事《こと》は容易《ようい》なことではありません。それを梅路老師《うめじろうし》は鮮《あざ》やかに切《き》って、花片《はなびら》が一枚《いちまい》も落《お》ちなかったということですから、本当《ほんとう》にすごいですよ。

それから分厚《ぶあつ》い月刊誌《げっかんし》を左《ひだり》の手《て》のひらにのせて、右《みぎ》に刀《かたな》を持《も》ってバッと切《き》ったそうです。すると、手《て》のひらは切《き》れずにその雑誌《ざっし》の裏表紙《うらびょうし》のあたり二《に》、三枚《さんまい》は残《のこ》っていたそうですが、重《かさ》ねた雑誌《ざっし》がバッサリ切《き》れたといいます。

紙《かみ》って重《かさ》なっているのはすごく切《き》れにくいんですよ。

昔《むかし》、ヤクザが敵対《てきたい》する組《くみ》に出入《でい》りだ何《なん》だと喧嘩《けんか》に行《い》く時《とき》に、古新聞《ふるしんぶん》を身体《からだ》に巻《ま》き付《つ》けたりしたようです。そうすると、着《き》こみっていう、昔《むかし》の防護具《ぼうごぐ》の代用《だいよう》にある程度《ていど》はなるんですよ。新聞《しんぶん》を何枚《なんまい》か巻《ま》きつけるくらいでも、刀《かたな》で斬《き》りにくくなりますからね。

ですから、そのような試斬《しざん》は、今《いま》の日本《にほん》では誰《だれ》にも出来《でき》ませんよね。

この梅路見鸞《うめじけんらん》という人《ひと》は新流儀《しんりゅうぎ》を開《ひら》いたくらいですから、弓《ゆみ》が一番基盤《いちばんきばん》になっています。次《つぎ》のエピソードは『上達論《じょうたつろん》』にも書《か》きましたが、改《あらた》めてここでも話《はな》します。

今《いま》、日本《にほん》の弓《ゆみ》の的《まと》は、一尺二寸《いっしゃくにすん》（直径約《ちょっけいやく》三六センチ）の霞的《かすみまと》で、距離《きょり》は一五間《けん》（約《やく》二八メートル）です。

それを二七間《けん》ということですから、約《やく》四九メートル離《はな》れたところにある直径三寸《ちょっけいさんすん》（約九《やくきゅう》センチ）の金的《きんてき》というライフルの的《まと》のような小《ちい》さな的《まと》を前《まえ》に、その場《ば》にいる者達《ものたち》に向《む》かって「誰《だれ》か一《いっ》手請《てう》け合《あ》わぬか」と声《こえ》をかけたそうですが、一手《いって》とは矢《や》を二筋《ふたすじ》、つまり二本《にほん》の矢《や》の両方《りょうほう》とも的《てき》中《ちゅう》させなければなりません。当然《とうぜん》、誰《だれ》も出《で》てこないんですよ。

そこで「そうか、では俺《おれ》が請《う》け合《あ》う」と宣言《せんげん》して、門人達《もんじんたち》が真《ま》っ青《さお》になった。なにしろ「請《う》け合《あ》う」というのは、「その人《ひと》の全部《ぜんぶ》をかける」ということで、もし外《はず》したら明日《あす》から弓《ゆみ》をやめる宣言《せんげん》をして臨《のぞ》んだのですから。

そして実際《じっさい》に矢《や》が射《い》られると、一本目《いっぽんめ》が的《まと》の真《ま》ん中《なか》にどーんと当《あ》たり、二本目《にほんめ》はすぐ隣《となり》に並《なら》んで刺《さ》さり一緒《いっしょ》に矢《や》が震《ふる》えたそうです。

それを見《み》ていた人達《ひとたち》の中《なか》の一人《ひとり》が、思《おも》わず「人間業《にんげんわざ》ではない」という感想《かんそう》をもらしたとき、梅路老師《うめじろうし》は「もちろん」と答《こた》えたそうです。

この「もちろん」というのは、普通《ふつう》の自信《じしん》じゃないですね。

このエピソードは、もし外《はず》れたら、ただ弓《ゆみ》を捨《す》てるというだけの事《こと》のようですが、もしも外《はず》れたならば自分《じぶん》がいまだ未熟《みじゅく》だから、師匠《ししょう》を求《もと》めてこの地《ち》を去《さ》るという事《こと》だそうです。しかもそういう時《とき》は夜《よ》が明《あ》けるまで待《ま》っているようなウスノロなことはしない。

夜《よ》が明《あ》けないうちに、妻子《さいし》を連《つ》れて自分《じぶん》はここを去《さ》るんだ、という。

それだけの覚悟《かくご》をみんなに言明《げんめい》してですから、この人物《じんぶつ》の凄《すさ》まじさが判《わか》りますよね。

方条　それは、覚悟《かくご》ですらなかったかもしれないですよね。

甲野　そうですね。普通《ふつう》の覚悟《かくご》とは違《ちが》い、梅路老師《うめじろうし》にとっては、一般人《いっぱんじん》には至難《しなん》なことでも「夜《よる》が来《く》れば、やがて朝《あさ》が来《く》る」ぐらいの、当然《とうぜん》の世界《せかい》に入《はい》っている。ですから、それが外《はず》れる事《こと》は、あり得《え》ないぐらい当然《とうぜん》の事《こと》なのでしょう。

つまり自分《じぶん》はそういう自然《しぜん》の流《なが》れと一体化《いったいか》している、ぐらいの自覚《じかく》はあったのでしょうから、もし外《はず》れでもしたならば、まさにそれはあり得《え》ない事《こと》が起《お》きたのだから、そのくらいの事《こと》はしようという自覚《じかく》があったんでしょう。

普通《ふつう》に見《み》れば、どう考《かんが》えても、成功率《せいこうりつ》は僅《わず》かな確率《かくりつ》でしかないわけですけどね。

方条　それも、先程《さきほど》の話《はなし》とちょっとつながるかもしれないですけれど、やっぱりそういう人《ひと》の世《せ》界《かい》の中《なか》では、「結果《けっか》が先《さき》」に来《き》ているんだと思《おも》うんですよね。

甲野先生《こうのせんせい》の話《はなし》の中《なか》で、肥田式強健術《ひだしききょうけんじゅつ》の創始者《そうししゃ》である肥田春充《ひだはるみち》という人《ひと》も完全《かんぜん》な目隠《めかく》しをして何回《なんかい》やっても針金一本《はりがねいっぽん》の的《まと》を外《はず》さない。これも矢《や》を先《さき》に当《あ》ててから弓《ゆみ》から矢《や》を離《はな》す、みたいなエピソードがありましたよね。

順序《じゅんじょ》が、逆《ぎゃく》になる。結論《けつろん》が先《さき》で、そこから逆算《ぎゃくさん》して、何《なん》でかって分《わ》かってくるのと同《おな》じように、普通《ふつう》なら不可能《ふかのう》と思《おも》われる事《こと》が当《あ》たり前《まえ》のように出来《でき》る、という世界《せかい》にその人《ひと》が入《はい》っている。

甲野　確率論的《かくりつろんてき》な感《かん》じじゃないんですよね。「確《たし》かにそうなる」っていう世界《せかい》があって。

方条　「なる」どころか、「なった」「なっている」という世界《せかい》ですよね。

「なっている」んだから、その辻褄《つじつま》が合《あ》うようにあとは整合性《せいごうせい》を取《と》るだけ、みたいな、そんな感《かん》じだと思《おも》います。

もうすでに確定《かくてい》していることの確認《かくにん》をするために、矢《や》を離《はな》すとか。

甲野　時々《ときどき》、やっぱり自分《じぶん》の中《なか》の信心《しんじん》の確《たし》かさを、梅路見鸞《うめじけんらん》という人《ひと》は確《たし》かめていたように思《おも》います。その信心《しんじん》というのは「こうやるとこう」という、例《たと》えば器《うつわ》を傾《かたむ》ければ水《みず》が出《で》るという、それはもう「信《しん》じています」という言葉《ことば》を使《つか》う必要《ひつよう》がないくらいの確《たし》かさですよね。

方条　それぐらいの身体感覚《しんたいかんかく》の人《ひと》だと、時空《じくう》を超《こ》えた身体感覚《しんたいかんかく》というか、出来《でき》た後《あと》の世界《せかい》みたいなものが自分《じぶん》の中《なか》にも存在《そんざい》していて、その中《なか》で確認《かくにん》をしているような領域《りょういき》に行《い》っているんじゃないかとも思《おも》いますね。

だから、迷《まよ》いも不安《ふあん》もないし、「そりゃそうだろう、だってもうすでにあるんだから」って。

甲野　そういう人《ひと》の自覚《じかく》のすごさっていうのは、この三寸《さんすん》の的《まと》を射《い》た話《はなし》以外《いがい》にもいろいろあります。例《たと》えば梅路見鸞老師《うめじけんらんろうし》が自分《じぶん》の道場《どうじょう》を建《た》てる前《まえ》に六年間《ろくねんかん》は戸外《こがい》で弓《ゆみ》の指導《しどう》をしていたんです。

その間《あいだ》に月《つき》に三回《さんかい》、稽古日《けいこび》があって。

月三回《つきさんかい》で、一年《いちねん》で三六回《かい》、それで六年《ろくねん》ですから二〇〇回以上《かいいじょう》になりますが、「一回《いっかい》でも雨《あめ》が降《ふ》ったら、我《わ》が道《みち》は正道《せいどう》ではないからもうやめる」と宣言《せんげん》していたそうです。

で、一回《いっかい》も降《ふ》らなかった。

ところが、いよいよ道場《どうじょう》の棟上《むねあ》げの日《ひ》に、空模様《そらもよう》が怪《あや》しくなってきた。そこで衣服《いふく》を改《あらた》めて止《し》雨祈願《うきがん》、雨乞《あまご》いじゃなくて逆《ぎゃく》に雨《あめ》を止《と》める儀式《ぎしき》をやるんですよ。

　矢《や》をつがえて、普通絶対《ふつうぜったい》にやってはいけないとされているんですけど、矢《や》を上空真上《じょうくうまうえ》に向《む》けて射《い》るんです。

方条　めちゃくちゃ危《あぶ》ないですもんね。

甲野　そうですね。落《お》ちてくるのが点《てん》だから見《み》えないわけですよ。しかも凄《すさ》まじい勢《いきお》いで落《お》ちてきますからね。

　そしてこの時《とき》は、矢《や》が落《お》ちてきて袴《はかま》の裾《すそ》を貫《つらぬ》いたそうです。ほとんど身体《からだ》ギリギリですね。真上《まうえ》に射《い》って、そこに落《お》ちてくるって事《こと》だって普通《ふつう》はあり得《え》ないことですけど。

方条　よほど正確《せいかく》じゃないとそこに落《お》ちてこないですよね、そもそもね。

甲野　それで「我《わ》が願《ねが》いの成就《じょうじゅ》を知《し》る」と。

「やがて沛然《はいぜん》として雨至《あめいた》る」……雨《あめ》が降《ふ》ってくるんですよ。ところが自分《じぶん》の道場《どうじょう》の予定地《よていち》の二町《にちょう》四方《しほう》という事《こと》ですから、二〇〇メートル四方《しほう》くらいは雨《あめ》が降《ふ》らなかったそうです。

　それで滞《とどこお》りなく式典《しきてん》が終《お》わって、来賓《らいひん》を見送《みおく》りに行《い》ったら、近《ちか》くの川《かわ》が増水《ぞうすい》しているほどの雨《あめ》が降《ふ》っていたことが分《わ》かったそうです。

　梅路見鸞老師《うめじけんらんろうし》は、有名《ゆうめい》な禅僧《ぜんそう》である釈宗演老師《しゃくそうえんろうし》の門下《もんか》で禅《ぜん》の正統《せいとう》を継《つ》いだ人物《じんぶつ》です。禅《ぜん》ではよく「正法《しょうぼう》に不思議《ふしぎ》なし」などと言《い》いますが、梅路老師《うめじろうし》にとっては、他《ほか》の人達《ひとたち》には不思議《ふしぎ》な奇跡《きせき》のような事《こと》も、不思議《ふしぎ》ではなかったのでしょうね。

船《ふね》の運《うん》

甲野　太平洋戦争《たいへいようせんそう》が始《はじ》まった時《とき》、日本海軍《にほんかいぐん》は駆逐艦《くちくかん》を八二隻《せき》持《も》っていたそうですが、そのうち、終戦《しゅうせん》までに八一隻《せき》が沈《しず》んでしまったか航行不能《こうこうふのう》になってしまったのですが、ただ一隻《いっせき》だけ沈《しず》まなかった「雪風《ゆきかぜ》」という戦艦《せんかん》がありました。

この「雪風《ゆきかぜ》」はもう、太平洋戦争《たいへいようせんそう》の最初《さいしょ》から激戦地《げきせんち》を、全部回《ぜんぶまわ》っているんです。地球《ちきゅう》を六周《ろくしゅう》するくらい航海《こうかい》していて、一度《いちど》は飛行機《ひこうき》から爆弾《ばくだん》を落《お》とされたんですけど、それが不発弾《ふはつだん》で。

今度《こんど》ばかりは魚雷《ぎょらい》も当《あ》たったかな、と思《おも》いきや魚雷《ぎょらい》も下《した》をくぐっていった、だとか。そういうことが何度《なんど》もあって、とうとう沈《しず》まなかった。

ですから、不沈《ふちん》の戦艦《せんかん》「雪風《ゆきかぜ》」というのはこういう事《こと》に関心《かんしん》のある人達《ひとたち》の間《あいだ》では大変有名《たいへんゆうめい》な話《はなし》です。

私《わたし》の知《し》り合《あ》いの佐世保《させぼ》の野元浩二《のもとこうじ》さんのおじさんが、この「雪風《ゆきかぜ》」に乗《の》っていたそうで、それでいろいろ話《はなし》を聞《き》いたそうなのですが、激戦《げきせん》の最中《さなか》は、人《ひと》って精神状態《せいしんじょうたい》が普通《ふつう》じゃないですから、敵《てき》、味方《みかた》で撃《う》ち合《あ》う大砲《たいほう》の火花《ひばな》がものすごいそうですが、それが花火《はなび》のように綺麗《きれい》に見《み》えたらしいですね。

おそらく、脳内麻薬《のうないまやく》が出《で》ていたからだと思《おも》うのですが、ものすごく綺麗《きれい》らしいんですよ。何《なに》しろ、平和《へいわ》になってからそのおじさんが、どんな花火大会《はなびたいかい》に行《い》っても「あの時《とき》ほど綺麗《きれい》な花《はな》火《び》は見《み》たことがない」と言《い》っていたそうですから。

方条　それは体験《たいけん》した人《ひと》だからこそ言《い》えるエピソードですね。体験《たいけん》していない人《ひと》が想像《そうぞう》したら、そんなに綺麗《きれい》だとは思《おも》わないですから。

甲野　「雪風《ゆきかぜ》」はそれだけの激戦《げきせん》をしていながら、戦《たたか》いが始《はじ》まってから終戦《しゅうせん》までの間《あいだ》、この「雪《ゆき》風《かぜ》」の乗組員《のりくみいん》で戦死《せんし》した人《ひと》が数人《すうにん》しかいなかったそうです。ただ、艦長《かんちょう》は何人《なんにん》も変《か》わっているから、この「雪風《ゆきかぜ》」の強運《きょううん》さは艦長《かんちょう》の運《うん》でもないんですよ。船《ふね》そのものに運《うん》があったようです。

とにかく、あまりにも米軍《べいぐん》から大砲《たいほう》やら魚雷《ぎょらい》やら撃《う》たれて、「雪風《ゆきかぜ》」の周囲《しゅうい》は水煙《すいえん》も凄《すさ》まじくて。砲撃《ほうげき》したアメリカも、今度《こんど》ばかりは沈《しず》めたかと思《おも》っても、水煙《すいえん》がおさまると、無事《ぶじ》に浮《う》いている。

こんなことが続《つづ》いていたので、一緒《いっしょ》に行《い》った他《ほか》の艦《かん》が嫌《いや》がったらしいですね。「どうせ雪風《ゆきかぜ》だけは、沈《しず》まないんだろう」って。

それぐらい本当《ほんとう》に沈《しず》まなかった。

方条　すごいですね、そこまで思《おも》わせちゃうとは。

甲野　この「雪風《ゆきかぜ》」は、佐世保《させぼ》の海軍工廠《かいぐんこうしょう》で造船《ぞうせん》したそうですけど、普通造《ふつうつく》っている間《あいだ》に、職人《しょくにん》がマストから落《お》ちるとかっていう、何《なん》らかの事故《じこ》はあるらしいんですけど、「雪風《ゆきかぜ》」だけは建造《けんぞう》中《ちゅう》にも全《まった》く事故《じこ》がなかったらしいですね。造船中《ぞうせんちゅう》から全《まった》く事故《じこ》がなく、全《ぜん》八二隻《せき》あった海軍《かいぐん》の駆逐艦《くちくかん》のうち、一隻《いっせき》だけ沈《しず》まなかったっていうのはやっぱり何《なに》かあるんですよね。

方条　ありますよね。それが人《ひと》じゃなくて、物《もの》だというのが面白《おもしろ》いですね。

辻褄《つじつま》と分担《ぶんたん》

甲野　人《ひと》で、そうした運《うん》がついていたのは、本多平八郎《ほんだへいはちろう》（忠勝《ただかつ》）っていう、徳川家康《とくがわいえやす》の四天王《してんのう》の一人《ひとり》ですね。

五〇回以上《かいいじょう》戦場《せんじょう》に出《で》て、先駆《さきが》けもしているんですけど、かすり傷《きずひと》一つ負《お》わなかった。それで晩年《ばんねん》、ちょっとした手作業中《てさぎょうちゅう》に手元《てもと》が狂《くる》って僅《わず》かに負傷《ふしょう》したのですが、この時自分《ときじぶん》の命運《めいうん》も尽《つ》きたことを悟《さと》って、数日後《すうじつご》に死《し》んだらしいです。

アメリカでは、西部開拓時代《せいぶかいたくじだい》に名保安官《めいほあんかん》と言《い》われた、ワイアット・アープがいましたけど、あの人《ひと》の兄《あに》も弟《おとうと》も、ワイアットの保安官助手《ほあんかんじょしゅ》をしていたのですが、二人《ふたり》とも闇討《やみう》ちで殺《ころ》されているんですよ。

本人《ほんにん》も何度《なんど》あったか、数《かぞ》え切《き》れないぐらい撃《う》たれているのに、帽子《ぼうし》の縁《へり》とか山《やま》とか、上衣《じょうい》やブーツのかかとにまで弾丸《だんがん》を撃《う》ち込《こ》まれているんですけど、身体《からだ》は一弾《いちだん》もかすってないんです。

つまりそういう運《うん》のいい人《ひと》って、火《ひ》の粉《こ》を払《はら》うでしょ。すると周《まわ》りに落《お》ちるから、だいたいその家族《かぞく》や親《した》しい人《ひと》に災《わざわ》いが飛《と》び火《ひ》するんです。

方条　辻褄《つじつま》が合《あ》ってくるんですよね。甲野先生《こうのせんせい》も、あまりにも良《よ》いことがあった後《あと》、ろくでもないことが起《お》こると、ちょうど辻褄《つじつま》が合《あ》ったと喜《よろこ》んでらっしゃいますもんね。

甲野　この間《あいだ》、恵比寿《えびす》の稽古《けいこ》の前《まえ》に、これはちょっと、誰《だれ》か怪我《けが》するんじゃないか、とフッと嫌《いや》な予感《よかん》がしたんです。

そうしたらね、布団《ふとん》を干《ほ》そうと思《おも》ったときに、あり得《え》ないような汚《よご》れを布団《ふとん》にぶちまけちゃったんですよ。

その一瞬《いっしゅん》、「えーっ！　なんでこんなことが起《お》きたのだろう」と思《おも》った時《とき》とほとんど同時《どうじ》に、「あっ、これで帳消《ちょうけ》しになったか」という感《かん》じがあったんです。

不思議《ふしぎ》な感《かん》じでした。

ですから布団《ふとん》を汚《よご》してしまって面倒《めんどう》くさいことをやったな、という気持《きも》ちは全然《ぜんぜん》なくて、むしろ「よくやった」というのに近《ちか》いくらい。あんなに面倒《めんどう》くさいことをやったのに、「ああよかった」みたいな感《かん》じがあって。

方条　それね、同《おな》じ恵比寿《えびす》の稽古《けいこ》の日《ひ》に私《わたし》もたぶん分担《ぶんたん》していたのだと思《おも》いますけど、帰《かえ》りに落《お》とし物《もの》して。

行《い》きに一〇km走《はし》って、帰《かえ》りに夜中《よなか》の十二時頃《じゅうにじごろ》かな、一五km走《はし》って帰《かえ》る予定《よてい》だったんです。七《なな》kmばかり走《はし》った地点《ちてん》でリュックのチャックがバカバカに開《ひら》いていて、中身《なかみ》が落《お》ちていることに気《き》づいたんです。

その地点《ちてん》から引《ひ》き返《かえ》せば、絶対《ぜったい》どこかに落《お》ちているのは分《わ》かったから、出来《でき》るだけ手前《てまえ》で落《お》ちててくれって思《おも》いながら走《はし》ったら、走《はし》っても走《はし》っても見《み》つからなくて。

あれ、これだんだん序盤《じょばん》に近《ちか》づいてきたぞって思《おも》って。

そうしたら、スタートから一《いち》・七《なな》kmの地点《ちてん》にようやく落《お》ちていました。

それが今着《いまき》ている服《ふく》なんですけれど。これ、稽古《けいこ》などで結構気《けっこうき》に入《い》って着《き》てたから失《な》くすのは嫌《いや》で、「ないな、ないな」と思《おも》いながら五《ご》kmくらい走《はし》っちゃって。

回収《かいしゅう》したらまた同《おな》じ道《みち》を五《ご》km戻《もど》らなくてはならなくて。

だから、一日《いちにち》に合計《ごうけい》三〇km走《はし》ることになってしまって。しかも大部分《だいぶぶん》を稽古後《けいこご》に。

甲野　それはね、確《たし》かに嫌《いや》な予感《よかん》の帳消《ちょうけ》し分《ぶん》を方条《ほうじょう》さんにも分担《ぶんたん》してもらったっていう感《かん》じですね。

方条　分担《ぶんたん》しましたよね。なんかね、あるんです。そういう変《へん》な感《かん》じって。

もしかすると、私《わたし》と甲野先生《こうのせんせい》が分担《ぶんたん》したおかげで、骨折《こっせつ》しないで済《す》んだ人《ひと》とかがいるかもしれませんね。

甲野　まあ、骨折《こっせつ》だか何《なん》だか分《わ》からないですけどね。何《なに》かが回避《かいひ》された感《かん》じはありますね。私《わたし》の運《うん》のよさっていうのは、まあもちろん四十年以上《よんじゅうねんいじょう》もやってますから、私《わたし》の講習会《こうしゅうかい》で怪我《けが》した人《ひと》が出《で》たという事故《じこ》があったこともありますけど、本当《ほんとう》に少《すく》ないんです。普通《ふつう》みんな、保険《ほけん》かけたりしている人《ひと》もいるんだけど。

方条　それも何《なに》かの表《あらわ》れかも知《し》れませんね。

段取《だんど》り

方条　先生《せんせい》の武術的《ぶじゅつてき》な技法《ぎほう》である「影観法《えいかんほう》」は、そうした単《たん》なる武術《ぶじゅつ》の技《わざ》の枠組《わくぐ》みも超《こ》えて、まさに「運《うん》」とか「運命《うんめい》」の領域《りょういき》にも入《はい》っていきますね。

そのきっかけの一《ひと》つが私《わたし》には「剣鉈《けんなた》の原理《げんり》」のように思《おも》えるのですが。

甲野　まあ、あの「剣鉈《けんなた》の原理《げんり》」は確《たし》かに、今《いま》までと技《わざ》の性質《せいしつ》が変《か》わってきましたね。あれは二〇二二年二月《ねんにがつ》の終《お》わりに、剣鉈《けんなた》で紙《かみ》をシュッと切《き》るっていうのをやっていた時《とき》、これを見《み》ていた女性《じょせい》がうまく切《き》れなかったことで気《き》がついたんですよ。

あそこでその女性《じょせい》も紙《かみ》をうまく切《き》れていたら、このことに気《き》づかなかったと思《おも》います。この剣《けん》鉈《なた》は、刃物自体《はものじたい》はすごく切《き》れるんですけど、紙《かみ》を切《き》る時《とき》うまくやらないと、どうしても紙《かみ》がクシャッとなっちゃうんです。

その時《とき》に、「ああそうか」と思《おも》いました。

剣鉈《けんなた》は、熊本《くまもと》の鍛冶職人《かじしょくにん》の世界《せかい》ではすごく有名《ゆうめい》な職人《しょくにん》が作《つく》ったものです。

私《わたし》は熊本《くまもと》の稽古会《けいこかい》の世話人《せわにん》からもらったんですけど、私《わたし》のために二年《にねん》も前《まえ》から注文《ちゅうもん》していたそうですけど、その鍛冶職人《かじしょくにん》は気《き》が向《む》かないとやらない人《ひと》で、二年間《にねんかん》も作《つく》れなかったんです。

方条　まさに職人《しょくにん》ですね。

甲野　「大《だい》・中《ちゅう》・小《しょう》のどれがいいですか？」って言《い》われて、私《わたし》は「中《ちゅう》」を選《えら》んだんですけど、ようやく二〇二一年《ねん》の秋《あき》にもらって。

それをすごく研《と》ぎの上手《じょうず》な人《ひと》に頼《たの》んで研《と》いでもらったんです。元《もと》がいい物《もの》だから、ひとつすごくよく切《き》れるようにしてやろうと思《おも》ったんです。

そうしたら、鉈《なた》だから分厚《ぶあつ》い刃《は》なんですけど、カミソリみたいにシャッて切《き》れるようになったんです。

でも、それは使《つか》い方《かた》が関係《かんけい》していて、人《ひと》によっては切《き》れる刃物《はもの》を使《つか》っても上手《うま》く切《き》れない。

その時《とき》にふと思《おも》ったのは、「そうか、恐《おそ》ろしいほどに切《き》れる刃物《はもの》もその切《き》れ味《あじ》が発揮《はっき》出来《でき》るように段取《だんど》りをうまくやってやらなければ、よく切《き》れないんだ」と気《き》づいたんです。

その印象《いんしょう》が「技《わざ》も同《おな》じじゃないか？」という事《こと》と結《むす》びついたんです。

刃物《はもの》はすごく切《き》れるんだから、段取《だんど》りさえしてやれば、あとは主役《しゅやく》の刃物《はもの》が登場《とうじょう》すればいい。だから、私《わたし》の技《わざ》も段取《だんど》りして、あとは何《なに》かにやってもらえばいいかなぁと思《おも》いました。

それで、まあ言《い》ってみれば、影観法《えいかんほう》でいう表《おもて》の意識《いしき》じゃないもう一人《ひとり》の自分《じぶん》なんですけど、「もう一人《ひとり》の自分《じぶん》」と考《かんが》えるよりも、何《なん》かもっと違《ちが》う……。浄土思想《じょうどしそう》で言《い》えば本願他力《ほんがんたりき》で、その偉大《いだい》な存在《そんざい》である阿弥陀如来《あみだにょらい》にすべてをやってもらうようなね。

「もう一人《ひとり》の自分《じぶん》」というより、もう自分《じぶん》じゃないものにしたほうが、ずっと気楽《きらく》なんですよ。表《おもて》の意識《いしき》じゃない、「もう一人《ひとり》の自分《じぶん》」と考《かんが》えるよりも、もう自分《じぶん》とは関係《かんけい》ない何《なに》かに委《ゆだ》ねようと。まあ、その入口《いりぐち》に「もう一人《ひとり》の自分《じぶん》がいる」と考《かんが》えてもいいんですけれど。

そうしたらもう今《いま》までよりも、ずっと楽《らく》に出来《でき》る感《かん》じがしてきたのです。

これは、まあ影観法《えいかんほう》の進化形《しんかけい》みたいなものですよね。

ですから、見方《みかた》によっては「もう一人《ひとり》の自分《じぶん》」かもしれないけれど、それをもはや自分《じぶん》じゃない、もっと大《おお》きな存在《そんざい》の一部《いちぶ》となった方《ほう》が、例《たと》えば武術《ぶじゅつ》の世界《せかい》では昔《むかし》から言《い》われている「夢想《むそう》剣《けん》」といった働《はたら》きに、より近《ちか》いような気《き》が最近《さいきん》はしています。

Something great《サムシング グレイト》

甲野　二〇二一年に亡《な》くなった、遺伝子《いでんし》を研究《けんきゅう》されていた村上和雄《むらかみかずお》筑波大学名誉教授《つくばだいがくめいよきょうじゅ》が、人智《じんち》を超《こ》えた偉大《いだい》な働《はたら》きを、「Something great《サムシング グレイト》」と呼《よ》んでいました。

この考え方《かんがかた》は、木村資生《きむらもとお》という遺伝《いでん》の研究《けんきゅう》では世界的《せかいてき》に有名《ゆうめい》な人物《じんぶつ》が、宇宙《うちゅう》の何《なに》もない中《なか》から一個《いっこ》の生命細胞《せいめいさいぼう》が偶然《ぐうぜん》生《う》まれる確率《かくりつ》は、一億円《いちおくえん》の宝《たから》くじが一〇〇万回連続《まんかいれんぞく》して当《あ》たるぐらい稀《まれ》な事《こと》だと言《い》った事《こと》が元《もと》になっているようです。

つまりそれくらいあり得《え》ない事《こと》なのですから、ほぼ、というよりも絶対偶然《ぜったいぐうぜん》ではないという事《こと》じゃないですか。

ですから、現在《げんざい》こうして人間《にんげん》が存在《そんざい》しているという事《こと》はこれはもう何《なに》か大《おお》きな意思《いし》のようなものが働《はたら》いているんだろうと。

その話《はなし》から、村上和雄名誉教授《むらかみかずおめいよきょうじゅ》が「Something great《サムシング グレイト》」……「偉大《いだい》なる何《なに》か」と呼《よ》んだんですね。

私《わたし》は最初《さいしょ》この話《はなし》を聞《き》いた時《とき》には「科学者《かがくしゃ》がそういうことを言《い》うのはどうなのかな」とか思《おも》っていたのですけれど、いつの間《ま》にか「まあ、そう言《い》いたくなるんだろうな」という気持《きも》ちになってきました。

何《なに》しろ、先程《さきほど》の「剣鉈《けんなた》の原理《げんり》」など私自身《わたしじしん》はもう段取《だんど》りだけして、「あとは主役《しゅやく》が出《で》てきてください」っていう術理《じゅつり》ですから。

方条　その主役《しゅやく》が「Something great《サムシンググレイト》」なんですね。

甲野　そうですね。そうすると何《なん》だか、すごく楽《らく》に出来《でき》るので。

その実感《じっかん》から浄土思想《じょうどしそう》っていうのも、そういうものかなという感《かん》じがしたんですよ。

ですから仏教《ぶっきょう》で自力聖道門《じりきしょうどうもん》と言《い》われる、禅《ぜん》とか真言《しんごん》とか修行《しゅぎょう》するのに対《たい》して、修行《しゅぎょう》は全部《ぜんぶ》やめにして、全部《ぜんぶ》を阿弥陀如来《あみだにょらい》という他力《たりき》に委《ゆだ》ねるという浄土系《じょうどけい》の思想《しそう》は、「これはこれでありだな」という気《き》もするのです。

私《わたし》が日本《にほん》の歴史上《れきしじょう》の武術家《ぶじゅつか》で、一番関心《いちばんかんしん》を持《も》っている夢想願立《むそうがんりゅう》の開祖《かいそ》、松林左馬助《まつばやしさまのすけ》も浄土宗《じょうどしゅう》の信者《しんじゃ》で、念仏《ねんぶつ》を一日《いちにち》に一万遍《いちまんべん》称《とな》えていたようです。

かつて禅《ぜん》を世界的《せかいてき》に広《ひろ》めた鈴木大拙《すずきだいせつ》という人物《じんぶつ》も、浄土真宗《じょうどしんしゅう》の「妙好人《みょうこうにん》」っていう、全《まった》くの在家《ざいけ》の庶民《しょみん》で学問《がくもん》はないけれども、ただただ念仏《ねんぶつ》を称《とな》えているうちに、ズボッと宗教的境地《しゅうきょうてききょうち》が突《つ》き抜《ぬ》けたような人達《ひとたち》の事《こと》を調《しら》べて、浅原才市《あさはらさいち》とか、因幡《いなば》の源左《げんざ》とか、讃岐《さぬき》の庄松《しょうま》とか、赤尾《あかお》の道宗《どうしゅう》など、まあ何人《なんにん》か歴史上《れきしじょう》有名《ゆうめい》な妙好人《みょうこうにん》がいるわけですが、そうした人達《ひとたち》に強《つよ》く惹《ひ》かれていったようです。

例《たと》えばそのうちの一人《ひとり》である赤尾《あかお》の道宗《どうしゅう》が、畑《はたけ》で草取《くさと》りをしていた時《とき》、この道宗《どうしゅう》が人格者《じんかくしゃ》だという評判《ひょうばん》を妬《ねた》んだ近《ちか》くの寺《てら》の僧侶《そうりょ》が「あんな奴《やつ》は大《たい》したことないだろう」と、その草取《くさと》りしている道宗《どうしゅう》の尻《しり》をボーンと蹴飛《けと》ばしたんです。そうしたらわーって倒《たお》れますよね。普通《ふつう》だったらまあ怒《おこ》るかびっくりするじゃないですか。

なのに、道宗《どうしゅう》はまるで自分《じぶん》で勝手《かって》に転《ころ》んだかのように、起《お》き上《あ》がってまた草取《くさと》りをしている。

その蹴飛《けと》ばした僧侶《そうりょ》もさすがに驚《おどろ》いて、もう一度《いちど》蹴飛《けと》ばしてみた。

そしたらまた、わーって倒《たお》れるけれども、今度《こんど》もまた起《お》きてきて平気《へいき》で草取《くさと》りを続《つづ》けている。

さすがに意地悪《いじわる》をした僧侶《そうりょ》も驚《おどろ》いて、「お前《まえ》、むやみにこんなことをされて腹《はら》が立《た》たないのか」と道宗《どうしゅう》に尋《たず》ねてみた。

すると、「前世《ぜんせ》の借金払《しゃっきんばら》いだ。まだまだあるかもしれん」とか言《い》って、別《べつ》に何《なに》も気《き》にしてない。

それで、その坊《ぼう》さんもさすがに驚《おどろ》いたという話《はなし》があるんです。

これはもう、ちょっとどころではない、すごい境地《きょうち》ですよね。もう完全《かんぜん》に、普通《ふつう》の感情《かんじょう》の動《うご》き方《かた》を超《こ》えてますよね。つまり「我《わ》が身《み》に起《お》こることはすべて必然《ひつぜん》である」という事《こと》を、心底実感《しんそこじっかん》しているのでしょう。

つまり、すべてを阿弥陀如来《あみだにょらい》に任《まか》せているから、もう何《なに》が起《お》きようとそれはそれで起《お》きた事《こと》をすべて受《う》け入《い》れるというところに入《はい》っているのだと思《おも》います。

まあそういう人物《じんぶつ》の話《はなし》に触《ふ》れていけば、「これはちょっとやそっとの禅《ぜん》で悟《さと》ったという人《ひと》どころではないな」と思《おも》えてきます。

身近《みぢか》

甲野　ちなみに近代《きんだい》になっても、この浄土系《じょうどけい》の宗派《しゅうは》である浄土宗《じょうどしゅう》の僧侶《そうりょ》では、大正九年《たいしょうくねん》まで生《い》きていた山崎弁栄上人《やまざきべんねいしょうにん》というすごい人《ひと》が存在《そんざい》していました。

方条　先生《せんせい》、記念館《きねんかん》に行《い》かれましたよね。

甲野　あぁ、岐阜《ぎふ》にあるんですけど、今《いま》もありますかね。本当《ほんとう》に小《ちい》さくて滅多《めった》に見《み》に来《く》る人《ひと》もいないようなところでしたから。

山崎弁栄上人《やまざきべんねいしょうにん》はそのぐらい一般的《いっぱんてき》な知名度《ちめいど》は低《ひく》い僧《そう》ですが、僧《そう》としての境地《きょうち》も能力《のうりょく》も桁違《けたちが》いな人《ひと》で、ある時《とき》、講話《こうわ》をしていたんですが、それを聴《き》きに汽車《きしゃ》に乗《の》って一人《ひとり》の大学生《だいがくせい》が来《き》ていた時《とき》のエピソードにすごい例《れい》があります。

方条　昔《むかし》だから電車《でんしゃ》じゃなくて「汽車《きしゃ》」なんですね。

甲野　ええ、その学生《がくせい》が話《はなし》を聴《き》いているうちに、最終《さいしゅう》の汽車《きしゃ》に乗《の》り遅《おく》れるかもしれないと気《き》になってきたんですね。それで話《はなし》を最後《さいご》まで聴《き》いていようか、それとも途中《とちゅう》で失礼《しつれい》しようかと迷《まよ》っていた。

そうしたら突然《とつぜん》、弁栄上人《べんねいしょうにん》が講話《こうわ》を中断《ちゅうだん》して、「帰《かえ》りの汽車《きしゃ》の時間《じかん》を気《き》にしている学生《がくせい》がいるようだが、私《わたし》の講話《こうわ》は何時何分《なんじなんぷん》に終《お》わる。汽車《きしゃ》は二十分《にじっぷん》ほど遅《おく》れてくるから私《わたし》の話《はなし》が終《お》わってから停車場《ていしゃば》に行《い》っても大丈夫《だいじょうぶ》、間《ま》に合《あ》う」とだけ言《い》って、またパッと講話《こうわ》に戻《もど》ったそうです。講話中《こうわちゅう》で、しかも、大勢《おおぜい》の中《なか》の一人《ひとり》が思《おも》っていることがもう直《じか》に心《こころ》に映《うつ》ってくるようです。

また、笹本戒浄《ささもとかいじょう》という高弟《こうてい》の一人《ひとり》に、絵《え》が巧《たく》みだった弁栄上人《べんねいしょうにん》が阿弥陀如来《あみだにょらい》の絵《え》を描《か》いて渡《わた》したんですね。

その人《ひと》はもちろん、すごく尊敬《そんけい》している師匠《ししょう》から絵《え》をもらったんで、押《お》し戴《いただ》いてふと見《み》たら、まあその人《ひと》にもやはり好《この》みがあったのか、阿弥陀如来《あみだにょらい》の絵《え》をせっかく描《か》いていただいたけれど、なんだか口《くち》のあたりがイマイチだなぁと思《おも》ったんですよ。

ところが、そう思《おも》った瞬間《しゅんかん》にその弁栄上人《べんねいしょうにん》はにっこり笑《わら》って、「これを仏壇《ぶつだん》に掲《かか》げてよく念仏《ねんぶつ》を唱《とな》えておられると、この口《くち》の辺《あた》りから好《この》ましい感《かん》じがしてまいります」と。

つまり、「君《きみ》はまだそこまでの境地《きょうち》にいってないから、これが良《よ》く見《み》えないだろう」っていう事《こと》だと思《おも》うのです。

それがもう瞬間的《しゅんかんてき》に分《わ》かるような人《ひと》なんです。

似《に》たような話《はなし》は数々《かずかず》あって、数学者《すうがくしゃ》で文化勲章《ぶんかくんしょう》も受章《じゅしょう》した岡潔《おかきよし》奈良女子大学名誉教授《ならじょしだいがくめいよきょうじゅ》が、「山崎弁栄上人《やまざきべんねいしょうにん》は、現代《げんだい》の釈尊《しゃくそん》である」とまで言《い》われていたほど弁栄上人《べんねいしょうにん》は本当《ほんとう》の出家《しゅっけ》で、千《ち》葉《ば》の農家《のうか》の出《で》なんですけれど、本当《ほんとう》に家《いえ》も家族《かぞく》も財産《ざいさん》も持《も》たず、どこかのお寺《てら》に二《に》カ月《げつ》、どこかの信者《しんじゃ》の家《いえ》に三《さん》カ月《げつ》と日本中《にほんじゅう》を回《まわ》っていたんです。

自分《じぶん》の持《も》ち物《もの》はズダ袋《ぶくろ》に、親鸞《しんらん》の『教行信証《きょうぎょうしんしょう》』となぜかキリスト教《きょう》の聖書《せいしょ》だけだった。それだけが私物《しぶつ》で、あとは何《なん》にも持《も》っていない。

寒《さむ》い冬《ふゆ》のある時《とき》に、信者《しんじゃ》の家《いえ》に逗留中《とうりゅうちゅう》、上人《しょうにん》があまりに寒《さむ》そうだったので胴着《どうぎ》を寄進《きしん》して、それを着《き》て出掛《でか》けた弁栄上人《べんねいしょうにん》が帰《かえ》ってくると、その胴着《どうぎ》を着《き》ていないんです。理由《りゆう》を尋《たず》ねると、「物《もの》を乞《こ》う人《ひと》が寒空《さむぞら》で何《なん》か寒《さむ》そうにしていたからあげてきた」って。

そういうふうに、本当《ほんとう》に欲《よく》がなく一生《いっしょう》を送《おく》った人《ひと》なんですけど、ものすごい能力《のうりょく》が数々《かずかず》あったんです。

そしてこの人《ひと》ぐらいになると、本当《ほんとう》に阿弥陀如来《あみだにょらい》の存在《そんざい》を観念的《かんねんてき》にではなく、いわば肌感覚《はだかんかく》として深《ふか》く実感《じっかん》していたようです。

それは、この弁栄上人《べんねいしょうにん》が逝去《せいきょ》される数日前《すうじつまえ》に、苦《くる》しい息《いき》の中《なか》から「如来《にょらい》はいつもましますけれども衆生《しゅじょう》は知《し》らない、それを知《し》らせに来《き》たのが弁栄《べんねい》である」と言《い》い遺《のこ》されたという事《こと》からも感《かん》じられます。

この弁栄上人《べんねいしょうにん》が実感《じっかん》していた阿弥陀如来《あみだにょらい》の存在《そんざい》というのは、親戚《しんせき》のおじさんぐらい実感《じっかん》があったのではないかと思《おも》います。

そうでなければ、あそこまで何《なに》もかも捨《す》てて、信仰一筋《しんこうひとすじ》にはなれないと思《おも》います。

これは剣客《けんかく》が、「無敵《むてき》の境地《きょうち》」というものを本当《ほんとう》に会得《えとく》した場合《ばあい》も同《おな》じような境地《きょうち》になるのではないかと思《おも》いますが、古来《こらい》そこまで行《い》けた人《ひと》が果《は》たして何人《なんにん》いたかは、何《なん》とも分《わ》かりませんけどね。

何《なに》か

甲野 すでに何度《なんど》か言《い》ってきましたが、私《わたし》は二十一歳《にじゅういっさい》の時《とき》、「運命《うんめい》は完璧《かんぺき》に決《き》まっている」という事《こと》と、「自由《じゆう》だ」という事《こと》が「同時《どうじ》に存在《そんざい》しているのだ」という事《こと》を、深《ふか》く確信《かくしん》しました。

まあ、確信《かくしん》といっても頭《あたま》での確信《かくしん》でした。それで、この確信《かくしん》をゆるぎないものにすることを自《じ》分《ぶん》の生涯《しょうがい》をかけてのライフワークにしようと思《おも》ったのです。何《なに》しろそれが、体感《たいかん》を通《とお》した感情《かんじょう》レベルでも実感出来《じっかんでき》れば、もう何《なに》が起《お》きても大丈夫《だいじょうぶ》だと思《おも》いましたから。そして約半世紀《やくはんせいき》が過《す》ぎ、これからは、ますます混迷《こんめい》の時代《じだい》となっていきそうです。それだけにそういう中《なか》で、どんな職業《しょくぎょう》のどんな立場《たちば》の人《ひと》も、自分《じぶん》の中《なか》にある、単《たん》に「何《なに》かを信《しん》じる」というよりも、「深《ふか》く実感《じっかん》する何《なに》か」があれば全然違《ぜんぜんちが》うと思《おも》うんですよ。

そして、その「深《ふか》く実感《じっかん》する何《なに》か」は、武術《ぶじゅつ》の稽古《けいこ》によって得《え》られるものではないかと、私《わたし》は考《かんが》えたのです。

なぜなら「武術《ぶじゅつ》」というジャンルが、私《わたし》が確信《かくしん》した「運命《うんめい》は決《き》まっていて、同時《どうじ》に自由《じゆう》」という事《こと》を体感化《たいかんか》させるためには、非常《ひじょう》に有効《ゆうこう》なのではないかと思《おも》ったからです。

その理由《りゆう》は、単《たん》に何《なに》かを盲目的《もうもくてき》に「信《しん》じる」という事《こと》よりも、自分《じぶん》の体感《たいかん》を通《とお》して、「人間《にんげん》が生《い》きているとはどういう事《こと》か」を問《と》い続《つづ》け、その中《なか》で否定出来《ひていでき》ない何《なに》かを信《しん》じる、信《しん》じるというか、「実感出来《じっかんでき》る」ということを養《やしな》っていくのに、武術《ぶじゅつ》は最《もっと》も適《てき》していると感《かん》じたからです。

ですから、ただ身体《からだ》の筋力《きんりょく》や反射機能《はんしゃきのう》を鍛《きた》えて上達《じょうたつ》を目指《めざ》す格闘技《かくとうぎ》と違《ちが》って、本来《ほんらい》の武術《ぶじゅつ》は、「人間《にんげん》が生《い》きているとはどういう事《こと》か」という切実《せつじつ》な問《と》いと、常《つね》に向《む》き合《あ》っているのだと思《おも》います。

ただ、その事《こと》を本気《ほんき》で追究《ついきゅう》せず単《たん》に観念化《かんねんか》して「武道《ぶどう》には高《たか》い精神性《せいしんせい》がある」などと言《い》って自《じ》分《ぶん》の未熟《みじゅく》を誤魔化《ごまか》す武道関係者《ぶどうかんけいしゃ》が多《おお》い事《こと》も事実《じじつ》ですけどね。

これは、例《たと》えばいつも相手《あいて》に「受《う》け」をとってもらって自分《じぶん》は結構技《けっこうわざ》が出来《でき》るつもりになっている合気道家《あいきどうか》などが、本気《ほんき》で技《わざ》の応酬《おうしゅう》をしている格闘家《かくとうか》と手《て》を合《あ》わせて、自分《じぶん》の技《わざ》が通《つう》じない時《とき》、「私《わたし》は出来《でき》るとか出来《でき》ないとか、そういうレベルの低《ひく》いことをやっている訳《わけ》ではない」などといった言《い》い訳《わけ》をするということです。

その点《てん》、私《わたし》の技《わざ》の影響《えいきょう》を受《う》けて、武術《ぶじゅつ》を実際《じっさい》に教《おし》えている人達《ひとたち》にすべて共通《きょうつう》していることは、本質的《ほんしつてき》な人間探究《にんげんたんきゅう》に伴《ともな》う、感覚的《かんかくてき》な技術《ぎじゅつ》というか、感覚的《かんかくてき》な世界《せかい》をみんな持《も》っているという事《こと》です。

そして、何《なに》かの機会《きかい》に他《ほか》の武道《ぶどう》や格闘技《かくとうぎ》の人《ひと》と手《て》を合《あ》わせて、そういう人達《ひとたち》に驚《おどろ》かれるぐらいの技術《ぎじゅつ》を持《も》っている者《もの》は、みんな、さっきから言《い》ってるように、それぞれ自分《じぶん》で自分《じぶん》の基本《きほん》を持《も》っていますよね。

武術《ぶじゅつ》の稽古研究《けいこけんきゅう》をやっていくうちに、各自《かくじ》が自分《じぶん》の中《なか》で基本《きほん》がある程度出来《ていどでき》てきて、それを絶《た》えず確認《かくにん》しながら稽古《けいこ》しているうちに、そのオリジナルな基本《きほん》が段々《だんだん》とハッキリしてくる。

そういう面《めん》では、単《たん》に観念的《かんねんてき》な信心《しんじん》、何《なに》かを信《しん》じているというよりも、この体感《たいかん》を通《とお》して何《なに》か信《しん》じるものがいつの間《ま》にか出来《でき》ている方《ほう》が、人《ひと》が人《ひと》として生《い》きていくうえで、よほど信頼出来《しんらいでき》ると思《おも》いますよね。

方条　決定的《けっていてき》に違《ちが》いますよね。

甲野　まあ、こういう視点《してん》で教育《きょういく》を考《かんが》えると、今《いま》でもよく言《い》われている有名校《ゆうめいこう》の権威《けんい》なんて何《なん》の意味《いみ》もないし、実質的《じっしつてき》に生《い》きた学問《がくもん》を学《まな》べる私塾《しじゅく》で学《まな》んだ方《ほう》がよっぽどいいですよね。

明治以前《めいじいぜん》と同《おな》じで、これからは私塾《しじゅく》の時代《じだい》ですよって、最近私《さいきんわたし》はよく言《い》っています。

方条　先生《せんせい》は昔《むかし》から、私塾《しじゅく》の方《ほう》がいいって言《い》われてましたよね。

甲野　だって今《いま》の大学《だいがく》って、こんなに進学率《しんがくりつ》が高《たか》い中《なか》で、見栄《みえ》というか、ただ単《たん》にその人《ひと》の就《しゅう》職用《しょくよう》の……。

方条　ラベルになっていますよね。

甲野　その事《こと》は、今回《こんかい》のCOVID-19《コビット》の感染症《かんせんしょう》対策《たいさく》のおかしさに対《たい》して、有名《ゆうめい》な大学《だいがく》を出《で》た知識《ちしき》人達《じんたち》がほとんど何《なに》も言《い》えなかったことで一層《いっそう》ハッキリしましたよ。

これからは自分自身《じぶんじしん》の考《かんが》えをしっかり持《も》たないといけないなって本当《ほんとう》に思《おも》います。そのためには単《たん》に資格取得《しかくしゅとく》のための有名校《ゆうめいこう》より私塾《しじゅく》がお勧《すす》めです。

私《わたし》がよく知《し》っている江本伸悟《えもとしんご》氏《し》が主宰《しゅさい》する松葉舎《しょうようしゃ》は、主宰者《しゅさいしゃ》が本気《ほんき》で常《つね》に学問《がくもん》とは何《なに》かを探《たん》究《きゅう》していますから、ラベルだけの有名校《ゆうめいこう》とは中身《なかみ》の質《しつ》が違《ちが》います。

心《こころ》と身体《しんたい》

甲野　それから、「覚悟《かくご》が決《き》まる」ということも、有名校《ゆうめいこう》を卒業《そつぎょう》するだけでは得《え》られない武術《ぶじゅつ》や私塾《しじゅく》で自分《じぶん》を磨《みが》いていく中《なか》で得《え》られることだと思《おも》います。何《なに》しろこの事《こと》は身体《しんたい》の使《つか》い方《かた》と密接《みっせつ》な関係《かんけい》がありますからね。

例《たと》えば目《め》の前《まえ》で木刀《ぼくとう》を振《ふ》られたりなんかしても、「労宮《ろうきゅう》」と言《い》われる手《て》のひらの中央《ちゅうおう》の部分《ぶぶん》に、グッと刺激《しげき》がいくようにしておけば、普通《ふつう》なら、思《おも》わず怖《こわ》がって目《め》をつぶったり、顔《かお》をそむける人《ひと》でも、もうその瞬間《しゅんかん》から平気《へいき》になりますから。

方条　身体《しんたい》のコントロールから心《こころ》が落《お》ち着《つ》くっていうことですね。

甲野　ええ怖《こわ》がるっていうのは、横隔膜《おうかくまく》が縮《ちぢ》み上《あ》がるからで、それをこの、手《て》のひらの中央《ちゅうおう》にある「鎮心《ちんしん》の急所《きゅうしょ》」とも呼《よ》ばれる所《ところ》が働《はたら》くことで、怖《こわ》がろうとしても、そうはならないというか、なれなくなります。

これは、面接《めんせつ》かなんかがあって、緊張《きんちょう》してあがってしまって、ろくに答《こた》えられなくなるような状態《じょうたい》を鎮《しず》めるのにも、もちろん役《やく》に立《た》ちますね。

また、手指《てゆび》の組《く》み合《あ》わせで心理面《しんりめん》に大《おお》きな影響《えいきょう》が出《で》ることは、例《たと》えば選挙《せんきょ》とかの出陣式《しゅつじんしき》のような場面《ばめん》で、「よし、頑張《がんば》ろう」と、みんなで気勢《きせい》を上《あ》げて拳《こぶし》を突《つ》き上《あ》げて「おー」とか言《い》う時《とき》に、親指《おやゆび》を他《ほか》の指《ゆび》の内側《うちがわ》に入《い》れて拳《こぶし》を握《にぎ》ると、なんかすごく変《へん》な感《かん》じがして「頑張《がんば》ろう！」という感《かん》じに全然《ぜんぜん》ならないという事《こと》でもハッキリ分《わ》かると思《おも》います。

親指《おやゆび》を外《そと》に出《だ》して、拳《こぶし》を握《にぎ》った方《ほう》が、ずっと「ようし、やるぞー！」っていう感《かん》じになる。

つまり、指《ゆび》の僅《わず》かな組《く》み方《かた》の違《ちが》いで、自分《じぶん》の中《なか》の気持《きも》ちが大《おお》きく変《か》わるんですよ。

これは「決断《けつだん》する」とか、「覚悟《かくご》を決《き》める」とかっていうことに合《あ》った身体《しんたい》の状態《じょうたい》があるということです。

方条　ありますね。

甲野　こうして考《かんが》えてくると、本来《ほんらい》「体育《たいいく》」というのは、心《こころ》と身体《しんたい》の関係《かんけい》をちゃんと自覚《じかく》させるものであってこそ、そう呼《よ》べると思《おも》うんですけれど、なかなか今《いま》、世間《せけん》の人達《ひとたち》が認識《にんしき》している体《たい》育《いく》は、いわゆる「体育会系《たいいくかいけい》」という言葉《ことば》がすぐ連想《れんそう》されるように、心《こころ》と身体《しんたい》の微妙《びみょう》な結《むす》びつきを学《まな》ぶような体育《たいいく》ではなくて、頭《あたま》の中《なか》が単純《たんじゅん》で権力者《けんりょくしゃ》にいいように使《つか》われる人間《にんげん》を養成《ようせい》するというイメージになりがちですよね。

方条　中身《なかみ》が抜《ぬ》け落《お》ちているんですよね。だから外側《そとがわ》の、フォームとか形《かたち》ばかりでやってしまっている。

塊《かたまり》

方条　身体《しんたい》の大部分《だいぶぶん》って、皮膚《ひふ》の内側《うちがわ》にありますから、そこを抜《ぬ》きに「体育《たいいく》」の「体《からだ》」は語《かた》れないはずですよね。

心《こころ》も内臓《ないぞう》がコントロールセンターですし、これを抜《ぬ》きにして、身体《しんたい》とか心《こころ》は語《かた》れない。だから先程《さきほど》、先生《せんせい》が「あがる」っていうことを言《い》われましたけど、「あがる」という言葉《ことば》って、実際《じっさい》に何《なに》かが上《あ》がっていて、おそらく身体感覚《しんたいかんかく》から生《う》まれた言葉《ことば》なんですよね。先程《さきほど》の、横隔膜《おうかくまく》もそうですし、持《も》ち上《あ》がっているんですよ、腹《はら》の中《なか》とか内臓《ないぞう》とかが。だから、内臓《ないぞう》を感《かん》じながら、上《あ》がったものをぶら下《さ》げなおすと、身体感覚《しんたいかんかく》でメンタルをコントロール出来《でき》るようになってくる、たぶん「肚《はら》が据《す》わる」とは、そういう状態《じょうたい》なんです。

それは特別《とくべつ》な事《こと》というよりか、たぶんニュートラルなだけなんですよね。だって、わざわざ持《も》ち上《あ》げなければ、「勝手《かって》にぶら下《さ》がっている」わけだから。

だから、「普通《ふつう》」こそ一番大事《いちばんだいじ》だったりする。で、「普通《ふつう》」からずれてきた異変《いへん》を察知《さっち》して、それをまたニュートラルに戻《もど》す、とかもたぶん「身体感覚《しんたいかんかく》」なんですよ。やっぱりそこを抜《ぬ》きにしては、心《こころ》も語《かた》れない。

人《ひと》としての「揺《ゆ》るぎなさ」と、「肚《はら》が据《す》わっている」という事《こと》は一体《いったい》で、私《わたし》も何《なに》かの条件《じょうけん》がそろってくると、自分《じぶん》は「通路《つうろ》」みたいなものだと感《かん》じるんです。

先生《せんせい》がよく言《い》われる、「手《て》を使《つか》わないで剣《けん》を振《ふ》る」っていうのも、ああいう考《かんが》え方《かた》って法則《ほうそく》で言《い》うと、「**大《おお》きな塊《かたまり》を動《うご》かした方《ほう》が強《つよ》い力《ちから》が出《で》る**」となる。

それは当然《とうぜん》の事《こと》なんですよね。

例《たと》えば、私《わたし》がよくデモンストレーションでやるのは、お互《たが》い腕相撲《うでずもう》みたいな状態《じょうたい》で手《て》を握《にぎ》り合《あ》っていて、そこから相手《あいて》を動《うご》かそうという時《とき》に、まず「手首《てくび》を動《うご》かそう」っていう選択肢《せんたくし》がある。他《ほか》にも「肘《ひじ》を動《うご》かそう」っていう選択肢《せんたくし》がある。「肩《かた》を動《うご》かそう」っていう選択肢《せんたくし》もある。でも、手《て》を止《と》めて体《からだ》ごと歩《ある》いて行《い》っちゃえば、一番相手《いちばんあいて》は動《うご》いてくれるんですよ。「腕相撲《うでずもう》のルール」という制約《せいやく》がなければ。

ところが制約《せいやく》がない中《なか》でも、手首《てくび》などを優先的《ゆうせんてき》に使《つか》いたくなってしまう。

相手《あいて》と接触《せっしょく》している手《て》のひらから情報《じょうほう》が入《はい》ってきますから、どうしてもその付近《ふきん》が気《き》になるんですよね。

樹木《じゅもく》

方条　人間《にんげん》の体《からだ》と樹木《じゅもく》の基本構造《きほんこうぞう》は実《じつ》は同《おな》じで、まずは太《ふと》い幹《みき》から枝《えだ》が生《は》えて、それが分《わ》かれて、葉《は》があってと、先端《せんたん》に行《い》くほどだんだん分《わ》かれて細《ほそ》くなっていく。

それでいうと何《なに》かに触《ふ》れて仕事《しごと》をしている部分《ぶぶん》って、言《い》わば末端《まったん》の「葉《は》っぱ」ですから、弱《よわ》くなっているんですよね。

葉《は》っぱはプチッとちぎれやすいように。

だから「基本的《きほんてき》な身体《しんたい》の使《つか》い方《かた》」って、「弱《よわ》いところを優先《ゆうせん》する使《つか》い方《かた》」でもあるんです。「スナップ」だとか「強《つよ》く握《にぎ》る」だとか。

でも弱《よわ》いところの方《ほう》がきめ細《こま》かく動《うご》くし器用《きよう》だから、**使《つか》い勝手《がって》はいい**んです。

で、「余分《よぶん》なところを動《うご》かさない」ためには、そのシステムを乗《の》り越《こ》えて、「使《つか》いたくなるところ」を止《と》めておいて、もっと大《おお》きなところから力《ちから》を発生《はっせい》させよう、みたいな考《かんが》え方《かた》なんですけど、それってたぶん心《こころ》の領域《りょういき》も似《に》ているんじゃないかって思《おも》っています。

やっぱり、頭《あたま》でちょこちょこ考《かんが》えるっていうのは使《つか》い勝手《がって》がいい。

自分《じぶん》の思考《しこう》テーブルの上《うえ》でいじくれるから。

だけど、身体《しんたい》と同《おな》じでもっと「大《おお》きなものを動《うご》かすと最適《さいてき》に近《ちか》づく」みたいなのがあって。

思考《しこう》もでしゃばりなんですよね。で、それをカットしていく。

そうすると思考《しこう》に通路《つうろ》みたいなのが出来《でき》るんですよ。

要《よう》するにでしゃばっているのがどいてくれるから。

そうするともっと、深《ふか》いところから湧《わ》き出《で》てくるようなものが聞《き》こえてくる。

大《おお》きな幹《みき》

方条　深《ふか》いところって遠《とお》いから、声《こえ》が遠《とお》いんです、本来《ほんらい》。

樹木《じゅもく》と手《て》の関係性《かんけいせい》と同《おな》じで、現場《げんば》の枝葉《えだは》と大《おお》きな幹《みき》、まさに「体幹《たいかん》」が遠《とお》いから、現場付近《げんばふきん》がでしゃばっちゃう。

それと同《おな》じで、思考《しこう》も現場付近《げんばふきん》がでしゃばっちゃうんですよ。

論理的《ろんりてき》に考《かんが》えるとか、ああだからこう、みたいな。

でもそこがどいてくれると、もっと身体《しんたい》レベルで感《かん》じている声《こえ》が聞《き》こえてくるんですよね。

耳《みみ》を澄《す》ませられる。

で、まずはその声《こえ》に従《したが》うっていうのは、昔《むかし》の人《ひと》の方《ほう》が優《すぐ》れていたんです。肌感覚《はだかんかく》でものを判断《はんだん》するとか。

でも思考優位《しこうゆうい》になると、現場近《げんばちか》くのちょこまかが顔《かお》を出《だ》しちゃうから、遠《とお》いけれども、しかし確《たし》かな声《こえ》を無視《むし》しちゃう。

でも女性《じょせい》に、見《み》た瞬間《しゅんかん》異性《いせい》の有《あ》り無《な》しを判断《はんだん》したりする人《ひと》が多《おお》いですが、あれって身体感覚《しんたいかんかく》なんですよね。

異性《いせい》として無《な》しのフォルダーに入《はい》った人《ひと》って、徹底的《てっていてき》にもう異性《いせい》として見《み》られない。あれは恐《おそ》るべきスピードで判断《はんだん》されているんです。その時《とき》、思考《しこう》なんか間《ま》に合《あ》わない。女性《じょせい》って子《こ》どもを産《う》む機能《きのう》を有《ゆう》しているから、本能《ほんのう》なんですよ、その判断《はんだん》って。命《いのち》にかかわるから。

だから、パッと判断《はんだん》するようにどこか出来《でき》ていて、それはやっぱり思考《しこう》を超《こ》えたところだったりしますね。まあ誤動作《ごどうさ》も起《お》こったりしますけれど。

そういう感覚《かんかく》っていうのが人間《にんげん》にはもともと備《そな》わっていて、頭《あたま》では、確率論《かくりつろん》で言《い》ったらこうだけど、でもなんか違《ちが》うぞ、みたいなのがあったときに、こっちを信《しん》じられるって身体感覚《しんたいかんかく》なんですよね。

だけど、思考《しこう》が優位《ゆうい》になりすぎていると、頭《あたま》が幅《はば》を利《き》かせるから、自分《じぶん》の声《こえ》がどんどんシャットアウトされてしまうし、不安《ふあん》になってきてしまう。

でも、自分《じぶん》の体《からだ》と向《む》き合《あ》って信頼関係《しんらいかんけい》ができてくると、心《こころ》の奥底《おくそこ》にある声《こえ》の方《ほう》が正《ただ》しい、的確《てきかく》だっていうのが実感《じっかん》として分《わ》かってくるんです。

依《よ》り代《しろ》

方条　だから「実感《じっかん》」って、先生《せんせい》は「信《しん》じるにもレベルがある」って、仰《おっしゃ》っていましたけれど、その信《しん》じるレベルっていうのは、たぶん「自分《じぶん》は信《しん》じている」って思《おも》っている時点《じてん》で浅《あさ》いんですよ、まだね。

実感《じっかん》って有無《うむ》を言《い》わせないものだから、本当《ほんとう》にレベルが深《ふか》いほど信《しん》じているっていう自覚《じかく》すらない。「いや、それはそうだろう」となってくる。

たぶんそれは、身体感覚《しんたいかんかく》レベルでもう当《あ》たり前《まえ》のように確信《かくしん》しているものほど、傍《はた》から見《み》たら「信《しん》じている」って取《と》れるけれど、本人《ほんにん》からしたら「信《しん》じている」とすら思《おも》わない。

だってそこに右手《みぎて》があるだろうとか、たぶんそういうレベルに入《はい》ってくると思《おも》うんですよね。

深《ふか》いところと接続《せつぞく》し一体《いったい》となり、そういうレベルに持《も》っていけるかって、自分《じぶん》の中《なか》でそれを邪《じゃ》魔《ま》するものを、いかに除去《じょきょ》するかが重要《じゅうよう》になってくる。

思考《しこう》とか身体《しんたい》のでしゃばりを、いかに黙《だま》ってもらって、深《ふか》いところにある声《こえ》みたいなものを聞《き》けるか。

私《わたし》にとって身体感《しんたいかん》とそれは、密接《みっせつ》どころかイコールで、深《ふか》いところにいく邪魔《じゃま》をするものって、身体《しんたい》のノイズなんです。

なんかね、身体《からだ》にルートみたいなものがあるのを感《かん》じていて、身体《からだ》のルートが余分《よぶん》なことをすると、閉《と》じちゃっている感《かん》じなんですよね。

それは実際《じっさい》の身体《しんたい》において、深部《しんぶ》を含《ふく》めて、物理的《ぶつりてき》にも閉《と》じているんじゃないかと思《おも》うんです。

それが感覚《かんかく》の向上《こうじょう》に呼応《こおう》して、内臓《ないぞう》レベルも含《ふく》めて開《ひら》いてくる。

たぶん余分《よぶん》なことをしていなければ勝手《かって》に本当《ほんとう》は開《ひら》くものなんだけど、余分《よぶん》なことがベースになっちゃってるから、閉《と》じている。

それが開《ひら》いてくると、何《なに》か身体《しんたい》の深《ふか》い声《こえ》を超《こ》えて、もっとその外側《そとがわ》の情報《じょうほう》も入《はい》ってくる感《かん》じがあるんです。

媒介《ばいかい》というか、自分《じぶん》という筒《つつ》を通《とお》って出力《しゅつりょく》してくれる、みたいな。

その良《よ》き媒介《ばいかい》になるためだけに専念《せんねん》する。

先程先生《さきほどせんせい》は「段取《だんど》り」と仰《おっしゃ》ってましたけれど、邪魔《じゃま》をするものがなくて、「あとは通《とお》り抜《ぬ》けてください」っていう状態《じょうたい》なんです。私《わたし》なりに言《い》うとね。それが先生《せんせい》の仰《おっしゃ》る段取《だんど》りじゃないかなって思《おも》うんですけど。

「**佳《よ》き依《よ》り代《しろ》になれる**」というか。で、それぞれの宗教《しゅうきょう》だとか文化《ぶんか》・方法論《ほうほうろん》によっては、「チャクラ」だとかの言葉《ことば》で表現《ひょうげん》していたのかも知《し》れません。

やはり、門《もん》みたいな、ゲートみたいな、通路《つうろ》みたいなものを、身体的《しんたいてき》に感《かん》じていたんじゃないかと思《おも》うんです。

それを諸々《もろもろ》の、普段《ふだん》「便利《べんり》」だとか、「よい」とされているものが阻《はば》んでいるんですよね。そこをどれだけ除去《じょきょ》できるか。

だから、まずは表面的《ひょうめんてき》な使《つか》い勝手《がって》のいい思考《しこう》からやめ、身体《しんたい》の声《こえ》を聞《き》き、しかもその身体《しんたい》すらも邪魔《じゃま》じゃないか、みたいなところにいくと、もっと外側《そとがわ》につながってくるんじゃないか、と私《わたし》は考《かんが》えているんですけれど。

甲野　まあ、本当《ほんとう》に今《いま》まで世界中《せかいじゅう》に様々《さまざま》な修行法《しゅぎょうほう》というか、能力開発法《のうりょくかいはつほう》がありますからね。ただ、その様々《さまざま》な方法《ほうほう》やそれによって得《え》られた特別《とくべつ》な能力《のうりょく》が、あたかも手《て》に持《も》ったグラスを傾《かたむ》けると、中身《なかみ》がこぼれるように（その「こぼれる」っていうことは、別《べつ》に「信《しん》じる」っていう言葉《ことば》も必要《ひつよう》がないくらい、もう当《あ》たり前《まえ》な事《こと》ですから）、そのくらい「信《しん》」というものが身《み》についているかどうか、という事《こと》は、私《わたし》がずっと以前《いぜん》から思《おも》っているところです。

長所即欠点《ちょうしょそくけってん》

甲野　何事《なにごと》もそうですが、ただ単《たん》に「思《おも》い込《こ》もうとする」という事《こと》は明《あき》らかに違《ちが》うし、無理《むり》があって、やっても得《え》るものは殆《ほとん》どないですね。ただ、安易《あんい》なので、ついやりがちですが。感覚《かんかく》の中《なか》で深《ふか》い実感《じっかん》を伴《ともな》ったものが、自分《じぶん》の中《なか》の「信《しん》」というものを育《そだ》てるのだと思《おも》います。それこそ子《こ》どもの頃《ころ》から「こうなって、こういけばうまくいく……」っていうことを、体験《たいけん》しているからだと思《おも》うんですよ。

その「体験《たいけん》を通《とお》しての信頼《しんらい》」というのを、さっきから出《で》ているいろいろな話《はなし》の中《なか》で、聞《き》きながらその情景《じょうけい》を思《おも》い浮《う》かべていたんですけど、木《き》が細《ほそ》い所《ところ》は弱《よわ》くて……という話《はなし》ですが、太《ふと》い所《ところ》から細《ほそ》くなっているから、風《かぜ》が吹《ふ》いてもたわむようになっていますよね。

それが、風《かぜ》が吹《ふ》いても木《き》が簡単《かんたん》には倒《たお》れない理由《りゆう》だし、それはまた、より太陽光線《たいようこうせん》を得《え》て生長《せいちょう》しようとする上《うえ》でも都合《つごう》がいいわけで、そうなっているのでしょう。

方条　自然《しぜん》の仕組《しく》みとしてね。

甲野　その状態《じょうたい》が植物《しょくぶつ》の場合《ばあい》は、動《うご》かずに枝分《えだわ》かれしながら、広《ひろ》がっているわけですけど。

　動物《どうぶつ》として、まして人間《にんげん》で、自分《じぶん》の身体《しんたい》の太《ふと》い、細《ほそ》い、様々《さまざま》な形《かたち》で、手《て》や指《ゆび》が動《うご》いていろいろなことをするという中《なか》で、指《ゆび》は普通《ふつう》でいえば腕《うで》に比《くら》べればもちろん弱《よわ》いわけですけれども。指《ゆび》は細《ほそ》くなければ、日常《にちじょう》の生活《せいかつ》に必要《ひつよう》な細《こま》かな事《こと》が出来《でき》ませんから、そうなっているわけで、それだからこそ術《じゅつ》としての働《はたら》きというのは、何《なに》か外力《がいりょく》が来《き》た時《とき》にその指《ゆび》を守《まも》るため、どう対応《たいおう》するかという工夫《くふう》をすることだと思《おも》うんです。

方条　特《とく》に鍛《きた》えなくても、指一本《ゆびいっぽん》から大《おお》きな力《ちから》を通《とお》せるようにもなりますからね。

甲野　今《いま》、方条《ほうじょう》さんは簡単《かんたん》に言《い》われましたけれど（笑《わらい》）。その工夫《くふう》が「術《じゅつ》」ですよね。

　私《わたし》は昔《むかし》、合気道《あいきどう》を熱心《ねっしん》に稽古《けいこ》していたのですが、その合気道《あいきどう》をやめた大《おお》きな理由《りゆう》は、ただ繰《く》り返《かえ》しやっていれば身《み》につく程度《ていど》のものと、**「術《じゅつ》と呼《よ》べるほどのもの」**というのは違《ちが》うはずだと思《おも》ったからです。

　だいたい、「あちらを立《た》てればこちらが立《た》たず」ということが、普通《ふつう》の原理《げんり》じゃないですか。しかし、ある程度《ていど》の限定条件《げんていじょうけん》の中《なか》とはいえ、**「あちらもこちらも立《た》つ」**ような状況《じょうきょう》が「術《じゅつ》」というものだと思《おも》うのです。

　普通《ふつう》だったらとても出来《でき》ない事《こと》がなんでか出来《でき》るという事《こと》が、「術《じゅつ》」だと思《おも》うんですよね。状況次第《じょうきょうしだい》で、それをどううまく自分《じぶん》の中《なか》で発揮出来《はっきでき》るようにするか、という事《こと》が稽古《けいこ》の工夫《くふう》のしどころですね。

方条　先生《せんせい》の分《わ》かりやすい技《わざ》でいうと、普通《ふつう》だったら先生《せんせい》の手《て》が相手《あいて》に簡単《かんたん》に払《はら》われる状況《じょうきょう》で、払《はら》われずに相手《あいて》を突破《とっぱ》して届《とど》く、といったものもありますよね。

甲野　「影観法《えいかんほう》」の代表例《だいひょうれい》ですね。私《わたし》の手《て》がなんで払《はら》われないかというと……例《たと》えば意識《いしき》して目《め》の前《まえ》のものを手《て》に取《と》ったり移動《いどう》させる時《とき》に、自分《じぶん》の体《からだ》が思《おも》った通《とお》りに動《うご》いてくれないと不便《ふべん》じゃないですか。

それが出来《でき》ないと、当然《とうぜん》いろんな日常《にちじょう》の動作《どうさ》が成《な》り立《た》たないわけです。

しかし、そういうふうに出来《でき》ている日常《にちじょう》の動作《どうさ》っていうのは、自分《じぶん》でいろいろ予定《よてい》が立《た》てられて便利《べんり》なのですが、その働《はたら》きは逆《ぎゃく》に何《なに》かをやろうとした時《とき》に、そのやろうとしている意図《いと》が全部《ぜんぶ》相手《あいて》に伝《つた》わってしまうという、長所即欠点《ちょうしょそくけってん》なところがあるんですね。

方条　技《わざ》ならば、払《はら》われてしまうという事《こと》ですね。

甲野　そうですね。なのでそれをいかに、自分《じぶん》がやっている感《かん》じをなくすかが重要《じゅうよう》になる。

方条　しかも、状況《じょうきょう》　状況《じょうきょう》状況《じょうきょう》に応《おう》じながらですね。

甲野　今《いま》も言《い》いましたが、計画《けいかく》を立《た》てて何《なに》かをやろうとする時《とき》っていうのは、意識的《いしきてき》にいろいろ考《かんが》えなきゃ不便《ふべん》じゃないですか。

人間《にんげん》が他《ほか》の動物《どうぶつ》と違《ちが》って、いろいろな道具《どうぐ》を作《つく》ったり、高度《こうど》に文明《ぶんめい》を発達《はったつ》させてきたという理《り》由《ゆう》は、そういうふうに考《かんが》えて、しかも文字《もじ》やなんかが出来《でき》て、技術《ぎじゅつ》も発展《はってん》させてそれを蓄積《ちくせき》したからこそ、次《つぎ》の時代《じだい》にいろいろ伝承《でんしょう》されながら発達《はったつ》してきたわけですよね。

ただ、そういう動《はたら》きは同時《どうじ》に、意識《いしき》して行《おこな》っているので、武術《ぶじゅつ》の技《わざ》として相手《あいて》に動《うご》きを読《よ》まれてしまうのです。

そういう意識《いしき》を出来《でき》るだけ飛《と》ばしてしまうというか、その意識《いしき》、あらためて詳《くわ》しく言《い》えば「表《おもて》の意識《いしき》」を消《け》した状態《じょうたい》にして、自分《じぶん》の中《なか》の自分自身《じぶんじしん》もまだそれがどのようなものか、よく把《は》握出来《あくでき》ていない働《はたら》きに委《ゆだ》ねるようにする。

ただ、普通《ふつう》は自分《じぶん》の置《お》かれている状況《じょうきょう》をハッキリと認識《にんしき》してしまうので、「わ、やられそうだな」と自然《しぜん》と予測《よそく》してしまったり、相手《あいて》に「止《と》められそうだ」と思《おも》うから、どうしても止《と》められてしまう。

そんな事《こと》も思《おも》わないようにして、自分《じぶん》がやっている感《かん》じすらなく、すべてを何《なに》かに委《ゆだ》ねているような感《かん》じにして手《て》を出《だ》すと、出《だ》した手《て》を相手《あいて》は払《はら》う反応《はんのう》が間《ま》に合《あ》わなくなるし、また払《はら》おうとする相手《あいて》の手《て》に触《ふ》れるように入《はい》っていっても、払《はら》おうとした相手《あいて》を逆《ぎゃく》にグラつかせたりする事《こと》が出来《でき》るようになってきたわけです。

ですから、やっぱり物事《ものごと》はすべて長所即欠点《ちょうしょそくけってん》みたいな構造《こうぞう》があって、それをどうやって、その場《ば》その場《ば》で欠点《けってん》になりそうな部分《ぶぶん》をそうじゃなくする工夫《くふう》をするか、というところが大事《だいじ》になると思《おも》うのです。

そしてその辺《あた》りが、武術《ぶじゅつ》の面白《おもしろ》さというか、限《かぎ》られたこの身体《しんたい》の中《なか》の機能《きのう》をどういうふうに生《い》かして使《つか》うかという事《こと》だと思《おも》うのです。そして、そうやってより使《つか》える、自分《じぶん》の中《なか》の出来《でき》る事《こと》を増《ふ》やしていくことが武術《ぶじゅつ》の稽古《けいこ》であり、それが自然《しぜん》と自分《じぶん》が日々《ひび》生《い》きていくうえで向《む》き合《あ》わねばならない、様々《さまざま》な課題《かだい》への対応法《たいおうほう》を磨《みが》いていく事《こと》にもなると思《おも》うのです。

入《はい》る

甲野　繰《く》り返《かえ》しになりますが、普通《ふつう》だったら矛盾《むじゅん》している、つまり「あちらを立《た》てればこちらが立《た》たず」なんですけど、それをある限定条件下《げんていじょうけんか》とはいえ、「あちらもこちらも立《た》つ」ような工夫《くふう》をするという事《こと》を稽古《けいこ》するのが武術《ぶじゅつ》とも言《い》えますね。

方条　そういう面《めん》から考《かんが》えても、武術《ぶじゅつ》というのは、取《と》り組《く》み方《かた》でどんなジャンルの人《ひと》にも、その考《かんが》え方《かた》とか、やり方《かた》が参考《さんこう》になるはずですよね。

甲野　それは、全《まった》くそうですね。

先程《さきほど》言《い》っていた、「何《なに》かに委《ゆだ》ねる」といった事《こと》が出来《でき》れば、言《い》いにくい相手《あいて》に意見《いけん》を言《い》う時《とき》は、「口《くち》だけその『何《なに》か』に貸《か》すから、後《あと》はその『何《なに》か』が言《い》って下《くだ》さいね」みたいな事《こと》も出来《でき》るわけですよ。

まあ、かなりの修練《しゅうれん》は必要《ひつよう》でしょうけれど、日常《にちじょう》でもそういう感《かん》じで、フッとある世界《せかい》に入《はい》れるようにしてみる。

例《たと》えば、奥《おく》さんが口《くち》うるさくてうんざりしている旦那《だんな》が、奥《おく》さんのことを自分《じぶん》が昔《むかし》からよく知《し》ってる妹《いもうと》だっていうふうにフッと思《おも》えるようになるとね、全然違《ぜんぜんちが》うんですよ。その奥《おく》さんの口《くち》うるささが。

人間《にんげん》というのは不思議《ふしぎ》なもので、前提《ぜんてい》としてある印象次第《いんしょうしだい》で、相手《あいて》の言《い》う事《こと》を全《まった》く違《ちが》って感《かん》じたりするんです。

それで、全然違《ぜんぜんちが》って感《かん》じたっていう世界《せかい》に入《はい》ると、対応《たいおう》も変《か》わってくるので、自然《しぜん》と相手《あいて》も変《か》わるわけですよ。

ですから、私《わたし》の「影観法《えいかんほう》」によって、「パッと意識《いしき》を切《き》り替《か》えて突《つ》くと、相手《あいて》が払《はら》えなくなる」ということを応用《おうよう》すれば、日常《にちじょう》の様々《さまざま》な場面《ばめん》で役《やく》に立《た》つと思《おも》います。

このことは先程《さきほど》もちょっと触《ふ》れましたが、カリスマセールスマンがなんで普通《ふつう》のセールスマンの五倍《ごばい》、六倍売《ろくばいう》り上《あ》げるかというと、初《はじ》めて会《あ》う人《ひと》を訪《たず》ねるのにもかかわらず、瞬間的《しゅんかんてき》に「この人《ひと》は前《まえ》から知《し》ってる人《ひと》だ」っていう世界《せかい》に入《はい》って、玄関《げんかん》のチャイムを押《お》すと対応《たいおう》に出《で》て来《き》た人《ひと》がその世界《せかい》に巻《ま》き込《こ》まれて「あれっ、誰《だれ》だったかな」と思《おも》って、そのセールスマンに対《たい》して、気持《きも》ちの上《うえ》で借《か》りが出来《でき》た形《かたち》になって瞬間的《しゅんかんてき》に断《ことわ》れなくなってしまうようなのです。

こういう例《れい》があるので、私《わたし》が俳優《はいゆう》さん対象《たいしょう》の演劇講座《えんげきこうざ》でよく言《い》うのは、「武術《ぶじゅつ》と演劇《えんげき》は共通《きょうつう》するところは少《すく》なくないですよ」ということなのです。

名優《めいゆう》と言《い》われる人《ひと》が、本当《ほんとう》に適《かな》った役《やく》に出会《であ》うともう、その演《えん》じる世界《せかい》に入《はい》ってしまうことがあって、それが、時々《ときどき》すごい当《あ》たり役《やく》になると、その役《やく》に摑《つか》まれちゃって、逃《に》げられなくなって人生《じんせい》が大変《たいへん》な事《こと》になっちゃうような人《ひと》もいたりするのは、そういうことですよ。

方条　それが行《い》き過《す》ぎて、命《いのち》まで落《お》としてしまった有名俳優《ゆうめいはいゆう》さんの話《はなし》なんかも時々《ときどき》聞《き》きますね。

甲野　そういう人《ひと》はね、何人《なんにん》かいますよ。

例《たと》えば何年《なんねん》か前《まえ》にもドラマ化《か》されたようですが、それよりずっと昔《むかし》にドラマとして、テレビで放映《ほうえい》された『白《しろ》い巨塔《きょとう》』（一九七八―七九年《ねん》、フジテレビ系列《けいれつ》）というドラマで財前五郎《ざいぜんごろう》という主《しゅ》人公《じんこう》を演《えん》じた田宮二郎《たみやじろう》という人《ひと》がいましたけど、この人《ひと》も自殺《じさつ》してしまいました。

この人《ひと》には「えーっ、そういう事《こと》ってあるんだ」というエピソードがあって、ある時《とき》、新幹線《しんかんせん》で急患《きゅうかん》が出《で》て、「お客様《きゃくさま》の中《なか》にお医者様《いしゃさま》はいらっしゃいませんか？」とアナウンスがあった時《とき》に、気《き》づいたら自分《じぶん》も、その急患《きゅうかん》が出《で》た車輌《しゃりょう》に行《い》っていたそうです。

アナウンスの声《こえ》を聞《き》いた瞬間《しゅんかん》に頭《あたま》の中《なか》のスイッチが切《き》り替《か》わっちゃって、自動的《じどうてき》に行《い》っていたんですね。

その他《ほか》にも有名《ゆうめい》な俳優《はいゆう》さんの中《なか》に、何《なに》かにつかまってしまってえらい大変《たいへん》だった、というような話《はなし》は時々《ときどき》聞《き》きますね。

方条　まさに長所即欠点《ちょうしょそくけってん》で、その人《ひと》の「揺《ゆ》るぎない世界《せかい》」や「確信《かくしん》」というのは、強《つよ》さでもあり、時《とき》に問題《もんだい》も引《ひ》き起《お》こすという事《こと》ですね。

そして、その人《ひと》の状態《じょうたい》や認識《にんしき》は、本人《ほんにん》の範囲《はんい》も超《こ》え、周《まわ》りにも影響《えいきょう》を及《およ》ぼしていく。

感知力《かんちりょく》

甲野　先程《さきほど》「私《わたし》が大変大《たいへんおお》きな影響《えいきょう》を受《う》けた」とお話《はな》しした整体協会《せいたいきょうかい》の野口晴哉先生《のぐちはるちかせんせい》は、とにかく、寿司屋《すしや》であれ、レストランであれ、馴染《なじ》みの店《みせ》ではどこに入《はい》っても「わあ、福《ふく》の神《かみ》が来《き》た！」って、店《みせ》の人達《ひとたち》に喜《よろこ》ばれたそうです。なぜかというと、野口先生《のぐちせんせい》が店《みせ》にいると、客《きゃく》がすごく入《はい》って来《く》る。

それは別《べつ》に体《からだ》を観《み》てもらおうとかいうわけでは勿論《もちろん》ないんですが、通《とお》りすがりの人《ひと》がたぶんレーダーのように感知《かんち》するんですよ。

驚嘆《きょうたん》するような天才的身体調整《てんさいてきしんたいちょうせい》の名人《めいじん》のそばを通《とお》ると、意識的《いしきてき》には全《まった》く気付《きづ》かないけれども、身体《しんたい》が感知《かんち》してなぜか自分《じぶん》もふとその店《みせ》に入《はい》りたい衝動《しょうどう》が生《う》まれる。

理由《りゆう》は本人《ほんにん》も全然《ぜんぜん》分《わ》からない。そういう事《こと》だと思《おも》うのです。

この例《れい》を考《かんが》えても、人間《にんげん》の潜在的《せんざいてき》な感知力《かんちりょく》っていうのはものすごいと思《おも》いますよ。

また、よくその、野口晴哉先生《のぐちはるちかせんせい》が言《い》われていた話《はなし》に、昔《むかし》すごく流行《はや》っていた今川焼屋《いまがわやきや》があったそうです（この今川焼《いまがわやき》、地域《ちいき》によっていろいろ名前《なまえ》があって、大判焼《おおばんや》きとか太鼓焼《たいこや》き、回転焼《かいてんや》き等々《とうとう》あるようですが、「タイ焼《や》き」が丸《まる》く焼《や》かれているような素朴《そぼく》なお菓子《かし》ですね）。

ところが、その店《みせ》がある時《とき》からもう火《ひ》が消《き》えたように客《きゃく》が入《はい》らなくなった。

その原因《げんいん》が、今《いま》まで使《つか》っていた砂糖《さとう》の量《りょう》をほんの少《すこ》し減《へ》らした事《こと》だったそうです。

要《よう》は節約《せつやく》しようと思《おも》ったんですけど、店《みせ》の主人《しゅじん》が食《た》べてみても甘《あま》さも全《まった》くと言《い》っていいほど変《か》わらないし、砂糖《さとう》が少《すく》ない方《ほう》が客《きゃく》の身体《からだ》にもいいだろうと思《おも》って減《へ》らしたようですが、その砂糖《さとう》を減《へ》らした理由《りゆう》の根底《こんてい》には「節約《せつやく》する」という気持《きも》ちがあったために、それがどこか、この今川《いまがわ》焼《やき》に対《たい》して材料《ざいりょう》を「ケチった」っていうような感《かん》じが出《で》たんでしょうね。それで、その店《みせ》はどんどん人気《にんき》がなくなっていったそうです。

つまり、人《ひと》って、意識《いしき》にのぼらないほんのわずかなことでも感《かん》じ取《と》っているんですよ。

方条　情報《じょうほう》を取《と》りますよね。

情《じょう》報《ほう》

甲野　人間《にんげん》というのはちょっとしたきっかけで、スランプになるようなことがあるでしょう。
方条　イップスとかね。
甲野　そうですね。
どもるようなクセの人《ひと》がどもるまいと思《おも》えば思《おも》うほど、かえってどもるとかね。

日本《にほん》の武術《ぶじゅつ》でも、古来有名《こらいゆうめい》なそうした心理的《しんりてき》な病《やまい》に「早気《はやけ》」というものがあります。これは弓《きゅう》射《しゃ》におけるイップスのようなものなのですが、本来《ほんらい》なら弓《ゆみ》を引《ひ》いて、十分《じゅうぶん》に狙《ねら》いが定《さだ》まって「離《はな》れ」となるのですが、体勢《たいせい》がそうなる前《まえ》に手《て》が勝手《かって》に開《ひら》いて矢《や》を離《はな》してしまうのです。

それで、昔《むかし》からどうやってそれを治《なお》したかっていう話《はなし》がいろいろあるんですよ。例《たと》えばある弓《きゅう》術家《じゅつか》は、どうにも早気《はやけ》の病《やまい》が続《つづ》くので、主君《しゅくん》から拝領《はいりょう》した着物《きもの》で——昔《むかし》、殿様《とのさま》からもらった着《き》物《もの》ってものすごく大事《だいじ》ですから——それに向《む》かって弓《ゆみ》を引《ひ》けばもったいなくて思《おも》わず勝手《かって》に手《て》が開《ひら》いて矢《や》を射離《いはな》すこともないだろうと思《おも》って試《こころ》みるんですけれど、それでも射《い》てしまって。

そこで、「もうこれが最後《さいご》だ」と思《おも》って、わが子《こ》の頭《あたま》の上《うえ》に何《なに》か的《まと》になる物《もの》を載《の》せて、それを射《う》ち落《お》とそうと、弓《ゆみ》を引《ひ》く。そこでもし早気《はやけ》の癖《くせ》が出《で》てわが子《こ》を射殺《いころ》してしまったら、その場《ば》を去《さ》らず切腹《せっぷく》しようと覚悟《かくご》して弓《ゆみ》を引《ひ》いたら、今度《こんど》はピタッと止《と》まった、とか。

まあ他《ほか》にも、いきなり的《まと》の前《まえ》に母親《ははおや》が飛《と》び出《だ》してきて驚《おどろ》いて、それで早気《はやけ》がおさまったとか、いろんな話《はなし》があるんですけど。

なんかその辺《へん》の、一瞬《いっしゅん》で変《か》わる世界《せかい》っていうのもありますよね。

方条　我々《われわれ》は膨大《ぼうだい》な量《りょう》の情報《じょうほう》をやり取《と》りしているって事《こと》なんですよね。自分《じぶん》が思《おも》う以上《いじょう》に。

その情報《じょうほう》をいかに取《と》れるかですごく変《か》わってきて。

例《たと》えば、「他人《たにん》と信頼関係《しんらいかんけい》が築《きず》けない」っていう人《ひと》の多《おお》くは、情報《じょうほう》が取《と》れないから信頼《しんらい》が築《きず》けないっていう事《こと》も多《おお》いと思《おも》います。

要《よう》するに、身体感《しんたいかん》がないと身体《しんたい》から情報《じょうほう》が取《と》れないから、「信頼《しんらい》して良《よ》いのかどうか」の情報《じょうほう》も取《と》れない。

そうすると、ますます疑心暗鬼《ぎしんあんき》になってしまう、といった悪循環《あくじゅんかん》に陥《おちい》る。

だから、信頼《しんらい》を築《きず》くためには「情報《じょうほう》を取《と》る」ということが大事《だいじ》になる。

例《たと》えば、「体育《たいいく》」とは一見関係《いっけんかんけい》のない、チームで会社《かいしゃ》を運営《うんえい》するとかいう分野《ぶんや》のことでも、一《ひと》つの部署《ぶしょ》を運営《うんえい》するような時《とき》、実《じつ》は、「身体感覚《しんたいかんかく》」で取《と》った情報《じょうほう》で信頼関係《しんらいかんけい》を築《きず》いていて、そこからチームワークもよくなって、みたいなことが実《じつ》はすごく起《お》こっているはずなんですよ。

だから、本来《ほんらい》はどんな分野《ぶんや》でも、「身体感覚《しんたいかんかく》」抜《ぬ》きでは、語《かた》れないいんだと思《おも》います。

その「情報《じょうほう》を取《と》る」ためにも、「自分《じぶん》の状態《じょうたい》が整《ととの》っているかどうか」って、すごく大事《だいじ》ですよね。

やっぱり自分《じぶん》の中《なか》に、身体《しんたい》レベルで「ノイズ」を入《い》れちゃうと情報《じょうほう》が入《はい》ってこないですから。

そうでなくて自分《じぶん》の回路《かいろ》が開《ひら》いていれば、相手《あいて》の情報《じょうほう》も入《はい》ってきますからね。

だから先生《せんせい》が「長所即欠点《ちょうしょそくけってん》」と言《い》われているように、思考《しこう》みたいなものもね、有効《ゆうこう》だから思《し》考《こう》するようになって、思考《しこう》があるからこれだけ科学《かがく》も進化《しんか》したんですけれど。

でもそれ故《ゆえ》に、自分《じぶん》の内部《ないぶ》だとか、他者《たしゃ》や外部《がいぶ》からの情報《じょうほう》を取《と》るっていうだけだって、いろんな固定観念《こていかんねん》とかのノイズが入《はい》っちゃうと、身体感覚《しんたいかんかく》が信《しん》じられなくなっちゃうんですよね。

すごく表面的《ひょうめんてき》な部分《ぶぶん》から、常識的《じょうしきてき》にはこうで、この人《ひと》はこういうステータスがあって、こうやってにこにこしているから信《しん》じた方《ほう》がいいんじゃない？　みたいな思考《しこう》にどんどんなっていく。でもその裏側《うらがわ》にある、「なんか気持《きも》ち悪《わる》いぞ、この人《ひと》の感《かん》じ」みたいな違和感《いわかん》が、その人《ひと》が信《しん》じられるかどうかの鍵《かぎ》になっていて、それが身体感覚《しんたいかんかく》から来《き》ていたりしますよね。

やっぱりそういう、見《み》かけ上《じょう》「有効《ゆうこう》」とされるような情報《じょうほう》も即欠点《そくけってん》ですし、逆《ぎゃく》に事務的《じむてき》な情報《じょうほう》処理《しょり》が下手《へた》な人《ひと》って、意外《いがい》と身体《しんたい》から情報《じょうほう》を取《と》るのが上手《じょうず》だったりとか、欠点《けってん》とその人《ひと》の能力《のうりょく》ってすごく密接《みっせつ》ですね。

クリエイティブ

方条　先程先生《さきほどせんせい》が、身体《しんたい》の上手《じょうず》な使《つか》い方《かた》みたいなものは「学校《がっこう》の体育《たいいく》では教《おし》えてくれない」と仰《おっしゃ》っていましたけれど、欠点《けってん》をプラスにするって「クリエイティブ」な事《こと》だから。学校《がっこう》で教《おし》えてくれないですよね。

学校《がっこう》では「いろんなものを変《か》えないように再現《さいげん》しろ」っていうのが現在《げんざい》のほぼ教育《きょういく》ですから、クリエイティブと正反対《せいはんたい》なんですよ。

クリエイティブってある意味《いみ》、極《きわ》みは「不要《ふよう》なものを有効《ゆうこう》にする」事《こと》ですから。

それって思考回路《しこうかいろ》の中《なか》の「**反転装置《はんてんそうち》**」なんです。

もうほとんど、ごみレベルのものを価値《かち》あるものに変《か》えてしまう、**錬金術《れんきんじゅつ》**みたいなものですから。で、それを自分《じぶん》の内部《ないぶ》に搭載《とうさい》する。

それ自体《じたい》が、すごく創造的《そうぞうてき》な過程《かてい》ですから。

先生《せんせい》はとても心優《こころやさ》しくて、世《よ》の中《なか》のことに対《たい》し、昔《むかし》から深《ふか》く考《かんが》えたり憂《うれ》えたりされていて、そのような繊細《せんさい》な感性《かんせい》を持《も》った人物《じんぶつ》が、普通《ふつう》だったらこの歳《とし》まで生《い》きているはずがないな、って思《おも》うんですよ。でもなんで甲野先生《こうのせんせい》って実際《じっさい》に今生《いまい》きているんだろうって思《おも》った事《こと》があって。

それで、ある時先生《ときせんせい》は技《わざ》の中《なか》で、自分《じぶん》を害《がい》する他者《たしゃ》の働《はたら》きを、優位《ゆうい》な状況《じょうきょう》に逆転《ぎゃくてん》させる反転《はんてん》装置《そうち》を作《つく》り続《つづ》けてきた人《ひと》だから、「**絶望《ぜつぼう》もクリエイティブに転換《てんかん》する反転装置《はんてんそうち》**を持《も》っていたんだ」って気《き》がついたんです。

だから先生《せんせい》みたいな人《ひと》が、今《いま》の今《いま》まで絶望《ぜつぼう》に殺《ころ》されないで済《す》んでいるんです、たぶん。

つまり、「**クリエイティブ**」**って人《ひと》を救《すく》う**んですよ。

例《たと》えば、人材《じんざい》とかでも今《いま》の価値観《かちかん》だと「役《やく》に立《た》たない」と見《み》なされるような人《ひと》も、ちょっと一《ひと》つ掘《ほ》ってみれば、ものすごいものを発揮《はっき》したりだとか、そういう見直《みなお》す視点《してん》が見《み》つかる可能性《かのうせい》があると思《おも》うんです。

甲野　まあ、その「絶望《ぜつぼう》もクリエイティブに」という方条《ほうじょう》さんの出《だ》された例《れい》で思《おも》い出《だ》したのは、以前《いぜん》チラッと話《はな》した事《こと》があったと思《おも》うんですが、私《わたし》は、私《わたし》の心《こころ》の奥《おく》に鬼《おに》がいるんですよ。

この話《はなし》は以前《いぜん》、漫画家《まんがか》の井上雄彦《いのうえたけひこ》さんとの対談共著《たいだんきょうちょ》『武術《ぶじゅつ》への招待《しょうたい》』（二〇〇六年、宝島社文庫《たからじましゃぶんこ》）の中《なか》で話《はな》した記憶《きおく》がありますが、もう何十年《なんじゅうねん》か前《まえ》に自分《じぶん》の道場《どうじょう》で深夜《しんや》一人《ひとり》で稽古《けいこ》をしていて、どうもしばらくの間《あいだ》、何《なに》も新《あたら》しい気付《きづ》きも進展《しんてん》も見《み》えてこなくて、「あぁ、自分《じぶん》の才能《さいのう》もこの程度《ていど》なのかな」ってフッと思《おも》ったんですよ。

そうしたら、そうフッと思《おも》った〇・一秒後《いちびょうご》ぐらいに「こんな程度《ていど》でこの先伸《さきの》びないんなら死《し》んだ方《ほう》がマシだ！」という凄《すさ》まじく恐《おそ》ろしい声《こえ》というか強烈《きょうれつ》な嫌悪感《けんおかん》が突然私《とつぜんわたし》の内側《うちがわ》から湧《わ》き出《だ》してきたんですよ。私《わたし》は今《いま》まで怖《こわ》い思《おも》いはそれなりにしてきましたけど、あれほど怖《こわ》かった事《こと》は他《ほか》に全《まった》く経験《けいけん》がありません。

これは見方《みかた》によれば「才能《さいのう》」の一種《いっしゅ》なのかもしれませんけど、私《わたし》は自分《じぶん》の中《なか》にいる鬼《おに》に監視《かんし》されているんですよ。まあ、その後《ご》は一度《いちど》も出《で》てきませんが、監視《かんし》は続《つづ》いている気《き》はしますね。

運命《うんめい》のポテンシャル

方条　私《わたし》は「自分《じぶん》は運《うん》がいいな」って思《おも》う出来事《できごと》が結構《けっこう》あって、なんでだろうって思《おも》うことがありました。

周《まわ》りにも、そんな感《かん》じの人《ひと》がポコポコといたりする。

「この人《ひと》、ちょっと普通《ふつう》の星《ほし》じゃないな」だとか。

甲野先生《こうのせんせい》なんて、その最《さい》たるものだとも思《おも》いますけれど。

で、その運《うん》の良《よ》さが、「技《わざ》とすごく似《に》ている」って思《おも》ったんです。

例《たと》えば、起《お》こった事《こと》に対《たい》して自分《じぶん》の中《なか》で「善《よ》し悪《あ》し」を決《き》めておくと、それに照《て》らし合《あ》わせて適《かな》わないものを「悪《わる》いこと」にしちゃいますよね。


それで、私《わたし》は夢《ゆめ》も特《とく》にないし、神社《じんじゃ》にも祈《いの》らないいんですけれど、善《よ》し悪《あ》しや、目標《もくひょう》とか決《き》めていないでやっていると、起《お》こった事《こと》に対《たい》し「冷蔵庫《れいぞうこ》にあるもので調理《ちょうり》する」、みたいにやっていたんだ、ってある時気《ときき》づいたんです。

そもそも善《よ》し悪《あ》しなんて無《な》いんです、起《お》こった事《こと》に。

「起《お》こった事《こと》に対処《たいしょ》する」っていうのは、その中《なか》でどんな要素《ようそ》だとしても、有効利用《ゆうこうりよう》せざるを得《え》ない。


一般的《いっぱんてき》に言《い》ったら「悪《わる》い」とされる事《こと》にも、自然《しぜん》と反転装置《はんてんそうち》を使《つか》っていたんじゃないかって、だんだん自分《じぶん》でも分《わ》かってきて。

そうするとそもそも、構造的《こうぞうてき》に「悪《わる》いこと」ってあんまりないいんです。

「長所即欠点《ちょうしょそくけってん》」と同《おな》じように「欠点即長所《けってんそくちょうしょ》」ですから。

どんな状況《じょうきょう》でも見方《みかた》によっては良《よ》い側面《そくめん》が必《かなら》ず存在《そんざい》するはずなんです。


だから新型《しんがた》コロナウイルスで世界的《せかいてき》にパニックが起《お》きた時《とき》に、すごく分《わ》かれるなって思《おも》ったのは、コロナ禍《か》ですごくマイナスになった人《ひと》と、むしろプラスになった人《ひと》がいるなって、周《まわ》りを見《み》ていて思《おも》いました。


極端《きょくたん》に言《い》えば、コロナ禍《か》でいい事《こと》があった人《ひと》がすごく多《おお》いんです、周《まわ》りに。

でも考《かんが》えてみるとウイルスって「現象《げんしょう》」に過《す》ぎないから、「良《よ》い」も「悪《わる》い」も本当《ほんとう》はないんですよね。

それは人間《にんげん》が善《ぜん》でも悪《あく》でもなく、いろんな要素《ようそ》が中《なか》にあるように、いろんな要素《ようそ》の集合体《しゅうごうたい》ですから、現象《げんしょう》って。

病気《びょうき》が悪《わる》いとか、死《し》ぬのが悪《わる》いとか決《き》めちゃっていると、その状態《じょうたい》の中《なか》にある「いい要素《ようそ》」が見《み》えないんです。

価値観《かちかん》に照《て》らし合《あ》わせて、「悪《わる》いところ」を作《つく》っちゃいますからね。

だから、何《なに》かが本当《ほんとう》に上手《じょうず》な人《ひと》ってさっき言《い》ったように「**素材《そざい》を生《い》かせる人《ひと》**」で、料理《りょうり》上手《じょうず》は、突然《とつぜん》の来客《らいきゃく》にも慌《あわ》てて買《か》い出《だ》しに行《い》かず、冷蔵庫《れいぞうこ》の中《なか》の材料《ざいりょう》で美味《おい》しいものを作《つく》れる人《ひと》だったりする。

先生《せんせい》から連《つら》なる我々《われわれ》がやっている事《こと》っていうのは、筋《きん》トレとかで付《つ》け足《た》しをしないで、「この身体《しんたい》の素材《そざい》を生《い》かす」って事《こと》なんですよね、ずっと。

だから先生《せんせい》と私《わたし》が共通《きょうつう》しているのは、すごい物《もの》を捨《す》てられないタイプなんです。それは身体感《しんたいかん》とも共通《きょうつう》していて、たぶん先生《せんせい》は分《わ》かると思《おも》うんですけど、自分《じぶん》の目《め》の前《まえ》に現《あらわ》れたものの「ポテンシャル」を引《ひ》き出《だ》し切《き》らないと、申《もう》し訳《わけ》ない気分《きぶん》になっちゃうんですよ。

「まだ使《つか》えるのに」って。

私《わたし》は思考《しこう》を組《く》み替《か》えて、捨《す》てられるようにもしたんですけれど、でも根底《こんてい》にはそれがずっとあるんです。

だから身体《しんたい》も、「使《つか》い切《き》りたい」って思《おも》うんですよね、おそらく。

「運命《うんめい》」にもそういうのがあって、訪《おとず》れた「**運命《うんめい》のポテンシャル**」を「善《よ》し悪《あ》し」で選別《せんべつ》なんかしたらもったいないと、どこか思《おも》っている。

だから、先生《せんせい》は怪我《けが》した時《とき》とか風邪《かぜ》をひいた時《とき》に、「チャンス」だと思《おも》われて何《なに》かを発見《はっけん》したりする。

そういう視点《してん》があると「不運《ふうん》」なんてないですから、そりゃいいこと起《お》こるわなっていう話《はなし》です。

甲野　そういえば「心《こころ》だに誠《まこと》の道《みち》に叶《かな》いなば祈《いの》らずとても神《かみ》や守《まも》らん」という菅原道真《すがわらのみちざね》の作《さく》と伝《つた》えられている古歌《こか》がありましたね。

理《り》解《かい》の補《ほ》助《じょ》線《せん》

甲野　いつもね、方条《ほうじょう》さんといろいろな話《はなし》をしていて、様々《さまざま》なことを考《かんが》えるのですが、先程《さきほど》の信《しん》仰《こう》の話《はなし》だとか……。

例《たと》えば、遠《とお》くの木《き》の梢《こずえ》の先《さき》の方《ほう》が見《み》えるというのは、「下《した》からつながっているから」ですよね。

方条　いきなり遠《とお》くで枝《えだ》の先《さき》の方《ほう》がうっすら浮《う》かんでいても、人《ひと》は気《き》づかないという事《こと》ですね。「よく見《み》えている幹《みき》からのつながり」という文脈《ぶんみゃく》が頭《あたま》の中《なか》にあるから、その想像《そうぞう》が細《ほそ》い枝《えだ》への認《にん》識《しき》を助《たす》けている。

甲野　そうです。音声《おんせい》の場合《ばあい》でも似《に》たような事《こと》がありますね。人《ひと》の話《はな》し声《ごえ》を録音《ろくおん》したものを途《と》中《ちゅう》の音《おと》を切《き》って飛《と》び飛《と》びにすると、もうなんだか全《まった》く分《わ》からない。

でも、その間《あいだ》を無音《むおん》じゃなくてノイズを入《い》れると何《なに》を話《はな》しているかが分《わ》かるんですよね、結《けっ》構《こう》。人間《にんげん》の連想力《れんそうりょく》というのは、なかなか大《たい》したものなのです。

方条　「全《まった》く関係《かんけい》ない音《おと》」なのに、入《はい》ると分《わ》かりやすくなるのですね。

甲野　ええ。書《か》いてある手紙《てがみ》の文字《もじ》も、やっぱり間《あいだ》を抜《ぬ》くだけだと、なんだか全然分《ぜんぜんわ》からないけれど、何《なに》か適当《てきとう》な模様《もよう》などを入《い》れていくだけでも、内容《ないよう》が判然《はんぜん》としてきます。

逆《ぎゃく》に、白《しろ》と黒《くろ》の間《あいだ》の灰色《はいいろ》をグラデーションで、だんだん薄《うす》い灰色《はいいろ》から濃《こ》い灰色《はいいろ》へと変化《へんか》したものを何段階《なんだんかい》か作《つく》っておいて実験《じっけん》をすると、同《おな》じグレーでも隣《となり》が白《しろ》いとそのグレーが濃《こ》く見《み》えるし、隣《となり》が黒《くろ》いと薄《うす》く見《み》えるんですよ。

もっと分《わ》かりやすい例《れい》で言《い》えば、同《おな》じ長《なが》さの木《き》の棒《ぼう》を「T」の字《じ》の形《かたち》に置《お》いたら、縦《たて》になっている下《した》の棒《ぼう》の方《ほう》が長《なが》く見《み》える。

これらは錯覚《さっかく》と言《い》えば錯覚《さっかく》なんですけど、それがあるから逆《ぎゃく》に都合《つごう》がいいこともすごくあるんですよね。

方条　時《とき》に、「**理解《りかい》の補助線《ほじょせん》**」になったりもするんですね。

役割《やくわり》

甲野　私《わたし》は若《わか》い頃《ころ》からずっと自分《じぶん》の命《いのち》が「五十代《ごじゅうだい》で終《お》わる」ってなぜか思《おも》っていて、五十代《ごじゅうだい》を過《す》ぎて、六十《ろくじゅう》が迫《せま》り還暦《かんれき》となったのがすごく受《う》け入《い》れにくかったんです。

方条　違和感《いわかん》があったんですね。

甲野　ですから、六十二《ろくじゅうに》になっても、ホテルに泊《と》まる時《とき》なんか五十九《ごじゅうきゅう》とか書《か》いたりしていたんです。

でも、それが七十《ななじゅう》になる時《とき》には全然《ぜんぜん》そうはならなかった。六十九《ろくじゅうきゅう》の頃《ころ》でも、七十《ななじゅう》って書《か》こうかと思《おも》うぐらい積極的《せっきょくてき》に古希《こき》になることを受《う》け入《い》れるくらいな気持《きも》ちになっていたんです。

七十《ななじゅう》っていうと、いかにも高齢者《こうれいしゃ》じゃないですか。

それで、今《いま》までで一番技《いちばんわざ》が出来《でき》るようになったって言《い》えれば、技《わざ》に説得力《せっとくりょく》もあるでしょう。

方条　先生《せんせい》はずっと進化《しんか》されていますからね。

甲野　それをよく言《い》われるんですけれど、それは自分《じぶん》の中《なか》で、やっぱり今《いま》まで、「こんなもんじゃない」「こんな程度《ていど》でいいわけがない」って思《おも》い続《つづ》けていたという点《てん》がすごくあったからだと思《おも》います。

それによく言《い》うんですけど、電化製品《でんかせいひん》や文房具《ぶんぼうぐ》なんかも昔《むかし》よりも今《いま》の方《ほう》がいろいろ機能《きのう》が増《ふ》えて、便利《べんり》になったのと同《おな》じで、本来人《ほんらいひと》の体《からだ》もだんだん年齢《ねんれい》を重《かさ》ねて経験《けいけん》を積《つ》んでいけばいろんな事《こと》が蓄積《ちくせき》してくるから、当然気付《とうぜんきづ》きも増《ふ》え、技《わざ》も進展《しんてん》するはずですよね。

方条　正常《せいじょう》に積《つ》み重《かさ》ねていれば、バージョンアップするんですよね。

甲野　それと、この三年間《さんねんかん》COVID-19《コビット》、いわゆる新型《しんがた》コロナウイルスの感染症対策《かんせんしょうたいさく》はおかしいと、盛《さか》んに言《い》い続《つづ》けていましたが、同時《どうじ》に「あぁ、この感染症対策《かんせんしょうたいさく》によって現在《げんざい》の人々《ひとびと》が、どの程度《ていど》『人《ひと》が生《い》きるという事《こと》を本気《ほんき》で考《かんが》えているかどうか』が白日《はくじつ》の下《もと》にさらされたんだな」って、この一連《いちれん》の出来事《できごと》を受《う》け入《い》れる気持《きも》ちもありました。

私《わたし》の今《いま》までの人生《じんせい》を振《ふ》り返《かえ》ってみても、二十一歳《にじゅういっさい》の時《とき》「人間《にんげん》の運命《うんめい》は完全《かんぜん》に決《き》まってる」っていうのと、「自由《じゆう》だ」という事《こと》が同時《どうじ》にある、という事《こと》に気付《きづ》いてこの時以降《ときいこう》は、それを実感《じっかん》しようという事《こと》を人生《じんせい》のテーマにしてきたわけですから。

このことを言葉《ことば》を換《か》えて言《い》えば「わが身《み》に起《お》こることはすべて必然《ひつぜん》」って納得出来《なっとくでき》るかどうかを問《と》われているようなものですから。

だから、この感染症対策《かんせんしょうたいさく》で「なぜあんなおかしなことを言《い》っているのだろう？」と私《わたし》が思《おも》う発言《はつげん》や行動《こうどう》をしている人達《ひとたち》に対《たい》しても、ある面《めん》では本気《ほんき》で「しょうもないな」と腹《はら》も立《た》つんですけど、同時《どうじ》に「あぁ、この人《ひと》はそういう事《こと》を言《い》うお役目《やくめ》なんだ」っていう思《おも》いが、常《つね》にどこかにありますから、心《こころ》の底《そこ》からは腹《はら》が立《た》たないんですよ、その人達《ひとたち》に対《たい》しても。

この人生《じんせい》の中《なか》で、「人《ひと》は様々《さまざま》な役割《やくわり》が振《ふ》り当《あ》てられているな」っていう感《かん》じがしていますから。

意味《いみ》

甲野　もっとも、この事《こと》に気《き》づいた二十代《にじゅうだい》の頃《ころ》なんて、すごく人生《じんせい》はグレーでしたよ。将来《しょうらい》、仕事《しごと》は何《なに》をしようかという事《こと》を本当《ほんとう》にずっと考《かんが》え続《つづ》けていても、何《なに》も見《み》えてこないし、一生《いっしょう》のうちで一番《いちばん》「灰色《はいいろ》」だったのが二十代《にじゅうだい》でした。

方条　でも、それがあったから今《いま》の先生《せんせい》が醸成《じょうせい》されたという、すごく「意味《いみ》のある」灰色《はいいろ》の二《に》十代《じゅうだい》ですよね、振《ふ》り返《かえ》ってみれば。

甲野　そうですね。二十代《にじゅうだい》の大部分《だいぶぶん》は合気道《あいきどう》をやっていたのですが、私《わたし》の学《まな》んだ合気道《あいきどう》にいろいろ問題《もんだい》があるっていう事《こと》を実感《じっかん》したのは、やってみたからこそ判明《はんめい》したわけですし、もし、私《わたし》が今《いま》の私《わたし》がやっているような武術《ぶじゅつ》の稽古《けいこ》を二十代《にじゅうだい》の初《はじ》めからやっていたら、技《わざ》は今《いま》よりもレベルの高《たか》いことが出来《でき》るようになっていたかもしれませんが、広《ひろ》く教育《きょういく》の問題《もんだい》とか、現代社会《げんだいしゃかい》の矛《む》盾《じゅん》点《てん》などについて、現在《げんざい》のような見解《けんかい》を持《も》っていなかったように思《おも》います。

合気道《あいきどう》を始《はじ》めて、そこで様々《さまざま》な問題《もんだい》を実感《じっかん》し、その理由《りゆう》を考《かんが》える過程《かてい》で、広《ひろ》く人間社会《にんげんしゃかい》の在《あ》り方《かた》も考《かんが》えさせられましたから。そういう面《めん》がいろいろ糧《かて》になっているとも言《い》えますね。

方条　やっぱり意味《いみ》があるし、「意味《いみ》を見《み》つけられる視点《してん》」っていうのは、「**意味《いみ》を呼《よ》び込《こ》む**」んですよね。

その人《ひと》の視点《してん》一《ひと》つで、いろんなものがパッと変《か》わる。

それは人生《じんせい》における「術《じゅつ》」と言《い》えますね。一瞬《いっしゅん》にしてその人《ひと》の観念《かんねん》、思考回路《しこうかいろ》などが変《か》われば、人生《じんせい》の文脈《ぶんみゃく》も変《か》わるんです。

それって、どんな願掛《がんか》けとか、おまじないとか、引《ひ》き寄《よ》せより有効《ゆうこう》じゃないかと、私《わたし》は個人的《こじんてき》に感《かん》じていますね。

甲野　「否《ひ》と悟《さと》れば瞬転《しゅんてん》これ是《ぜ》となる」っていう教《おし》えは、「違《ちが》う」っていう事《こと》に本当《ほんとう》に気《き》づいたら、すなわちもう、そこから転換《てんかん》しているっていう事《こと》ですよね。

方条　そういう世界観《せかいかん》って、大元《おおもと》は身体感《しんたいかん》から全部《ぜんぶ》つながっていて、頭《あたま》だけで「そう」って思《おも》うんじゃなくて、やはり「実感《じっかん》」が大事《だいじ》という事《こと》ですよね。

甲野　そうですね。身体《しんたい》で感《かん》じる実感《じっかん》、つまり体感《たいかん》があってこそ、本当《ほんとう》に人《ひと》が人《ひと》として生《い》きている意味《いみ》も感《かん》じられるのだと思《おも》います。

あとがき

　私《わたし》がそれまで稽古《けいこ》していた合気道《あいきどう》から抜《ぬ》けて、武術稽古研究会《ぶじゅつけいこけんきゅうかい》を設立《せつりつ》し、独自《どくじ》に武術《ぶじゅつ》の研《けん》究《きゅう》を始《はじ》めたのは、今《いま》からもう四十五年前《よんじゅうごねんまえ》の一九七八年《ねん》の秋《あき》も深《ふか》くなってきた頃《ころ》だった。

　合気道《あいきどう》をやめた理由《りゆう》は、合気道《あいきどう》の本部道場《ほんぶどうじょう》で一時《いちじ》は誰《だれ》よりも稽古《けいこ》をしていると噂《うわさ》され、二級《にきゅう》から一級《いっきゅう》を経《へ》ずに初段《しょだん》になったが、それでも上達《じょうたつ》への手掛《てが》かりが見《み》えてこなかったからである。

　合気道《あいきどう》の開祖《かいそ》として知《し》られる植芝盛平翁《うえしばもりへいおう》は抜群《ばつぐん》の技《わざ》が使《つか》えた稀有《けう》な人物《じんぶつ》であったことは間違《まちが》いないと思《おも》うが、天才《てんさい》にありがちな「どうすれば技《わざ》ができるようになるか」についての指導法《しどうほう》は全《まった》く整備《せいび》されていなかったようで、習《なら》い事《ごと》でよく言《い》われている「まず基本《きほん》をシッカリ身《み》につけよう」という学《まな》び方《かた》をそのまま取《と》り入《い》れられていたようだ。

　しかも、その基本《きほん》となる「座《すわ》り技正面打《わざしょうめんう》ち一教《いっきょう》」という技《わざ》は、術理的《じゅつりてき》に極《きわ》めて難《むずか》しいため、これをただ「取《と》り」と「受《う》け」で形《かたち》だけ真似《まね》て繰《く》り返《かえ》し稽古《けいこ》をしても上達《じょうたつ》への道《みち》は見《み》えてこない。

「何《なに》かあるはずだ」「何《なに》か『術《じゅつ》と呼《よ》べるほどのもの』を得《え》なければ、いくら稽古《けいこ》を重《かさ》ねても、単《たん》なる慣《な》れの延長線上《えんちょうせんじょう》のものしか得《え》られない」と思《おも》って、私《わたし》は合気道《あいきどう》をやめ、独自《どくじ》に武術《ぶじゅつ》の研究《けんきゅう》を行《おこな》うことにしたのである。

そして四十五年《よんじゅうごねん》、ありがたいことに独立《どくりつ》するまではおよそ思《おも》ってもみなかったほどの運《うん》に恵《めぐ》まれ、貴重《きちょう》な出会《であ》いもあって、一人《ひとり》では到底不可能《とうていふかのう》と思《おも》えた武術《ぶじゅつ》の術理《じゅつり》に気付《きづ》くことも出来《でき》、現在七十四歳《げんざいななじゅうよんさい》となった私《わたし》は「合気道《あいきどう》の稽古《けいこ》を周囲《しゅうい》の誰《だれ》よりもしていた」と言《い》われていた当時《とうじ》では、とても出来《でき》なかったことも出来《でき》るようになり、世界《せかい》チャンピオンになったプロのボクサーや柔道《じゅうどう》のメダリストにも関心《かんしん》を持《も》たれるようになったのである。

その中《なか》でも、ここ数年《すうねん》の間《あいだ》の気付《きづ》きは本書《ほんしょ》でも方条遼雨《ほうじょうりょうう》氏《し》と論《ろん》じているが、昨年《さくねん》（二〇二二年《ねん》）の十一月《じゅういちがつ》の初《はじ》めに気《き》づいた「刀《かたな》を使《つか》うのに、両手《りょうて》で柄《つか》を持《も》ってはいるが、実際《じっさい》にその持《も》っている刀《かたな》を働《はたら》かせる時《とき》は、片手《かたて》はもう一方《いっぽう》の手《て》を直接助《ちょくせつたす》けるようには使《つか》わない」という術理《じゅつり》は、私《わたし》の四十五年《よんじゅうごねん》に及《およ》ぶ武術研究《ぶじゅつけんきゅう》の中《なか》でも最《もっと》も想定外《そうていがい》な革命的術理《かくめいてきじゅつり》であり、それだけに、今《いま》までは何《なに》か新《あたら》しいことに気付《きづ》くと、身体《しんたい》はすぐにその新《あたら》しい術理《じゅつり》に対応《たいおう》するように働《はたら》いたが、この「刀《かたな》を使《つか》うのに、片手《かたて》はもう一方《いっぽう》の手《て》を直接的《ちょくせつてき》には決《けっ》して助《たす》けるようには使《つか》わない」という術理《じゅつり》を身体《しんたい》が納得《なっとく》するには数《すう》カ月《げつ》を要《よう》し、本書《ほんしょ》の校正中《こうせいちゅう》にようやく身《み》につき始《はじ》めてきた。

そのような、およそ常識《じょうしき》では把握《はあく》しにくい術理《じゅつり》だが、きわめて重要《じゅうよう》な術理《じゅつり》であり、当初《とうしょ》は本書《ほんしょ》の中《なか》でこのことについて書《か》き加《くわ》えようかとも思《おも》ったが、とてもわずかな字数《じすう》で収《おさ》まることではないので、次回《じかい》にまわすことにした。つまり、もう一冊《いっさつ》、あまり年数《ねんすう》をあけずに方条氏《ほうじょうし》と共著《きょうちょ》を出《だ》すことにして、その中《なか》でこの術理《じゅつり》について触《ふ》れることにしたのである。

本書《ほんしょ》の「あとがき」を書《か》きつつも、今後《こんご》もう一冊《いっさつ》は是非《ぜひ》、方条氏《ほうじょうし》と共著《きょうちょ》を出《だ》したいと思《おも》う理《り》由《ゆう》の一《ひと》つは、今回本書《こんかいほんしょ》を出《だ》すにあたって用意《ようい》された原稿《げんこう》が大量《たいりょう》にあり、予定《よてい》されていた紙数《しすう》ではとても収《おさ》まりきらなかったという事情《じじょう》もある。

それだけに、本書《ほんしょ》を読《よ》み直《なお》しながら三冊目《さんさつめ》の刊行《かんこう》に向《む》けて準備《じゅんび》をして、今回載《こんかいの》せられなかった私《わたし》の四十五年《よんじゅうごねん》に及《およ》ぶ武術探究人生《ぶじゅつたんきゅうじんせい》の中《なか》で最《もっと》も私自身《わたしじしん》も目《め》の覚《さ》める思《おも》いがした術理《じゅつり》について、言葉《ことば》の及《およ》ぶ限《かぎ》り解説《かいせつ》してみたいと思《おも》う。

もちろんその気付《きづ》きに至《いた》る過程《かてい》として、前著《ぜんちょ》『上達論《じょうたつろん》』や本書《ほんしょ》の中《なか》で説《と》かれていることが下《した》敷《じ》きとなっていることは確《たし》かである。

とにかく、前著《ぜんちょ》『上達論《じょうたつろん》』の刊行直後《かんこうちょくご》から三年《さんねん》に及《およ》ぶCOVID-19《コビット》の感染症対策《かんせんしょうたいさく》によって「人間《にんげん》が生《い》きるとはどういう事《こと》か」という、本来《ほんらい》なら人間《にんげん》にとって最《もっと》も重要《じゅうよう》なことであるはずの、この問題《もんだい》について真剣《しんけん》に考《かんが》えている人《ひと》が驚《おどろ》くほど少《すく》なく、思想《しそう》や哲学《てつがく》といった本来《ほんらい》ならこの問題《もんだい》について最《もっと》も語《かた》るべき言葉《ことば》を持《も》っていなければならないはずの人達《ひとたち》まで口《くち》を閉《と》ざしてしまっていた、という目《め》の前《まえ》が暗《くら》くなるような現実《げんじつ》に触《ふ》れた私《わたし》にとって、「武術《ぶじゅつ》」という世界《せかい》が、以前《いぜん》考《かんが》えていた以上《いじょう》に人間《にんげん》にとって重要《じゅうよう》なのではないかと思《おも》えてきている。

このことについて詳《くわ》しく説《と》くには紙数《しすう》もないので、これも次回《じかい》にまわしたいが、本来生死《ほんらいせいし》の問題《もんだい》を最《もっと》も端的《たんてき》に取《と》り扱《あつか》うはずだった武術《ぶじゅつ》というものを、あらためて哲学《てつがく》・思想《しそう》という面《めん》から見《み》られるように、三年間《さんねんかん》この方面《ほうめん》にも問《と》いを重《かさ》ねてきた。

そして、この事《こと》については、この三年間《さんねんかん》で飛躍的《ひやくてき》に活動《かつどう》の場《ば》が増《ふ》えた方条《ほうじょう》遼雨《りょうう》氏《し》と稽古《けいこ》し、術理《じゅつり》を検討《けんとう》しながら対話《たいわ》を続《つづ》けていきたいと思《おも》う。

最後《さいご》に本書《ほんしょ》の原稿作《げんこうづく》りにご協力《きょうりょく》いただいた、酒井《さかい》つぐみ女史《じょし》に御礼《おんれい》を申《もう》し上《あ》げておきたい。

甲野《こうの》善紀《よしのり》

あとがき

前著《ぜんちょ》『上達論《じょうたつろん》』を書《か》き上《あ》げた時《とき》に過《よぎ》ったのは、「今世《こんせ》における最低限《さいていげん》の役割《やくわり》は果《は》たした」という実感《じっかん》でした。

そして今作《こんさく》を世《よ》に出《だ》すにあたり今《いま》あるのは、「もう少《すこ》しばかり、お土産《みやげ》を置《お》いて行《い》けたかな」という思《おも》いです。

今後《こんご》どれだけ本《ほん》を出《だ》せるかは分《わ》かりませんが、ここで一《ひと》つ個人的宣言《こじんてきせんげん》をしておきたいと思《おも》います。

私《わたし》（方条遼雨《ほうじょうりょうう》）の著書《ちょしょ》として正式《せいしき》に出版《しゅっぱん》されたあらゆる刊行物《かんこうぶつ》を、本人《ほんにん》の死後《しご》に著作権《ちょさくけん》フリーとする。

もう少《すこ》し詳《くわ》しく言《い》うならば、私《わたし》の死《し》んだ直後《ちょくご》から複製《ふくせい》・引用《いんよう》・転載《てんさい》などご自由《じゆう》になさって下《くだ》さいという事《こと》です。

共著《きょうちょ》においては、共著者《きょうちょしゃ》の方《かた》が賛同《さんどう》して下《くだ》さった場合《ばあい》は、著者全員《ちょしゃぜんいん》が亡《な》くなった時点《じてん》からという事《こと》になります。

今後《こんご》どなたかと合同《ごうどう》で出版《しゅっぱん》する刊行物《かんこうぶつ》に関《かん》しては、なるべくお願《ねが》いしてゆこうと思《おも》っています。

このお話《はなし》を甲野先生《こうのせんせい》にしたところ、何《なん》の迷《まよ》いもなく同意《どうい》して下《くだ》さいました。なので、前著《ぜんちょ》『上達論《じょうたつろん》』と本書《ほんしょ》をはじめ、今後出《こんごで》るかもしれない共著《きょうちょ》に関《かん》しても、先生《せんせい》と私《わたし》の死後《しご》はどこに許可《きょか》を取《と》ることもなく、ご自由《じゆう》に活用《かつよう》して下《くだ》さい。

人《ひと》の「死《し》」とは悲《かな》しいものとばかり思《おも》われがちですが、私《わたし》も甲野先生《こうのせんせい》もそんな風《ふう》には全《まった》く考《かんが》えておりません。

我々《われわれ》の死後《しご》、こうして遺《のこ》した言葉《ことば》たちが、悲《かな》しむであろう人達《ひとたち》の心《こころ》を少《すこ》しでも安《やす》らかにし、「人《ひと》の死《し》も悪《わる》くないな」と思《おも》える一助《いちじょ》になる事《こと》を願《ねが》います。

方条遼雨《ほうじょうりょうう》

解《かい》説《せつ》　「身体《からだ》の気《き》づきが経営《けいえい》の鍵《かぎ》」

本間正人《ほんままさと》（「学習学《がくしゅうがく》」提唱者《ていしょうしゃ》）

ＰＨＰ研究所《けんきゅうしょ》の創設者《そうせつしゃ》・松下幸之助翁《まつしたこうのすけおう》は「繁栄《はんえい》を通《つう》じて平和《へいわ》と幸福《こうふく》を」を目標《もくひょう》に、「天地自然《てんちしぜん》の理《ことわり》」を究《きわ》めることを訴《うった》えていました。身体思想家《しんたいしそうか》で武術《ぶじゅつ》の達人《たつじん》である方条遼雨《ほうじょうりょうう》氏《し》はまさに、天地自然《てんちしぜん》の理《ことわり》を、日々《ひび》、探究《たんきゅう》している存在《そんざい》です。

歩《ある》く時《とき》に、階段《かいだん》を登《のぼ》る時《とき》に、物《もの》を持《も》ち上《あ》げる時《とき》に、重力《じゅうりょく》を意識《いしき》している人《ひと》はほとんどいないはず。しかし、まさにこの一挙手一投足《いっきょしゅいっとうそく》の中《なか》に、全宇宙《ぜんうちゅう》の原理原則《げんりげんそく》が反映《はんえい》していて、そこを精妙《せいみょう》に意識《いしき》し、その体験《たいけん》を味《あじ》わうことで、人生《じんせい》のあらゆる瞬間《しゅんかん》に（日《ひ》に新《あら》たに）自己変容《じこへんよう》を続《つづ》けている稀有《けう》な人物《じんぶつ》なのです。

方条氏《ほうじょうし》と松下氏《まつしたし》には多《おお》くの共通点《きょうつうてん》を感《かん》じます。それは、常識《じょうしき》に囚《とら》われない「素直《すなお》な心《こころ》」であり、自分《じぶん》で考《かんが》える「主座《しゅざ》を守《まも》る」姿勢《しせい》であり、余計《よけい》な力《ちから》を抜《ぬ》く「経営感覚《けいえいかんかく》」、そして、言語《げんご》でできたラベルを剝《は》がし、物事《ものごと》の本質《ほんしつ》を見抜《みぬ》くまなざしです。松下氏《まつしたし》は、人生《じんせい》も会社《かいしゃ》も国家《こっか》も「経営《けいえい》」できると考《かんが》えていましたが、方条氏《ほうじょうし》もまた、個人《こじん》の肉体《にくたい》にはたらくのと同《おな》じ原理《げんり》が、企業《きぎょう》や政府《せいふ》の営《いとな》みにも通《つう》じると考《かんが》えています。

余計《よけい》な力《ちから》を抜《ぬ》くことで、身体《しんたい》をスムーズに動《うご》かすことができます。組織《そしき》も国《くに》もその体制《たいせい》を維持《いじ》することに、不要《ふよう》な力《ちから》を費《つい》やすことはありません。権力《けんりょく》の枠組《わくぐ》みを維持《いじ》するために力《ちから》を使《つか》えば、人々《ひとびと》の健康《けんこう》や幸福《こうふく》のために使《つか》うエネルギーが減《へ》ってしまいます。

現状《げんじょう》を維持《いじ》するために膨大《ぼうだい》な資源《しげん》を使《つか》っている強権的《きょうけんてき》な独裁政権《どくさいせいけん》をイメージしていただければわかりやすいでしょう。しかし、個人《こじん》が「短気《たんき》・短期《たんき》・短絡的《たんらくてき》」な視座《しざ》にどっぷり浸《つ》かることは、脳内《のうない》に、今《いま》だけの快感《かいかん》を追求《ついきゅう》する独裁者《どくさいしゃ》を置《お》くことと同《おな》じなのです。

人類《じんるい》の歴史《れきし》を、そして、今日《こんにち》の地球社会《ちきゅうしゃかい》を見《み》る時《とき》、「獣性《じゅうせい》の克服《こくふく》と野性《やせい》の解放《かいほう》」という方条《ほうじょう》氏《し》の言葉《ことば》の重《おも》みを感《かん》じずにはいられません。それではどのようにすれば、「獣性《じゅうせい》の克服《こくふく》と野性《やせい》の解放《かいほう》」は実現《じつげん》できるのでしょうか？

方条氏《ほうじょうし》は「比較思考《ひかくしこう》」に警鐘《けいしょう》を鳴《な》らし、「競《きそ》わない体育《たいいく》」を提唱《ていしょう》し、実践《じっせん》されています。「武《ぶ》」という漢字《かんじ》は、「戈《ほこ》を止《と》める」と書《か》きます。「戦《たたか》わずして勝《か》つ」のが上策《じょうさく》であり、戦《たたか》わない叡智《えいち》をこそ磨《みが》くべきなのです。そして、そのためには「掌握領域《しょうあくりょういき》」を拡大《かくだい》することが不可欠《ふかけつ》。私《わたし》もファシリテーションのワークショップで「場《ば》や潮目《しおめ》を読《よ》む」という言葉《ことば》を使《つか》いますが、これも「彼《か》を知《し》り己《おのれ》を知《し》れば百戦殆《ひゃくせんあや》うからず」の孫子《そんし》の兵法《へいほう》に通《つう》じます。

武術《ぶじゅつ》の鍛錬《たんれん》を通《つう》じて、自己《じこ》の心身《しんしん》のはたらきを知《し》り、深《ふか》い気《き》づきを得《え》ることが、経営者《けいえいしゃ》にとって、為政者《いせいしゃ》にとって、きわめて有効《ゆうこう》な一《ひと》つの道《みち》だと私《わたし》もようやく気《き》づき始《はじ》めました。

「体験《たいけん》とは、本質的《ほんしつてき》に『食《た》べ物《もの》』」と方条氏《ほうじょうし》は断定《だんてい》します。本書《ほんしょ》を読《よ》む体験《たいけん》が、読者《どくしゃ》にとっての栄養《えいよう》となり、肉体《にくたい》と思考《しこう》・感情《かんじょう》の一部《いちぶ》となって、心身一如《しんしんいちにょ》の成長《せいちょう》に資《し》することを願《ねが》っています。

二十一世紀《にじゅういっせいき》の日本《にほん》に現《あらわ》れた、世界《せかい》に通用《つうよう》する思想家《しそうか》・方条《ほうじょう》　遼雨《りょうう》と共《とも》に、動《うご》き始《はじ》めようではありませんか。

時計《とけい》の針《はり》は、動《うご》かぬ者《もの》には一秒《いちびょう》も動《うご》かず、「動《うご》いた者《もの》」にだけ動《うご》き出《だ》す。（方条《ほうじょう》　遼雨《りょうう》）

PROFILE

「教育学」を超える「学習学」の提唱者。NHK教育テレビでビジネス英語の講師などを歴任し、「研修講師塾」「調和塾」を主宰。誰もが最新学習歴を更新し続ける「学習する地球社会のビジョン」を目指す。現在、らーのろじー（株）代表取締役、京都芸術大学および社会構想大学院大学客員教授、松下政経塾主幹、NPO学習学協会代表理事、一般社団法人クロスオーバーキャリア代表理事、NPOハロードリーム実行委員会理事などをつとめる。コーチングやほめ言葉、英語学習法などの著書79冊。ミネソタ大学大学院修了（成人教育学Ph.D.）。

解《かい》説《せつ》「超脱力《ちょうだつりょく》の原理《げんり》」

西條剛央《さいじょうたけお》（エッセンシャル・マネジメント・スクール代表《だいひょう》）

方条遼雨氏《ほうじょうりょううし》と本質行動学《ほんしつこうどうがく》

ここでは一年半《いちねんはん》ほど前《まえ》に知《し》り合《あ》い、個人《こじん》レッスンを習《なら》い、家族《かぞく》ぐるみでおつきあいさせて頂《いただ》いている友人《ゆうじん》の方条遼雨《ほうじょうりょうう》さんの「人《ひと》となり」や「原理《げんり》」を以《もっ》て本書《ほんしょ》の解説《かいせつ》に代《か》えたい。

本書《ほんしょ》を読《よ》まれた方《かた》は、方条《ほうじょう》さんの身体《しんたい》から生《う》み出《だ》された「原理的《げんりてき》な思想《しそう》」の深度《しんど》に驚《おどろ》かされるだろう。原理《げんり》にも深度《しんど》があり、深《ふか》いものほど普遍的《ふへんてき》で、その射程《しゃてい》は遠大《えんだい》になる。

方条氏《ほうじょうし》のさらに驚異的《きょういてき》な点《てん》は、原理《げんり》と実践《じっせん》、理論《りろん》と実力《じつりょく》にまるで乖離《かいり》がない点《てん》だと思《おも》っている。方条《ほうじょう》さんはこの本《ほん》に書《か》いている通《とお》りに生《い》きており、例《たと》えば、「完全武装解除《かんぜんぶそうかいじょ》」を唱《とな》えている。武術《ぶじゅつ》の稽古《けいこ》を通《とお》して、とてつもなく強《つよ》いのはわかってしまうが、一般的《いっぱんてき》な武術家《ぶじゅつか》に垣間見《かいまみ》えるような攻撃性《こうげきせい》、怒《いか》り、虚栄心《きょえいしん》、優越感《ゆうえつかん》、圧力《あつりょく》といったものは一切感《いっさいかん》じられず、いつでもどこまでも穏《おだ》やかなのである。

筆者《ひっしゃ》は、普遍的《ふへんてき》な原理群《げんりぐん》からなる「本質行動学《ほんしつこうどうがく》」を体系化《たいけいか》してきたこともあり、方条《ほうじょう》さんと出《で》会《あ》った時《とき》に、自分《じぶん》と同《おな》じ深度《しんど》で「原理《げんり》」を追求《ついきゅう》してきた同志《どうし》に出会《であ》えたような驚《おどろ》きと喜《よろこ》びがあった。おそらく、双方《そうほう》とも、原理《げんり》と実践《じっせん》を往還《おうかん》しながら深《ふか》めていく点《てん》は共通《きょうつう》していると思《おも》うのだが、私《わたし》は実践《じっせん》できるようになるために理論《りろん》を構築《こうちく》する比率《ひりつ》が大《おお》きいのに対《たい》して、方条《ほうじょう》さんは身体《しんたい》感覚《かんかく》で摑《つか》み実践《じっせん》できたことを、他人《たにん》に伝《つた》えるために梯子《はしご》をかけるように言語化《げんごか》している。実践《じっせん》できることが先《さき》なのだ。故《ゆえ》に言行一致《げんこういっち》しており、実践《じっせん》と原理《げんり》の乖離《かいり》がないのだろう。

こうした点《てん》から、僭越《せんえつ》ながら「**本質行動学《ほんしつこうどうがく》の双子《ふたご》の片割《かたわ》れ**」と呼《よ》ばせて頂《いただ》き、エッセンシャル・マネジメント・スクール（以下《いか》ＥＭＳ）の講師《こうし》もやって頂《いただ》いており、本質行動学《ほんしつこうどうがく》の大《おお》きな深化《しんか》にもつながっている。

方条遼雨《ほうじょうりょうう》、死《し》す!?

方条《ほうじょう》さんと、友人《ゆうじん》でプロミュージシャンの田上陽一《たのうえよういち》さんを軸《じく》に三人《さんにん》でバンドを組《く》むことになり、音楽活動《おんがくかつどう》も始《はじ》めていた。

数《すう》ヶ月前《かげつまえ》、曲《きょく》の収録《しゅうろく》のため蒲田《かまた》の音楽《おんがく》スタジオを訪《おとず》れた時《とき》のことだ。二人《ふたり》で話《はな》しながら下《した》に降《お》りる階段《かいだん》の前《まえ》までくると、方条《ほうじょう》さんは、カホンという箱状《はこじょう》の楽器《がっき》を前《まえ》に抱《かか》えたまま、突如《とつじょ》打《う》ちっぱなしのコンクリートの急《きゅう》な階段《かいだん》を、数段抜《すうだんぬ》かしで空中《くうちゅう》を駆《か》けるように降《お》り始《はじ》めた。瞬間《しゅんかん》、「えっ、なぜそんな無茶《むちゃ》なチャレンジをするのだろう!?」と思《おも》うまもなく、途中《とちゅう》からカホンをなげだし、前回《まえまわ》り受《う》け身《み》をしたのが見《み》えたが、最後《さいご》は階段下《かいだんした》の方《ほう》に背中《せなか》から叩《たた》きつけられた。

私《わたし》は、方条氏《ほうじょうし》が突如《とつじょ》幅《はば》一〇ｍ高《たか》さ五《ご》ｍ以上《いじょう》はある急《きゅう》な階段《かいだん》を落下《らっか》していったのを、真後《まうし》ろから目撃《もくげき》したのだった。何《なに》が起《お》きたのか事態《じたい》が飲《の》み込《こ》めなかったのだが、「死《し》」がよぎるとスローモーションで見《み》えるというのは本当《ほんとう》だった。

階段《かいだん》を降《お》りていくと、方条《ほうじょう》さんは、天井《てんじょう》を向《む》いたまま、痛《いた》そうにもがきながらも、「手足《てあし》は動《うご》かせるから多分大丈夫《たぶんだいじょうぶ》だけど、アドレナリンが出《で》て気《き》づいていないだけかもしれないから動《うご》かない方《ほう》がいい」と冷静《れいせい》にセルフモニタリングを続《つづ》けていた。

スタジオの人《ひと》がすごい音《おと》に驚《おどろ》いて出《で》てきて、すぐに救急車《きゅうきゅうしゃ》を呼《よ》んでもらった。方条《ほうじょう》さんの話《はなし》を聞《き》くうちに、あれは意図《いと》したものではなく、階段《かいだん》を認識《にんしき》できてなかったための完全《かんぜん》な事故《じこ》だったのだとわかった（その後我々《ごわれわれ》が事故現場《じこげんば》に戻《もど》り検証《けんしょう》をしたところ、カホンを持《も》つと足元《あしもと》が死角《しかく》になり、側面《そくめん》の壁《かべ》の模様《もよう》からは床《ゆか》が続《つづ》いているように錯視《さくし》してしまうことがわかった）。その途端《とたん》、「階段《かいだん》が見《み》えていない状況《じょうきょう》で、これだけの高《たか》さをあれだけのスピードと勢《いきお》いで落下《らっか》して無事《ぶじ》で済《す》むはずがない、脊椎損傷《せきついそんしょう》などしていたら武術家方条 遼雨《ぶじゅつかほうじょうりょうう》は死《し》んでしまう、あの大《おお》きな荷物《にもつ》を自分《じぶん》が持《も》っていれば、自分《じぶん》と話《はな》していなければ避《さ》けられたのではないか」と思《おも》ったら、顔《かお》が真《ま》っ青《さお》になっていくのがわかった。「まずいこれは脳貧血《のうひんけつ》だ」と思《おも》い、横《よこ》の傘立《かさた》てに座《すわ》ったものの、そのまま倒《たお》れてしまった。

すぐに目覚《めざ》めたが、怪我《けが》をしているはずの方条《ほうじょう》さんが、床《ゆか》に横《よこ》たわりながらも無事《ぶじ》な私《わたし》のケアをしているというアベコベな事態《じたい》となっていた。その日《ひ》はＥＭＳのリアルクラスの初回《しょかい》が予定《よてい》されていた。メイン講師二人《こうしふたり》が床《ゆか》に倒《たお》れている姿《すがた》を見《み》て、その場《ば》にいたもう一人《ひとり》、ＥＭＳのミュージックコースの講師《こうし》である音楽家《おんがくか》の田上陽一《たのうえよういち》さんは、「ＥＭＳ終《お》わった…と思《おも》った」と後《のち》に言《い》っていた。

そして、方条氏《ほうじょうし》は「高《こう》エネルギー外傷《がいしょう》」として救急車《きゅうきゅうしゃ》で搬送《はんそう》されたのだが、検査結果《けんさけっか》は、ヒビの一《ひと》つも入《はい》っておらず、青《あお》あざがあった程度《ていど》で「無事《ぶじ》」であった（１６９ページ参照《さんしょう》）。あの状況《じょうきょう》で無事《ぶじ》でいられる武術家《ぶじゅつか》は一体《いったい》どれだけいるのだろうか。

私《わたし》は、それまで「脱力《だつりょく》」については、数《かず》ある原理《げんり》の中《なか》の一《ひと》つぐらいの認識《にんしき》で、その重要性《じゅうようせい》を深《ふか》く認識《にんしき》できていなかった。「脱力《だつりょく》」によって、落《お》としてしかるべき命《いのち》が無事《ぶじ》だった方条《ほうじょう》さんを目《ま》の当《あ》たりにしたことで、方条《ほうじょう》さんの「脱力《だつりょく》」は他《ほか》の人《ひと》が言《い》う脱力《だつりょく》とは別次元《べつじげん》のものなのではないか、脱力《だつりょく》という言葉《ことば》では真価《しんか》が伝《つた》わらないのではと思《おも》うようになった。

「超脱力《ちょうだつりょく》の原理《げんり》」

先日《せんじつ》、剣術《けんじゅつ》の稽古《けいこ》をしていた際《さい》に、この解説《かいせつ》を書《か》くために読《よ》んでいた本書《ほんしょ》の内容《ないよう》（「固定装置《こていそうち》」31ページ参照《さんしょう》）と、日頃《ひごろ》のアドバイスが突如《とつじょ》つながった。方条《ほうじょう》さんが、剣《けん》を高速《こうそく》で自由自在《じゆうじざい》に振《ふ》る時《とき》、なぜあのように全身《ぜんしん》が躍動《やくどう》するのか。自分《じぶん》が習《なら》っていない「型《かた》」でもあるのかなと思《おも》っていたのだが、一見《いっけん》「型《かた》」のように見《み》えた動《うご》きは、「脱力《だつりょく》」により制約《せいやく》を解除《かいじょ》し、動《うご》きを身《み》に任《まか》せた結果《けっか》だったのだ。

自分《じぶん》も頭《あたま》で考《かんが》えるのをやめて、「脱力《だつりょく》」して体《からだ》に主導権《しゅどうけん》を預《あず》けてみた。すると間近《まぢか》で見《み》ていた方条氏《ほうじょうし》が「桁《けた》が上《あ》がった」と驚《おどろ》くほど身体《しんたい》の出力《しゅつりょく》が上《あ》がり自由《じゆう》に動《うご》き始《はじ》めた。「動《うご》きの最中《さいちゅう》にもまだ残《のこ》っている固定装置《こていそうち》を上手《じょうず》に取《と》り外《はず》せるほどに、出力《しゅつりょく》や自由度《じゆうど》は上《あ》がり続《つづ》けます」とあるのは、本当《ほんとう》だった。

「原理《げんり》」にも深度《しんど》がある。方条《ほうじょう》さんの「脱力《だつりょく》」とは、身体運用《しんたいうんよう》における「原理《げんり》を生成《せいせい》する原《げん》理《り》」という意味《いみ》で「原理《げんり》の中《なか》の原理《げんり》」であり、「**超脱力《ちょうだつりょく》の原理《げんり》**」というべきものだったのだ。

PROFILE

博士（人間科学）。現在エッセンシャル・マネジメント・スクール代表。最年少で早稲田大学大学院MBA専任講師、客員准教授を歴任。東日本大震災に際して本質行動学（構造構成主義）をもとに日本最大級の総合支援ボランティア組織を育てあげる。Prix Ars Electronicaのコミュニティ部門において、ウィキペディア等が受賞した最優秀賞を日本人として初受賞。「ベストチームオブザイヤー」「最優秀グッド減災賞」「NPOの社会課題解決を支えるICTサービス大賞」受賞。著書多数。

「エッセンシャル・マネジメント・スクール」（本質行動学学院）総合サイト
https://www.essential-management.jp

「西條剛央のEMS（本質行動学）オンラインゼミ」
https://yakan-hiko.com/meeting/ems/

解《かい》説《せつ》　「ハア体験《たいけん》」

澤田智洋《さわだともひろ》（コピーライター）

1歳《さい》10ヶ月《かげつ》になる娘《むすめ》は、ピョンピョン跳《は》ねることに夢中《むちゅう》です。汗《あせ》だくになっても跳《と》びつづけます。休憩《きゅうけい》のために絵本《えほん》を読《よ》んでいても、ウサギのイラストが目《め》に入《はい》るや否《いな》や、私《わたし》の膝《ひざ》から飛《と》び降《お》り、また宙《ちゅう》を舞《ま》う。そのことを、娘《むすめ》の面倒《めんどう》を見《み》てくださっている先生《せんせい》にお伝《つた》えすると「ジャンプすることは、脳《のう》の成長《せいちょう》にとって大事《だいじ》なことなんです。身体《からだ》はね、全部《ぜんぶ》知《し》っているんですね」と教《おし》えてくれました。ハッとしました。娘《むすめ》は身体《からだ》に「師匠《ししょう》」のような存在《そんざい》を宿《やど》している。

このとき、ふと10年以上前《ねんいじょうまえ》の出来事《できごと》を思《おも》い出《だ》しました。当時《とうじ》の私《わたし》の仕事《しごと》は、テレビコマーシャルを制作《せいさく》することです。ところでCMの肝《きも》は、何《なん》だと思《おも》いますか？　企画《きかく》、映像《えいぞう》、音楽《おんがく》。色々《いろいろ》とあるのですが、実《じつ》は「編集《へんしゅう》」も重要《じゅうよう》なんです。どんなに面白《おもしろ》い企画《きかく》も、素晴《すば》らしい撮影素材《さつえいそざい》も、編集《へんしゅう》で台無《だいな》しになることもあれば、その逆《ぎゃく》もまたしかりです。

当時《とうじ》、とある先輩《せんぱい》について仕事《しごと》をしていたのですが、その方《かた》の編集《へんしゅう》センスが抜群《ばつぐん》だったのです。一見《いっけん》すると正解《せいかい》がない世界《せかい》なのですが、細《こま》かな調整《ちょうせい》を繰《く》り返《かえ》した後《あと》、突如先輩《とつじょせんぱい》が「できました、これでいきましょう」と言《い》う瞬間《しゅんかん》があるのです。どうしてそのように断言《だんげん》できるのでしょうか？　先輩《せんぱい》に聞《き》いたところ「鳥肌《とりはだ》が立《た》ったからだよ」と答《こた》えが返《かえ》ってきました。なんと潔《いさぎよ》い判断《はんだん》基準《きじゅん》でしょうか。先輩《せんぱい》は身体《からだ》に、「有能《ゆうのう》なボス」を宿《やど》しているとも言《い》えます。

身体《からだ》ってすごい。そんな粗《あら》い実感《じっかん》を持《も》つ中《なか》、その解像度《かいぞうど》を極限《きょくげん》まで上《あ》げてくれたのが本書《ほんしょ》『身体《からだ》は考《かんが》える』です。

「言葉《ことば》で納得出来《なっとくでき》るって、理論《りろん》では完全《かんぜん》に説明《せつめい》がついているということだから、それは大《たい》したものじゃない」

「『脳《のう》』などというものは言《い》わば『新参者《しんざんもの》』」

「頭《あたま》では、確率論《かくりつろん》で言《い》ったらこうだけど、でもなんか違《ちが》うぞ、みたいなのがあったときに、こっちを信《しん》じられるって身体感覚《しんたいかんかく》なんですよね」

目《め》が覚《さ》める思《おも》いで、一言一言《ひとことひとこと》を噛《か》み締《し》めるように読《よ》みました。そのとき、私《わたし》なりに頭《あたま》ではなく身体《からだ》で言葉《ことば》たちを受《う》け止《と》めるうちに、「この本《ほん》に書《か》いてあることはすべて太字《ふとじ》にすべきではないか」という声《こえ》が体《からだ》から響《ひび》いてきました。ではなぜ太字《ふとじ》にするべきなのでしょうか？　それは、どのページをめくっても揺《ゆ》るぎない「原理《げんり》」に満《み》ち溢《あふ》れているからです。さながら宮本武蔵《みやもとむさし》の『五輪書《ごりんのしょ》』のように、１００年後《ねんご》や１０００年後《ねんご》に読《よ》んでもおそらく色褪《いろあ》せないであろう本質《ほんしつ》が詰《つ》まっています。ではなぜ本書《ほんしょ》はそのような高《たか》みに到達《とうたつ》できているのでしょうか？　それこそが〝身体《からだ》は考《かんが》える〟ことの賜物《たまもの》ではないでしょうか。甲野《こうの》さんも方条《ほうじょう》さんも、身体《からだ》で考《かんが》える達人《たつじん》です。本書《ほんしょ》でも語《かた》られている通《とお》り、身体《からだ》はまず「結論《けつろん》」を引《ひ》き連《つ》れてくる。つまり「いきなり腹落《はらお》ち」する。その後時間《あとじかん》をかけて、腹落《はらお》ちした結論《けつろん》を頭《あたま》の方《ほう》へと上《あ》げていき（腹落《はらお》ちならぬ頭上《あたまあ》げ）、今度《こんど》は頭《あたま》に働《はたら》いてもらい、概念化《がいねんか》したり体系化《たいけいか》をする。それは、まずは①腹《はら》（身体《からだ》）で考《かんが》え、その後《あと》②頭《あたま》で考《かんが》える、という二重《にじゅう》の思考法《しこうほう》です。つまり、本書《ほんしょ》に詰《つ》まっている思考《しこう》はそれぞれ「二度《にど》ずつ考《かんが》えられている」ともいえます。だからこそ、芯《しん》を食《く》っていて、強度《きょうど》があり、それでいて太《ふと》い。なにしろ身体《からだ》と頭《あたま》という、特性《とくせい》の全然違《ぜんぜんちが》う両者《りょうしゃ》それぞれに考《かんが》えてもらい、合流《ごうりゅう》した結果《けっか》なのですから。

「アハ体験《たいけん》」をご存《ぞん》じでしょうか？　ドイツの心理学者《しんりがくしゃ》カール・ビューラーが提唱《ていしょう》した概念《がいねん》で、今《いま》まで理解《りかい》できなかったことが、突如《とつじょ》ひらめきと共《とも》に理解《りかい》できるという体験《たいけん》のことです。本書《ほんしょ》で語《かた》られていることは、アハ体験《たいけん》ならぬ「ハア体験《たいけん》」ともいえるのではないでしょうか。それはつまり、まずは腹《はら》（ハ）で考《かんが》え、頭《あたま》（ア）でも考《かんが》えるという体験《たいけん》。頭《あたま》や身体《からだ》だけで考《かんが》えるでもなく、頭《あたま》から考《かんが》えて後《のち》に腹落《はらお》ちするでもない体験《たいけん》。本書《ほんしょ》はそんな「ハア体験《たいけん》」の指南書《しなんしょ》といえます。前代未聞《ぜんだいみもん》の本《ほん》ではないでしょうか。

最後《さいご》に。本書《ほんしょ》の解説《かいせつ》を書《か》くという貴重《きちょう》な機会《きかい》に恵《めぐ》まれたおかげで、私《わたし》なりに新《あたら》しい読書法《どくしょほう》を体《たい》得《とく》できた気《き》がします。それは、「まずは身体《からだ》で本《ほん》を受《う》け止《と》め、そこで身体《からだ》がもたらした結論《けつろん》を、事後的《じごてき》に解説《かいせつ》を書《か》くことで言葉《ことば》にしていく」という流《なが》れです。日常的《にちじょうてき》にできる、「ハア体験《たいけん》」の練習《れんしゅう》にもなりそうです。是非《ぜひ》みなさまも『身体《からだ》は考《かんが》える』をまずは身体《からだ》で読《よ》み、解説《かいせつ》を自分《じぶん》なりに書《か》いてみることをおすすめします。

PROFILE

コピーライター／世界ゆるスポーツ協会代表理事

１９８１年生まれ。幼少期をパリ、シカゴ、ロンドンで過ごした後、17歳の時に帰国。２００４年広告代理店入社。映画『ダークナイトライジング』の「伝説が、壮絶に、終わる。」等のコピーを手掛ける。東京２０２０パラリンピック閉会式のコンセプト／企画を担当。２０１５年に誰もが楽しめる新しいスポーツを開発する「世界ゆるスポーツ協会」を設立。これまで１００以上の新しいスポーツを開発し、20万人以上が体験。海外からも注目を集めている。また、一般社団法人障害攻略課理事として、ひとりを起点に服を開発する「041 FASHION」、視覚障害者アテンドロボット「NIN_NIN」など、福祉領域におけるビジネスも多数プロデュースしている。著書に『コピーライター式ホメ出しの技術』（宣伝会議）、『マイノリティデザイン』（ライツ社）、『ガチガチの世界をゆるめる』（百万年書房）。

〈著者略歴〉

甲野善紀（こうの　よしのり）

1949年東京生まれ。武術研究者。20代の初めに「人間にとっての自然とは何か」を探求するため武の道に入り、1978年に「松聲館道場」を設立。以来、剣術、抜刀術、杖術、槍術、薙刀術、体術などを独自に研究する。2000年頃から、その技と術理がバスケットボール、野球、卓球などのスポーツに応用されて成果を挙げ、その後、楽器演奏や介護、ロボット工学などの分野からも関心を持たれるようになった。2006年以降、フランスやアメリカから日本武術の紹介のため招かれて講習を行なう。2007年から３年間、神戸女学院大学の客員教授も務めた。2009年から森田真生氏と「この日の学校」開講。

著書に『剣の精神誌』、『できない理由は、その頑張りと努力にあった』、『自分の頭と身体《からだ》で考える』（養老孟司氏との共著）、『薄氷の踏み方』（名越康文氏との共著）、『巧拙無二』（土田昇氏との共著）、『古の武術から学ぶ 老境との向き合い方』、『古武術に学ぶ 子どものこころとからだの育てかた』など多数。

夜間飛行からメールマガジン「風の先、風の跡」を配信中。

https://yakan-hiko.com/kono.html

方条遼雨（ほうじょう　りょうう）

天根流（あまねりゅう）代表。

エッセンシャル・マネジメント・スクール顧問・講師。

身体思想家／心体カウンセラー／玄武術家／身体思想によるアドバイザー

甲野善紀、中島章夫に武術を学ぶ。

両師の術理に独自の発見を加え、「心・体の根本原理の更新」と「脱力」に主眼を置いた「玄運動（げんうんどう）」「玄武術（げんぶじゅつ）」を提唱。

師の甲野と共著の出版・合同講師も務める。

「心と体は完全に同一である」という独自理論から、「心体コーディネート」「ふかふか整体」を考案。

分野を問わず「心・体の使い方」を伝える。

提唱する理論を元に組織・ビジネス・政治・芸術・体育など分野を問わないアドバイザーとしても活躍している。

http://hojos.blog135.fc2.com/

身体《からだ》は考える
創造性を育む松聲館スタイル

2023年8月2日　第1版第1刷発行

著者　甲野善紀
　　　方条遼雨
発行者　岡修平
発行所　株式会社ＰＨＰエディターズ・グループ
〒135-0061　江東区豊洲5-6-52
☎03-6204-2931
http://www.peg.co.jp/
発売元　株式会社ＰＨＰ研究所
東京本部　〒135-8137　江東区豊洲5-6-52
普及部　☎03-3520-9630
京都本部　〒601-8411　京都市南区西九条北ノ内町11
PHP INTERFACE　https://www.php.co.jp/
印刷所
製本所　図書印刷株式会社

ISBN978-4-569-85492-2